염불선의 요체

염불선의 요체

생사해탈 왕생성불의 심요법문

원인 스님 법문

비움과소통

책을 내면서

정토는 멀지 않지만 애착 때문에 가지 못하고
염불은 닦기 쉽고 이루기 쉬우나 믿지 않는다.
부처님이 말세 중생을 위해 가르친 이 수승한 법을
역대 조사와 고금(古今)의 선지식이 해설하고 펼쳤도다.
염불하는 이 순간 바로 부처가 된다는 묘법은
아무리 찬탄해도 끝이 없고 공덕은 헤아릴 수 없나니

용수(인도)는 화엄에서 염불의 심오한 이치를 보였고
마명(인도)은 대승기신론에서 염불수행을 권장했다.
혜원(중국)은 호계에서 염불수행의 모범을 보였고
천태(중국)는 염불지관으로 불보살 축복 속에 왕생했다.
원효(한국)는 아미타불의 공덕을 노래(證性偈)했으며
발징(한국)은 천명 대중과 염불결사 30년에 육신등공했다.

산승은 일찍이 출가하여 오랜 세월 선원에 안거했지만
염불수행의 수승함은 경전과 어록을 통해 알 수 있었다.
대승보살이 가야하는 이 거룩한 염불수행을 널리 펴고자
법회 중에 간간이 염불법문을 했는데 그 중에서 22편을
모아 산승이 토굴결사 들어가기 전에 출간하게 되었다.

이것은 염불수행자와 대승보살행을 실천하는 선근 있는 불자들에게 염불수행 인연을 심어주고자 하는 간절한 뜻이 있었기 때문이다.

이 글 읽을 독자 여러분에게 좋은 성취 있기를……

2019년 11월 1일

깊어가는 가을 그 고요함 속에서 원인 합장

목 차

下篇 : 정기법회 법문

上篇 : 염불수행에 관하여

1. 염불수행의 기본

마음고향 찾아서

아득한 나의 옛 고향이여!
본래 집을 떠나온 지 그 언제인가.

저 하늘 흰 구름 흘러가는 곳
깊고도 미묘한 이 마음의 길

시작도 마침도 없는 길을 찾아
한없는 세월동안 방황했었다

고향 찾아 삼만리 마음 찾아 구만리
봄가을 바뀌고 여름 겨울 지나면서

풍진세상 그 속에서 시름 했었고
무상진리 가운데서 안심했었다

고향 찾아가는 길 밝아졌으니
우리 모두 다 함께 그 길을 걸어가세

오늘 이 고요하고 맑은 저녁 시간에 불자 여러분과 함

께 이 자리에서 공부하게 되니 참으로 반갑고 좋은 인연이라 생각합니다. 우리가 이 험난한 세상 속에서 이렇게 모여 서로 탁마하고 법담을 나누는 것은 그 어떤 것보다도 유익하고 기쁜 일이기 때문입니다.

불자들이 도량을 찾아 부처님 가르침을 배우는 것은 인간이 가진 근원적인 문제를 해결하기 위함이며 영원한 행복을 이루기 위함입니다. 그렇다면 우리는 부처님의 가르침을 먼저 잘 배워야 하지만 다음 단계로 실천수행하지 않으면 결코 진정한 해탈을 체험할 수 없다는 것은 누구나 다 알고 있을 것입니다.

일찍이 부처님께서는 모든 사람이 여러 가지 수행을 통해 몸과 마음이 안락하고 진정한 해탈열반을 증득할 수 있도록 잘 가르쳐주셨습니다. 이 가운데 염불수행법은 쉬우면서도 효과적이라 상중하근기 누구나 수행할 수 있기 때문에 오늘은 염불수행에 있어 가장 기본적인 것을 말씀드리고자 합니다. 옛 선사께서 이르기를

"어느 하룻날 허망함을 느낄 때
비로소 지금까지 꿈속 삶인 줄 알았네.
만 가지를 가져도 가져 갈 수 없고
오직 업력만이 따라 올 뿐이네
그대 이제 아미타불만 생각하라
마침내 극락세계에 가서 나리라."

옛사람들은 살아가는데 어려움이 많았으나 근본적으로 마

음이 순수하고 단순하여 빨리 도에 들어갈 수 있었습니다. 오늘날 사람들은 많은 풍요 속에 도리어 정서적 불안과 궁핍 속에 허덕이고 수행을 하지 않으니 사심이 증장하여 물질주의와 개인주의적인 마음에 빠지고 자신을 돌아보지 않으므로 인생과 삶에 대해 사유하지 못하고 있습니다. 이처럼 인생의 근본을 보지 못하는데 어떻게 무상을 느낄 수 있으며 인생의 무상을 느끼지 못하는데 무슨 발심수행이 생겨날 수 있겠습니까.

그러면 무상이란 무엇인가요?
그것은 인생과 만물이 본래 덧없음을 관하는 것입니다. 그러므로 불자는 무상을 잘 관찰해야 세속적 욕망이 엷어지고 도심이 생겨나게 됩니다. 불자는 먼저 이러한 정신바탕에서 불교적인 세계관과 인생관 속에 높은 차원으로 승화되어 갈 수 있으며 마침내 자신마저 초월한 절대경의 자유를 얻을 수 있습니다.

만일 사람이 어느 하루아침에 인생무상을 느낄 때 선근이 있는 사람은 발심수행을 하게 됩니다. 그러나 젊었을 때 무상을 느끼지 못하고, 늙고 기력이 없는 상태에서 무상을 느낀들 무슨 소용 있으며, 건강할 때 무상을 느끼지 못하고 중병 들어 누웠을 때 무상을 느낀들 어떻게 대처할 수 있으며. 가정이 안정 되었을 때 무상을 느끼지 못하고 풍비박산(風飛雹散) 되었을 때 무상을 느낀들 어떻게 수행할 수 있겠습니까.

때문에 염불하는 수행자는 안정된 삶에서도 무상을 깊이

느낄 줄 알아야 합니다. 무상을 느낄 때 세속 일에 집착심이 일어나지 않고 선근으로 나아 갈 수 있는 계기가 될 것입니다. 발심 출가나 수행은 반드시 무상을 깊이 느낄 때 일으킬 수 있습니다.

사람이 만일 인생과 삶과 세상에 대해서 무상을 느끼면 이 모든 것이 꿈속 삶인 줄 알게 됩니다. 우리들의 지난날 삶이 진실한 줄 알았는데 무상으로 인하여 꿈과 같은 줄 알게 되었고, 꿈을 깨고 보니 아무것도 소용없는 줄 알게 되었습니다. 간밤에 꾼 꿈을 깨었을 때 그 꿈을 가져 올 수 없고 갈 때 가져가고자 하나 어느 하나 가져 갈 수 없습니다. 오직 꿈속에 지은 허망한 업만 있을 뿐입니다.

그러므로 세상에는 집착할 것이 없습니다. 좋아도 그만이고 나빠도 그만이니 오직 아미타불만 일념으로 염불하면 이생에서 좋은 선근을 짓는 것이요, 다음 생에는 극락세계에 태어나게 된다고 하는 것입니다. 세상에 있는 좋고 나쁜 것에 집착 애착하면 염불이 바르게 할 수 없습니다.

우리가 짓는 여섯 감각기관으로 짓는 업보에 따라 여섯 갈래 길에 왕래하게 되며 몸과 세상에 집착하면 세상을 초월할 수 없게 되므로 그 업력에 끄달린 삶을 살 수 밖에 없는 것입니다. 이제 우리는 부처님 가르침을 통해서 참다운 삶을 살아야 합니다. 참다운 삶이란 세상을 떠나서 사는 것이 아니라 세속에 살아가면서 일체 행동에 집착 없이 살아가되 그 삶 속에서 자신의 참 모습을 찾는 것이며 참모습에 의지해서 살아가는 것입니다.

염불이란 바로 자신의 참 모습을 보고 거기에 의지하여 참된 삶을 사는 것입니다. 이렇게 염불수행 하는 곳에 반드시 그 기본을 지녀야 합니다. 기본이 없으면 수행의 효과가 없기 때문에 옛 스님들은 염불수행의 기본으로 열다섯 가지 마음의 행이라는 말씀을 하셨습니다.

✸ 열다섯 가지 마음의 행

1. 자비심을 가져야 합니다.
이 마음은 도의 기본이 되는 마음입니다. 자비심이란 소유욕을 떠나 중생에게 회향 하는 큰마음이며, 인격 완성에서 나오는 넓고 큰마음입니다. 때문에 도를 닦는 사람은 자비심을 갖추지 않고 성인이 될 수 없습니다. 때문에 자비심은 모든 법의 기본이라 합니다.

2. 청정심을 가져야 합니다.
청정심을 이루기 위해서 계율을 지녀야 하겠지요. 계율은 모든 악을 멈추게 하고 모든 선을 받들어 행하는 것입니다. 수행의 근본은 청정심에 있고 청정심은 필경 순수한 자연심이 되어 완전한 삶이 됩니다. 이를 위해 계율을 지녀야 하고 계율을 지닐 때 순수성이 생겨나 청정과 자비를 실현할 수 있습니다.

3. 정진하겠다는 마음을 가져야 합니다.
부단하게 정진하는 마음을 가지지 않으면 팔만대장경의 수많은 부처님 말씀도 아무 소용이 없게 됩니다. 아무리 밥을 말해도 밥 한 숫가락 떠먹지 않고는 주린 배를 채울 수 없듯, 정진하지 않고 선근공덕을 이루지 못합니다. 때문에 말로만 하는 불교는 그 효과를 기대할 수 없습니다.

4. 인욕심을 가져야 합니다.

모든 선근을 성취하고자 한다면 거기에는 당연히 어려움이 따르게 됩니다. 그리고 어려움에 대해 참는 마음이 필수조건이 되는 것입니다. 특히 수행 중에는 여러 가지 어려움과 마장장애가 생기는데, 그것을 참지 못하면 도리어 타락하게 되고 좋은 일에 생기는 마장을 참지 못하면 공덕을 이룰 수 없으며 수행분상에서 어려움을 극복하지 못하면 수행을 바르게 지어갈 수 없습니다.

5. 겸하심을 가져야 합니다.

이 마음은 겸손하고 하심하는 마음인데, 우리가 큰 도를 생각하고 좋은 삶을 살기 위해서는 성인의 가르침에 의지해야 하고, 그러기 위해서 모든 사람에게 겸손과 하심이 있어야 합니다. 겸손과 하심 그리고 타인의 인격을 존중해주는 마음은 스스로 높은 경지에 가게되고 자기중심적인 사고에 사로잡힌 마음으로는 어떤 가르침도 도움이 되지 않으며 타인에 대한 배려 없이 인격은 존재하지 않습니다.

6. 평등심을 가져야 합니다.

평등심이란 모든 법은 본래 평등하여 있는 그대로 완전함을 보는 마음입니다. 부족한 것은 부족한 그대로 완전하고, 좋고 나쁜 것은 있는 그대로 완전한 것입니다. 오직 진리에 미혹된 마음으로 분별할 때 문제가 생깁니다. 양변을 떠난 중도성 마음을 가지면 존재하는 그대로 절대성 평등심이라 합니다. 우리는 이와 같은 평등심을 가지고 살아갈 때 도에 의지한 참된 삶을 살아갈 수 있습니다.

7. 아끼고 탐하지 않는 마음을 가져야 합니다.

중도의 눈으로 보면 이 세상에 존재하는 모든 것은 있는 그대로 완전하므로 어떤 것만이 특별하다고 할 수 없습니다. 때문에 모든 것은 있는 그대로 고요하여, 좋고 나쁨이 둘이 아닙니다. 그러므로 성인은 현실에서는 중생을 위한 방편과 이치에 따라 나아갈 뿐입니다. 아끼고 탐하는 마음은 만법의 평등을 보지 못하기 때문에 일어나는 전도몽상(顚倒夢想)입니다. 이처럼 인색하고 탐하는 마음은 미혹된 마음에서 나오는 것이므로, 이 마음을 가지고는 바르게 수행할 수 없습니다.

8. 성내고 원망하지 않는 마음입니다.

이 세상을 바르게 본다면 저절로 옳고 그름을 초월하게 됩니다. 그러므로 남을 향해 성내고 원망하는 것은 도를 보지 못하고 현실에 집착한 데서 나오는 잘못된 마음입니다. 염불하는 사람은 모든 것을 꿈으로 보고 환으로 바로보기 때문에 좋고 나쁜 것에 끄달릴 필요가 없습니다. 남을 원망하는 것은 매우 어리석고 비뚤어진 마음입니다 바르게 보면 진리는 본래 선악을 떠나 있으니 어디에도 성내거나 원망할 일이 존재할 수 없습니다.

모든 것을 있는 그대로 보는 평등관에서는 성내고 원망하는 마음이 근본적으로 일어나지 않습니다. 현실에서 일어나는 모든 일들은 스스로 짓고 스스로 받는 것이므로 묵연히 인연 따라 행할 뿐입니다. 만일 거기에서 특별한 생각이 일어나면 곧 새로운 업을 짓고 업을 받게 됩니다. 불자는 이러한 이치를 잘 보고 어디에도 걸림 없는 참다운 삶을 살아야 합니다.

9. 애착심을 내지 말아야 합니다.

이 세상 모든 법의 바탕은 비어 있으므로 여기에 대해 특별히 애착할 만한 것이 본래 없음을 알아야 합니다. 모든 존재는 연기로써 기멸하고 있습니다. 이와 같이 연기적으로 움직이는 만물에 대해 특별히 애착하는 것은 대단히 어리석은 사람입니다.

만물의 뿌리는 하나이므로 독립된 개아(個我)가 없습니다. 때문에 모든 법은 오직 연기로써 존재할 뿐입니다. 때문에 여기에 대해 특별히 집착하는 것은 진리를 바르게 보지 못하기 때문입니다. 염불하는 사람은 세상을 대하거나 사람에 대해서 어디에도 애착할 일이 없음을 깨우칠 때 무상관을 성취하고 평등관을 이루며 중도관을 짓고 염불삼매를 증득하게 될 것입니다.

10. 오만하지 않는 마음입니다.

수행자가 자기를 높이고 남을 경멸하게 대한다면 그것은 나와 남이 본래 하나라는 평등관을 짓지 못한 데서 오는 것입니다. 남을 무시하면 곧 그것이 자신을 무시하게 되는 것인 줄 모르기 때문입니다. 나와 남은 뿌리가 하나이니, 다른 이를 무시하면 스스로 자신을 비천하게 하는 것입니다.

그러므로 지혜로운 사람은 일부러 자신을 내세우려고 하지 않습니다. 어리석은 사람은 이러한 이치를 보지 못하므로 억지로 자신을 내세우려고 하다가 그로 인하여 도리어 비천한 상황에 떨어지게 됩니다. 그러나 현실은 본래 평등한 것이므로 여기에는 높고 낮음이 본래 존재하지 않습니다. 그러므로 자존심과 아만은 크게 잘못된 마음이며, 어리석은 마음일 뿐입니다.

11. 질투하지 않는 마음입니다.

시기와 질투는 나와 남을 따로 보는 곳에 일어나는 마음의 병입니다. 도의 본질에서 본다면 남이 잘되면 곧 그것이 나의 잘됨으로 보아야 하고, 내가 바르고 착하게 살아가면 모든 존재들도 행복하게 된다는 것을 알아야 합니다. 유마경에 "중생이 아프므로 내가 아프다" 하였으며, 화엄경에 이르기를 "중생의 마음이 잘못되므로 병이 생기나 마음이 바르면 병은 저절로 낫는다"고 했습니다. 이것은 모든 중생과 부처와 마음이 본질에서 차별 없음을 말한 것입니다. 그러므로 성인은 나와 남을 따로 보지 않으므로 시기 질투가 없습니다. 우리 불자들도 시기 질투심은 근본적으로 잘못된 마음이니, 이 마음을 떠날 때 평등성을 이루고 염불삼매에 들어갈 수 있습니다.

12. 남을 속이지 않는 마음입니다.

남을 속이면 곧 자신을 속이는 것이므로 자신을 속이는 것은 곧 남을 속이는 것이 됩니다. 이기심을 가질 때 남을 속이는 마음이 생겨나게 됩니다. 만일 남을 속여 자신의 이익을 추구한다면 더욱 큰 불이익이 따른다는 것을 사람들은 잘 모르고 있습니다. 자기중심적이고 이기적일 때 어떤 수행도 결실을 맺을 수 없습니다. 자기를 비우고 맑히는 사람은 누구를 속이거나 나와 남을 구별하는 어리석은 생각을 하지 않습니다. 왜냐하면 현실에서 언제나 중도 정견으로 살아가기 때문입니다. 그러므로 불자는 항상 양심과 정직에 입각하여 생각하고 그 바탕에서 염불할 때 모든 마장을 잘 극복할 수 있으며 마침내 염불삼매에 들어갈 수 있습니다.

13. 아부하지 않는 마음입니다.

아부하는 마음을 부처님께서 굽은 마음이라 하여 경계하였습니다. 아첨하고 아부하는 마음은 이기심인데 그런 사람은 항상 능력 있는 사람에게 다가가 아부를 하고 그 대가로 어떤 이익을 바라고 있습니다. 그러나 세상의 모든 악은 이와 같이 정직하지 못한 마음으로 이익을 구하기 때문에 생겨나는 것입니다. 세상은 이와 같이 비양심적인 마음으로 인하여 스스로 모순에 빠지고 질서를 잃고 모두의 정당한 이익을 훼손하게 됩니다. 그러므로 아부하는 마음은 세상을 혼란스럽게 하는 매우 나쁜 버릇이니 염불하는 사람은 항상 정직하고 자비로운 마음 바탕에서 수행할 때 공덕이 있고 염불의 효과가 있다는 것을 명심해야 합니다.

14. 모략하거나 해롭게 하지 않는 마음입니다.

자신의 이익을 위해 남을 모략하는 행동은 결국 남을 해롭게 하는 것이므로 마침내 자신에도 해로움이 생기게 됩니다. 남을 칭찬하고 남을 위할 때 자신에게 덕이 오고 남의 장점은 숨기고 남의 단점을 들어낼 때 자신은 나쁜 상황에 빠지는 업보가 된다는 것을 알아야 합니다. 그러므로 세상에서는 잘못된 마음가짐으로 가지가지 고통을 받고 있습니다.

남을 모략하면 스스로 모략에 빠져 억울한 일을 당하게 되는 줄 사람들은 모르고 있습니다. 모든 법은 인연과 인과의 이치대로 움직이므로 남을 모략하면 자신이 먼저 그 과보를 받게 됩니다. 그러므로 사람은 양심대로 살아가야 하며 남을 미워하고 원망해서는 안 된다는 것을 알아야 합니다.

모든 법은 뿌리가 하나이니 남을 모략하고 미워하면 자신이 먼저 그 과보를 받게 되므로, 염불하는 사람은 항상 마음이 어떤 좋지 않은 상황에서도 마음을 평안하게 가지고 오직 염불만 일심으로 수행해야 합니다. 세상에 모든 일은 인과대로 받게 되는 것이니, 굳이 염불하는 사람이 거기에 끼어 업 지을 필요가 없습니다.

15. 신심과 화합하는 마음입니다.

몸은 마음에 따라 변화하므로 몸과 마음은 둘이 아닙니다. 때문에 마음을 맑히면 몸은 저절로 청정해서 일체

고액을 건너갈 수 있습니다. 신심은 몸과 마음을 맑히는 가장 큰 기운이므로 신심을 잃어버리지 않도록 노력해야 합니다.

신심이 있으면 온갖 선근을 닦게 되고 신심으로 인해 착한 마음이 나오기 때문에 신심이 많은 사람을 누구나 좋아하게 되므로 대중화합도 저절로 이뤄지게 됩니다. 본래 화합이란 의도적으로 만들어 갈 수 있는 것이 아니며, 오직 스스로 신심으로 바르게 수행할 때 화합은 저절로 되는 것입니다. 또한 신심은 수행에 가장 중요한 조건이 되므로 수행자가 신심이 없으면 아무것도 이룰 수 없습니다. 염불을 하는 사람은 이와 같은 신심의 바탕에서 몸과 마음은 조화로워지고 염불에 전념할 수 있게 됩니다. 때문에 억지로 하는 염불은 오래 할 수 없습니다.

이와 같은 열다섯 가지 마음을 가지고 염불한다면 염불수행의 효과는 뛰어나게 됩니다. 때문에 이 열다섯 가지 마음가짐은 염불수행의 기본이 되므로 이를 바탕으로 한결같이 나아갈 때 모든 것을 초월할 수 있고 마침내 염불삼매에 들어갈 수 있습니다.

그러면 여기에서 무엇이 염불삼매에 가장 큰 장애일까요? 그것은 아상(我相)입니다. 아상으로 인해 각종 이기심이 나오고 온갖 부작용이 생깁니다. 그러나 이 어리석은 마음은 자신에게 스스로 미혹한 마음 때문입니다. 이 미혹심이 삼계를 만들고 육도에 윤회하게 됩니다. 그러면 미혹심은 왜

생길까요? 이것이 근본무명입니다. 근본무명이란 근본적인 착각이요 미혹일 뿐입니다.

그래서 옛 사람들은 말했습니다.
"미혹이란 본래 존재 하지 않는다.
오직 착각 속에만 있을 뿐이다."

이 말에 순수한 믿음이 생긴다면 한순간 업장을 녹이고 청정한 경지에 들어갈 수 있습니다. 우리가 만일 이와 같이 미혹의 본질을 꿰뚫어 본다면 자연히 기본이 서게 되고 흔들림 없는 정진력을 갖추게 된다는 것입니다.

오늘 이렇게 조용한 저녁시간에 함께 모여 한글로 된 천수경을 합송하고 이어서 염불하는 모습을 보면서 '이 세상에서 가장 아름다운 모습'이라고 생각 했습니다. 모든 일에는 기본이 중요한데 염불수행에서도 상기 열다섯 가지 기본을 잘 가지고 있는 마음바탕에서 염불할 때 마장이 생기지 아니하고 불, 보살의 가피를 입을 수 있으며 염불수행의 효과가 나타나게 되므로 여기 모인 불자님들은 이와 같은 기본에 충실해 주기를 간곡하게 당부하는 바입니다.

이 세상에는 많은 신행 단체가 있으나 여기(큰마음)에서는 안으로 염불수행하고 밖으로 자리이타 하는 대승보살도를 실천하자는 뜻이 있습니다. 우리는 이러한 수행으로 이 세상을 불국토화하고 자타일시 성불도 하기를 축원합니다. 성불하십시오.

(2005. 9. 10.)

원인스님의 영주 대승사 화엄경 강설법회 법문 모습.

2. 염불이란 무엇인가

♣ 부처님께 향하는 마음

아득하고 고요한 저편 언덕에서
중생을 기다리는 아미타부처님!

저희들 이제 합장하고
일심으로 귀명정례하옵니다.

이토록 어둠에서 벗어나지 못하고
괴로움에 몸부림치던 중생들이

이제 부처님 뵈옵기를 청하고
일심으로 염불 기도 올립니다.

아무리 세상이 어지러워도
이제 더 이상 흔들리지 아니하고

간절한 마음으로 염불하면서
극락세계 태어나기를 염원합니다.

염불수행을 어떻게 하는가요?

염불수행을 하기 위해서는 먼저 왜 염불해야 하는지, 그 뜻을 이해할 필요가 있습니다.

염불수행은 내가 나를 찾아가는 최적의 방편이며 누구나 쉽게 닦을 수 있는 좋은 방편이기도 합니다. 그러나 이 좋은 법도 염불수행의 효과를 내기 위해서는 마음 밖으로 어떤 상(相)을 가지고 법을 구하지 말고 "이 마음이 곧 아미타불"이라는 자성미타(自性彌陀)에 바탕을 두고 일심염불할 때 염불하는 그 순간 바로 자신의 근본에 들어갈 수 있습니다.

이제 우리는 염불수행을 통해서 자성미타 도리에 바로 계합하고 이 자리에서 마음정토(唯心淨土)를 실현해야 합니다. 그러나 이것은 최상근기의 염불이고 일반적으로는 비록 상(相)을 가지고 염불하더라도 일심으로만 하면 염불수행에 의한 공덕은 말로 다 표현할 수 없을 정도로 수승하기 때문에 염불공덕은 참으로 무궁무진하다고 말할 수 있습니다.

산승이 처음 절에 들어와 행자 생활을 할 때, 어떤 노스님으로부터 염불에 관한 법문을 많이 들었기 때문에 산승은 행자시절부터 염불수행의 중요성을 알게 되었습니다. 그러나 당시 나의 은사스님은 철저한 선승이라 오직 화두선을 닦으라고 했습니다. 그래서 저는 은사스님 뜻에 따라 해인사승가대학을 마치고 바로 선원에 들어가게 되었습니다. 그러나 어릴 때 들은 염불수행에 깊은 인연을 가지고 있었기 때문에 염불을 멀리하지 않았습니다.

몇 년 전에 열반하신 월인 노스님께서는 오랜 세월 참선하다가 말년에 나무아미타불 염불로 바꾸어 수행하셨는데, 산승 또한 노스님에게서 수행의 진정한 향기를 느낄 수 있었으며 수행자의 바른 자세를 배울 수 있었습니다. 요즈음 돌이켜 생각해보면 월인 노스님과 청화 노스님의 철저하면서도 자비스러웠던 모습은 지금까지 나의 수행에 좋은 스승이 되었습니다.

오늘날 한국 불교는 전통적인 특징이라고 할 수 있는 통불교도 아니고 그렇다고 구산선문이 번창하던 선불교도 아닌 체제로 오랜 세월 확실한 지도자(도인)가 없는 상태에서 난립된 가르침으로 수많은 인재들이 갈팡질팡하고 있으며, 이는 기본수행이 결여된 상태로 화두를 들기 때문에 진의(眞疑)도 없이 종일 사구(死句)에서 헤매다 보니 세월만 보내고 마음이 쉬지 못하므로 분별심만 늘어나고 의리선에 빠져 자신도 속고 남도 속이는 결과만 되었습니다.
　오늘날 많은 선지식들은 자신부터 오랜 세월 선수행에 어떤 경지에 오르지도 못했는데, 후학들에게 천편일률적으로 대책 없이 화두만 주는 형태에서 좋은 근기들을 사장시킬 뿐 키워주지 못하고 있습니다. 이 때문에 현재 한국 불교에 도인이 나오지 못하고 있으며 이는 우리 불교의 앞날을 매우 걱정스럽게 하고 있습니다.

선정위주의 수행법이라 할 수 있는 염불수행은 화두선의 좋은 대안이 될 뿐만 아니라, 인지가 발달되고 분별심이 많은 현대인들에게 가장 적합한 수행이라고 할 수 있으며 이에 따라 염불선에서 많은 도인이 나올 것으로 생각 합니다. 때문에 염불수행은 현대인에게 가장 이상적인 수행이며 상중하 근기(根機) 누구라도 닦을 수 있고, 만일 일심으로 염불한다면 장애될 일은 없으며 공부가 단순하고 간단해서 복잡한 현대인의 마음을 빨리 안정되게 해 줍니다. 특히 염불하는 순간 바로 즉신성불(卽身成佛)의 경지에 들어가게 하는 자성미타(自性彌陀) 유심정토(唯心淨土)사상은 시대를 초월하여 무수한 도인을 배출할 수 있는 최상승의 수행법입니다.

그럼 어떻게 염불수행을 해야 할까요? 염불수행에 어려울 것 없으니 그저 단정히 앉아 아미타불, 이 넉자를 끊임없이 빠른 속도로 암송하면 됩니다. 다만 염불할 때 기계적 반복을 하지 말고 자신 스스로 마음속으로 염불하는 자기 내면의 염불소리를 의식하면서 염불하면 더욱 빨리 일심염불로 나아갈 수 있습니다. 만일 염불을 오래하면 저절로 밖으로 나타난 경계에 대해 마음이 쉬어 업장이 소멸되고 염불일행삼매(一行三昧)에 들어갈 수 있습니다. 만일 염불삼매에 들어가면 화두는 저절로 타파되고 부처님 마음을 체험하게 될 것입니다.

문수반야경에 이르기를 "누구나 일행삼매에 들어가고자 한다면 조용한 곳에서 어지러운 생각을 접고 어떤 모양도 생각하지 말며 오직 아미타불 명호(名字)를 전념(專念)하되 생각생각이 이어진다면 무량한 공덕을 성취하고 마침내 위없는 정각을 이루게 된다."라고 했습니다. 또 비석화상 염불삼매론에 이르기를 "큰 바다 물을 쓰면 백 천 강물을 쓰는 것과 다름없듯이 염불을 열심히 하면 저절로 삼매를 이루게 된다."라고 했습니다. 이처럼 염불수행에 있어 특별한 방법은 없고 그저 모든 생각을 쉬고 오직 일념으로 아미타불을 염송하는데 묘한 이치가 있습니다.

오늘날 많은 수행자들이 수행의 성취가 없는 것은 기본을 소홀히 하고 오직 깨달음이라는 결론만 기다리는 방식이기 때문입니다. 이렇게 행은 없고 마음만 앞선다면 조급하기만 할 뿐 소득이 없습니다. 그럼 수행자의 기본이 무엇인가요. 그것은 계정혜(戒定慧) 삼학입니다. 이 삼학(三學)을 바르게 이해하고 실천하지 않고는 천하에 누구도 수행의 효과는 기대할 수 없습니다. 더욱이 염불수행하는데 세 가지 삼학을 잘 알지 못하면 공부가 옆길로 갈 수도 있습니다. 때문에 산승이 모든 수행자들의 이해를 위해 세 가지 삼학을 말하고자 하니, 잘 들으시기 바랍니다.

삼학(三學)의 세 종류

첫째가 발심삼학이고, 그 다음 중도삼학이며, 마지막으로 구경삼학입니다.

첫째 **발심삼학(發心三學)**이란 재가인(在家人)과 출가인의 삼학이라 할 수 있으니 세속에서 일상적으로 살아가는 사람들과 발심수행자들이 지켜야 하는 모든 계법입니다. 처음 발심해서 수행하고자 하는 사람이 자기 의지와는 달리 업력에 이끌려 마음이 욕망세계로 치달리는

2. 염불이란 무엇인가 29

것을 강제로 제어하는 방법이니, 이른바 부처님이 설한 모든 오계, 십계, 비구 250계, 비구니 348계 보살 십선계 등 각종 계율조항들입니다. 처음 출가 수행자들이 이러한 계를 잘 가지지 않고는 누구도 마음을 닦을 수 없으므로 이 계율에 관해서는 선택의 여지가 없습니다. 이 계는 출가수행자 뿐만 아니라. 일반 재가인들도 계법을 통해 인격을 다듬지 않고는 좋은 일을 할 수 없기 때문에, 출가 재가를 막론하고 본인의 상황에 맞는 절제된 삶의 자세가 성공적인 삶으로 이어지게 됩니다. 다만 계율의 본래 뜻은 청정성과 순수성 확립으로 선정수행에 도움을 삼기 위한 방편이므로 계목자체에 절대적으로 집착하는 것 보다는 지혜롭게 활용할 때 계의 뜻에 부합됩니다.

그럼 발심수행자에게 있어 삼학이란 무엇인가요. 공부의 주제를 가지고 절제된 행동을 함이 계(戒)요, 그 계를 바탕으로 세상 욕망에 흔들리지 아니하고 일심으로 염불하는 것이 선정(禪定)이며, 이 선정을 바탕으로 현실에 미혹하지 않고 바르게 보고 행동하는 것이 지혜(智慧)이니, 유위삼학이 익어지면 마침내 한 생각이 쉬어 지(止)가 되고, 이러한 지(止)가 곧 사마타(선정)가 되어 무주(無住) 무상(無相) 무념(無念)이라는 무위(無爲)삼학으로 승화되고 **중도(中道)삼학**이 됩니다. 때문에 계정혜 삼학은 필경 이사(理事) 원융무애한 도리가 됩니다. 그러나 재가인이나 발심수행자에게 있어 삼학이란 필수 요소로써 나누어 분별하고 닦아야 하지만, 공부가 깊어지면 저절로 중도삼학이 되어 삼학이 쌍차(雙遮) 쌍조(雙照)되므로 셋으로 구분하는 것은 의미가 없으며, 중도삼학은 무위삼학이 되어 마침내 **구경(究竟)삼학**의 경지로 들어가게 됩니다. 구경삼학이란 부처님의 용무생사(用無生死)까지 응용자재한 이사원융무애한 모습입니다.

이처럼 수행자에게 있어 삼학이란 수행의 기본이므로 반드시 잘 이해하고 실천하지 않으면 안 됩니다. 계, 정, 혜 삼학 가운데 염불은 정(定)에 해당되고 간화선은 혜(慧)에 해당됩니다. 여기에서 계율은 기본이므로 반드시 지켜야 되고, 다음 정과 혜를 함께 닦아야 하므로 예부터 선사들은 정혜쌍수(定慧雙修) 하라고 가르쳤습니다. 간화선은 처음 중국 육조대사로부터 시작된 수행법인데 그로부터 이, 삼백년 지나서는 점차 의리선(義理禪)이 횡행하여 중국 명조시대부터는 고명한 선사들에 의해 간화선(看話禪)이 염불선(念佛禪)으로 대체되었습니다.

비록 간화선이 중국에서 사라졌다고 해서 간화선을 무용지물로 보아서는 안 됩니다. 왜냐하면 지혜를 밝히는데 가장 수승하기 때문입니다. 그러므로 처음 염불선으로 시작하여 근기를 키워 염불삼매를 체득한 후 맑은 업식에는 저절로 진의(眞疑)와 활구(活句)가 일어나므로 오히려 화두타파를 빨리 할 수 있습니다. 왜냐하면 염불은 선정의 힘이 강하므로 처음 염불선을 통해서 근기를 높이고 선정의 바탕에서 화두를 든다면 더욱 빨리 도에 나아갈 수 있기 때문입니다. 업장을 가지고는 누구도 간화선에서 바른 의심을 일으킬 수 없으므로 수행의 효과가 없어 중국에서는 간화선

2. 염불이란 무엇인가 31

이 사라진지 오래되었고 염불수행이 그 자리를 대신하고 있습니다.

대개 사람이 처음 불문에 들어오면 교학을 하는데 그것은 교를 알아야 길을 갈 수 있기 때문입니다. 그 다음에는 염불수행입니다. 염불로써 근기를 만든 다음 마지막으로 간화선을 통해 관문을 통과하는 것이 가장 이상적이라 할 수 있습니다. 옛 스님들 가운데 근기가 수승한 선사들 가운데 먼저 화두 타파한 다음 염불로써 보림하고 회향(보살행)하는 경우도 많았습니다.

인도불교가 사라지게 된 요인은 여러 가지가 있겠지만 그 가운데 결정적인 것은 불교 단체가 너무 수행 쪽으로만 치우쳐서 사회봉사가 부족했기 때문입니다. 중생의 고통을 외면하는 종교는 외적인 요인에 살아남을 수가 없습니다. 그래서 종교가 현대사회에 적응하려면 봉사(보살행)에 충실해야 됩니다. 봉사가 없는 이기적인 종교는 사회에 살아남지 못하기 때문입니다.

그래서 이 시대에 염불이 왜 필요한가? 라고 한다면 크게 세 가지 이유를 들 수 있습니다. 첫째, 염불은 이 시대 중생들이 수행하는데 가장 절실한 방법이기 때문입니다. 둘째, 불심을 통한 마음의 안정과 자비심으로 중생들의 고통을 근원적으로 해결해주기 때문입니다. 셋째, 현대인의 각종 문명병을 가장 효과적으로 다스릴 수 있는 선정위주 공부이기 때문입니다.

이 때문에 염불수행은 이 시대 마음수행에 있어 선택의 여지가 없을 정도로 독보적인 수행방법입니다. 그러므로 우리는 염불을 통해서 마음 깊이 교감을 이루어야 합니다. 염불은 단순히 불교에 있는 수많은 수행법 중의 하나가 아니라 단순하면서 수행하기 쉬운데, 가장 효과적이기 때문에 모든 부처님과 많은 도인들이 말세에는 오직 염불수행이 가장 적합하다고 한 것입니다.

'제2의 석가'라고 하는 인도의 용수보살은 여덟 종의 조사이므로 선종, 교종, 율종 등 모든 종파가 근원으로 삼는 조사스님인데, 그분의 많은 가르침 가운데 핵심은 염불입니다. 서기 200년경에 인도에서 크게 불교를 일으켰던 큰 도인으로서 지금 우리나라뿐만 아니라, 중국 대승불교의 근원은 전부 용수보살에게 있습니다. 이처럼 용수보살은 부처님 경계에 들어가 화엄경이라는 불교사상 가운데 가장 위대한 경전을 편집했습니다. 말하자면 화엄경을 편술(編述)했다는 것입니다. 이러한 대 화엄경 마지막품인 보현행원품 가운데 다음과 같은 게송으로 결론지었습니다.

"원하건데 제가 이생에 명이 다한다면(願我臨欲命終時)
모든 장애가 함께 다 없어지고 (盡除一切諸障碍)
면전에서 아미타불을 친견하고 (面見彼佛阿彌陀)
바로 극락세계에 왕생하여지이다.(卽得往生安樂刹)"

화엄경의 편집자인 용수보살은 인도 염불종의 종조로써 모든 경전을 편집할 때 염불선을 많이 강조했습니다. 그 이후 중국 우리나라 일본 등 여러 나라에서 염불수행을 권장하는 분들이 많았습니다. 용수보살 이전에 마명보살이 나와서 대승불교를 크게 번창시켰는데 마명보살의 대표적인 저작으로 대승기신론이 있습니다. 이 대승기신론은 화엄경 체계로써 교학적인 완성도가 매우 높은 논서인데, 이 논서 끝에 일반 대중은 염불수행하는 것이 좋다는 결론을 냈습니다.

그러면 염불이란 무엇인가요? 이것이 오늘 법문할 주제이므로 염불이라는 말뜻을 잘 알아야 합니다. 그럼 염(念)이란 무엇을 가지고 염이라고 하는가요? 우리들은 일반적으로 많은 생각을 가지고 살아가는데 이러한 생각은 망념이라고 합니다. 그래서 잡념, 망념, 진념, 무념… 전부 염(念)자가 들어가죠. 그러나 염불에 있어 염이란 무념을 말합니다. 그래서 염불에 염(念)을 팔정도에서는 정념(正念)이라고 하고 남방에서는 사띠(sati; 알아차림)라고 해석합니다.

산승은 염불에서 염(念)을 무망념지염(無妄念之念)이라고 표현하고 있습니다. 망념이 없는 그 염(念)을 무념(無念)이라고 하고, 그 무념(無念)의 염(念)을 염불에서 말하는 염(念)이라고 정의를 합니다. 그래서 염불에서 염(念)은 무념의 염으로써 무심 무주 무상의 바탕에서 잡념이 아닌 청정일념이 됩니다. 청정일념이 무념이고 이것이 정념이라면, 정념이 바로 중도실상관이라 할 수 있습니다.

그러므로 염불에서 말하는 염이란 '나무아미타불', 이 명호를 청정일념으로 칭념하는 것이라 할 수 있습니다. 그러면 우리는 어떻게 정념(正念)에 입각한 염불을 할 것인가요?

우리가 염불을 할 때에 그 염(念)의 본질을 돌이켜보는 염(念)이기 때문에 능엄경에서는 "염불하는 소리를 돌이켜 자성을 듣는다.(反聞聞自性)"라고 했습니다. 즉 이 말은 마음속으로 염불할 때 염불하는 소리를 생각하는 것입니다. 이것이 염불소리 듣는 놈을 돌이켜 자성을 듣는다는 말뜻이고 이것을 자기 내면의 소리라고 보아야 합니다.
'돌이켜 본다'는 것은 '보는 놈'을 의식적으로 본다는 뜻입니다. 이렇게 보면 염불이 정념이 되고 정념이 무념, 무상, 무주라는 중도실상이 됩니다.

지나치게 아미타불을 대상화하고 밖으로 부처를 찾는 마음으로는 무념이 되기 어렵고 무념 진념(眞念)이 되기 위해서는 아미타불을 속으로 부르되, 염하는 그놈을 바로 보라는 것입니다. '염하는 놈'을 지켜보면 그것이 정념(正念)이 됩니다. 그래서 우리가 염불할 적에 부처님을 생각한다고 하는데, 부처님을 어떻게 염할 수 있을까요? 여기 자성미타(自性彌陀)라는 말이 있습니다. 나의 성품이 바로 아미타불이라는 이 바탕에서 염불하면 바로 이것이 자기의 성품을 돌이켜 보는 것입니다.

그러므로 아미타불을 일념으로 부르되, '부르는 그놈'을 의식적으로 지켜봐야 됩니다. 의도적으로 끊임없이 지켜볼 때 이것이 알아차림이고 삿띠이며, 무념(無念) 진념(眞念) 정념(正念)이 됩니다. 이렇게 염불할 때 빨리 염불삼매에 들어갈 수 있으며 이와 같은 청정일념으로 들어갈 때에 미묘한 힘과 공덕이 있습니다. 정념(正念)으로 들어가면 무수억겁의 생사중죄가 녹고 무량한 공덕이 생깁니다. 이러한 가운데 염불선의 경지로 승화되어 갑니다.

사람들은 염불을 하근기의 수행이라고 말하는데, 그것은 잘못 아는 것입니다. 최상근기, 즉 화두를 타파한 사람이 보림으로 하는 공부가 무념염불입니다. 그러나 염불은 근기대로 얻는 공덕이 무량하므로 상 중 하 근기가 모두 닦을 수 있는 수행이라고 할 수 있습니다. 일반적으로 불자들이 암송하듯이 칭명염불 하는 것은 중, 하근기지만 일념으로 열심히 하다보면 저절로 수승한 염불이 되기도 합니다.

상근기는 처음부터 반조염불(返照念佛) 즉 '염불하는 놈'을 비추는 염불을 하기 때문에 빨리 업장을 소멸하고 염불삼매에 들어갈 수 있습니다. 염불삼매에 들어가면 저절로 화두타파가 되고 이 차원에서 염불한다면 일상 그대로 무념무주 무상이 되므로 망념이 근본적으로 일어나지 않기 때문에 일상에서 염불삼매를 수용할 수 있습니다. 이것은 깨친 사람이 보림 차원의 염불이라 할 수 있습니다.

이와 같이 염불수행도 근기 따라 다양한 방편이 있는데, 염불삼매를 성취하는데 빠르고 늦음은 본인이 얼마나 진실하고 열심히 하느냐에 따라 다르게 나타날 수 있을 뿐 염불 방법이 염불삼매를 체득하는데 절대적이지 않은 것입니다. 때문에 염불에 대해 너무 이론적으로 깊이 알 필요는 없고 오직 일념으로 자나 깨나 한결같이 염불한다면 백천가지 묘한 부처님의 법문을 모두 수용하게 되는 것이니 모든 불자들은 오직 염불수행에 전념하기를 간절한 마음으로 부탁합니다.
성불하십시오.

(2013. 3. 17.)

정토문은 불법의 특별법문으로
부처님의 자비원력에 의지하여
업을 지닌 채 윤회를 벗어난다

여래께서 49년간 설법하신 일체 대소승 법문은
모두 자력에 의지하여 수행을 시작하기가 매우 어렵다.
단지 염불법문만은 오로지 아미타부처님께서 자비서원으로
섭수하시는 힘과 수행인이 믿음을 내어 발원하고
지성심으로 억념憶念한 힘에 의지하는 까닭에 감응도교를
얻어 이번 생에 생사윤회를 끝마치고 도업을 성취한다.
-인광대사

여산 동림사의 동림대불

3. 왜 염불해야 하는가?

오늘 이렇게 만나게 되어서 반갑습니다. 평생을 염불선으로 교화하신 청화 큰스님의 정신을 따르는 여러 신심 있는 불자님들과 오늘 한 자리에서 같이 탁마하게 된 것을 매우 기쁘게 생각합니다.

산승도 오래 전에 청화 큰스님과 인연이 조금 있었습니다. 큰스님이 태안사 계실 때에 도반 스님들과 함께 인사드리고 나서 여쭙기를 "큰스님께서는 항상 염불선을 닦아야 한다고 강조하시는데, 저희들도 깊이 공감하고 있습니다. 말세에는 염불수행이 모든 사람들의 근기에 부합되므로 이 시대에 가장 좋은 방편이라 생각하고 있습니다." 라고 말씀을 드렸더니 정말 좋아하셨습니다. 마치 먼 타지에서 고향의 동지를 만난 듯 기쁜 표정을 지으셨는데, 여러분들을 보니, 새삼 그때 청화 큰스님의 모습이 아련히 떠오르고 있습니다.

산승은 그때 도반스님과 세 사람이 함께 가서 절을 했는데 무릎 꿇고 앉으셔서 절을 받으셨습니다. 너무나 겸손하시고 인자하신 그 모습은 오래도록 잊혀지지 않았습니다. 이 때문에 청화 큰스님 법향이 서려있는 금강카페에 산승도 가입하게 되었으며, 이 뜻을 카페에 인사글로 남겨놓았습니다. 금강불교정진회는 청화 큰스님의 교화를 받은 염불수행자들의 모임이라 여기 계신 분들은 모두 염불수행법을 잘 아시겠지만 천일염불정진회향을 위해 이 산중에 오셨으니, 산승이 오늘 '선(禪)과 염불'에 대해 말씀 드리겠습니다.

산승이 1969년도 가을 수도암에서 행자생활을 할 때, 지금 대구에 계시는 법경 노스님께 초발심자경문을 배웠습니다. 그때 노스님께서 초발심자경문을 가르치면서 동시에 염불수행에 대해서도 많은 말씀을 하셨습니다. "부처님께서는 염불에 대해서 고구정녕 찬탄하셨고, 말세 중생들이 마땅히 귀의할 곳이니, 너는 반드시 염불수행을 철저히 하기 바란다." 이처럼 법경 노스님의 진실한 가르침으로 인해 산승은 이미 행자 때부터 염불수행이 얼마나 중요한지 알 수 있었습니다. 그러나 은사스님은 이와 반대로 강원에 가서 기본적인 교학을 배우고 반드시 선원에 가서 화두참선을 해야 한다고 말씀하셨습니다.

이 때문에 해인사승가대학에 들어가서 교학을 하게 되었고 졸업한 뒤에는 바로 선방에 들어가서 정진하게 되었습니다. 그러나 빨리 도를 증득해야 한다는 급한 마음으로 인해 화두의정(話頭疑情)이 일어나지 않는 상태에서 무리하게 억지 의심을 계속하다보니 상기(上氣)의 초기증세가 나타나 도무지 화두에 진전이 없었습니다. 이에 도반들이 화두가 잘 안될 때는 주력이나 염불을 하는 것이 좋다고 해서 도반스님과 둘이 태백산 토굴에 들어가 일종식과 장좌불와 하면서 천수다라니를 종일토록 염송했는데, 석 달 정도 지나니 기진맥진 상태에 이르러 도반은 결국 떠나가고 나 홀로 다시 마음을 추스르고 3년을 더 주력정진한 뒤 다시 참선과 염불을 차례로 닦게 되었습니다. 이렇게 산승은 교학 기도 참회 화두 주력 참선 염불 등 여려가지 수행법을 무던히도 닦았습니다.

❀ 간화선(禪)과 염불에 대해

그럼 선(禪)이란 무엇이며 염불이란 무엇인가요.
선의 의미는 매우 광범위하지만 여기에서는 간화선과 염불에 대해 말하고자 합니다. 간화선의 근본은 의정이고 염불의 근본은 반조(返照)입니다. 간화에서 의정이 순일하지 못하면 공부가 진전될 수 없고, 염불에 비춤이 없으면 건성으로 하는 염불이라 공부가 익어지지 않습니다. 의정(간화)은 일으키기 어렵고, 돌이켜 비춤(반조염불)은 어렵지 않습니다. 때문에 화두에 진의(眞疑)가 일어나지 않으면 염불과 주력을 통해 마음을 닦고 다스린 다음 화두를 들면 바로 진의가 일어날 수 있습니다. 그래서 염불과 참선은 대립이 아니라 서로 보완되는 관계라고 볼 수 있습니다. 화두는 상근기가 아니면 나아갈 수 없으므로 누구나 처음에는 염불수행으로 근기를 키운 다음 화두를 들어야 하지만 염불은 수행하는데 부작용이 없으므로 모든 근기에 부합하며 어떤 근기와도 상관없이 닦을 수 있는 매우 미묘한 수행입니다.

산승 또한 모든 불자들에게 염불에 관한 법문을 많이 하고 있으며 오늘날 같이 분별심이 많은 시대에는 선정이 바탕 되는 염불수행정진이 가장 이상적이고 미묘한 수행이라고 생각합니다. 부처님께서는 정토삼부경에서 자세하게 염불수행의 이치를 밝혔으며, 인도의 용수보살과 마명보살이 염불을 강력하게 주장하셨습니다. 또 마명보살이 지은 대승기신론에서도 여러 가지 교리적인 관법수행을 말씀하시고, 끝에는 이러한 교법수행은 일반 대중들이 공부하기가 어려우므로 그 대안으로 염불수행을 권장했습니다. 또 용수보살이 편집한 화엄경에서도 염불법문이 나오며 글 마칠 때는 염불송으로 회향을 했습니다.

중국에서도 많은 선사들이 염불선을 가르쳤는데 그 중에서 중국 염불종의 초조이신 혜원율사는 염불수행 결사를 지어 기초를 만드셨고, 그 이후에 수많은 스님들이 염불수행을 가르쳤으며, 그 중에서 영명연수선사는 법안종의 제5조 법인을 받았지만 염불종의 제6조로써 그분의 염불법문은 대단히 뛰어났습니다. 특히 영명선사 염불사료관 가운데 염불은 만수만인거(萬修萬人去)라는 말이 있는데, 이 말은 일만 명이 염불한다면 일만 사람이 다 공덕을 입고 정토에 태어난다는 뜻입니다. 이러한 가르침으로 인해 당시 송나라에서 염불수행의 붐을 일으켰으며 선과 염불을 일치시킨 큰 도인이었습니다. 그래서 당시 사람들은 영명연수선사를 아미타불의 후신이라고 칭찬했습니다.

간화선은 중국 당나라 때 육조스님이 처음 제자 남악회양선사에게 가르친 수행법입니다. 육조 이전에는 달마선 혹은 관심선이라 했으나 후대에 이것을 묵조선이라는 체계로 정형화 했습니다. 그러나 간화선에서는 남악선사가 처음 수행하여 깨달음을 얻었으며 그 밑에 마조스님이라는 유명한 도인이 나와서 중국 간화선종의 꽃은 만개하게 되었지만 그 법은 오래 유전하지 못했습니다. 본래 마조스님은 남악선사를 만나기 전에, 무상선사라는 도인에게 전통적인 염불선을 전해 받았지만 깨달음을 얻지 못하고 남악선사를 찾아가 깨달음을 얻고 중국에 선종을 중흥시킨 큰 도인이었습니다. 마조스님은 비록 남악회양선사로부터 간화선의 비심비불(非心非佛)의 이치를 전해 받았지만, 염불선의 근본인 즉심즉불(卽心卽佛)의 도리로써 많은 수행자를 깨닫게 하셨습니다.

그러면 왜 화두는 비심비불(非心非佛)이 되고, 염불은 즉심즉불(卽心卽佛)이 되는가요. 화두는 절대부정이 되는 곳에 의심이 일어나기 때문이며, 염불은 처음부터 절대긍정으로 들어가야 염불하는 자와 대상을 나누지 않고 바로 염불삼매에 들어갈 수 있기 때문입니다. 그러나 간화선 수행에서는 절대부정으로 출발하지만 마침내 깨달으면 절대긍정이 되는데, 이것은 절대라는 도리에는 긍정과 부정이 다르지 않기 때문입니다. 이 때문에 참선자가 염불을 무시하는 것은 자신의 근본을 부정하는 것이며, 염불자가 참선을 무시하는 것은 부처를 등지는 일이 됩니다. 그러므로 수행자는 그 기본을 잘 알아서 바른 길로 나아가야 합니다.

그럼 왜 오래도록 염불과 참선이 서로 대립했을까요?
그것은 종지를 깨우치지 못한 하근기들은 항상 한쪽에 치우쳐 있기 때문에 처음 수행할 때 들어가는 방법이 다른 것을 보고 서로 부정하는 것입니다.

그럼 화두선과 염불선의 기본은 무엇인가요.
화두는 철저한 부정(非心非佛: 절대부정)을 통해서 진의를 일으켜 바르게 수행할 수 있으며, 염불선에서는 염불하는 이 마음이 곧 아미타불임을 직시하므로 절대긍정이 되어 자성미타(卽心卽佛)에 의지하여 망념을 제거할 수 있고, 이 바탕에서 염불할 때 빨리 염불일념에 들어갈 수 있습니다. 그러나 보통사람들은 이 이치를 보지 못하므로 참선과 염불을 대립적으로 대하나 종지를 깨달으면 다 같은 즉심즉불(卽心卽佛)이라는 절대긍정의 종지를 깨우치고 참선과 염불은 다르지 않다고 말을 합니다.

처음 달마대사가 전한 수행은 "마음 한 법 관하는 것이 모든 법을 거둔다."라는 관심수행법, 즉 묵조선이었는데 육조대사께서 남악회양선사에게 시심마 화두를 참구케 하여 8년을 참구 끝에 깨달음을 얻었습니다. 이후 임제종을 중심으로 간화선에서 무수한 도인이 배출되어 선풍이 일어났으나 송나라 시대부터 간화선의 폐단이 생겨나기 시작했습니다. 간화선에 의리(義理)가 일어나면 공부가 어긋나기 시작하는데 각종 선에 관한 서적이 나오므로 인해 체험 없이 의리선에 빠져 정안(正眼) 종사는 사라지고 의리지혜 선사들은 끝도 없이 배출되어 선의 순수성이 사라지고 망념(번뇌)은 더욱 크게 일어나 각종 선의 문제점이 생겨나게 되었던 것입니다. 오늘날 선종도 이와 유사한 형태 속에서 깨달음을 얻은 도인이 나오지 않으니 자연히 의리선에 의지한 종사들이 선의 순수성을 도리어 해치기도 합니다. 때문에 선에서는 깨달음이 체달되지 못하면 업력의 장애가 일어나 선의 종지를 해칠 우려가 있습니다.

이 때문에 중국 명, 청 시대에 대표적인 큰스님인 감산덕청선사와 철오선사, 주굉선사 같은 분들은 간화선으로 확철 대오를 했지만 간화선을 버리고 염불선을 주장하게 되었으며, 이 밖에 많은 선사들이 염불선을 주장하므로 인해 지금까지 중국이나 대만에서는 간화선이 사라지고 염불선이 성행하게 되었던 것입니다. 왜 중국에는 염불수행이 지금까지 500년이 넘게 유행할 수밖에 없었을까요? 그것은 간화선이 한계점에 이르렀기 때문에 인도, 중국, 우리나라의 큰 도인들이 염불수행법을 권장했던 것입니다. 그러므로 염불은 상, 중, 하 근기가 모두 닦을 수 있는 완전무결한 수행이므로 오늘날도 염불은 묵조와 간화가 사라진 그 자리를 채워주고 있는 것입니다. 한때는 대만에서 선종의 재건을 위해 한국의 전통선종인 간화선을 도입하고 선원을 열었으나 이어가지 못했습니다.

우리나라에서는 지금부터 1300년 전 신라시대에 원효대사께서 염불에 대한 글을 많이 썼고 염불수행도 열심히 했습니다. 정토삼부경에 대한 종요를 지었고, 유심안락도라는 책에는 도솔천과 극락세계를 비교한 내용인데, 거기에서도 염불을 굉장히 중요시 했습니다. 사실 원효대사라고 하면 우리나라 불교에서 가장 대표적인 큰스님이지만 염불수행에 대해 궁중과 상류층과 민중에게 많이 강조하고 가르쳤습니다. 이 밖에 자장, 의상, 보조, 나옹, 서산, 사명 등 역대 큰 도인들과 근래에 자운, 수산, 청화 노스님까지

3. 왜 염불해야 하는가?　45

모두 염불의 중요성을 많이 말씀하셨습니다. 신라시대에는 염불수행이 보편화 되어 있었으며 그 중에 특히 발징화상은 건봉사에서 천명 대중을 모아 염불만일정진회를 결성하여 간절하게 염불하여 천 명이 모두 극락정토에 왕생한 기록이 전해지고 있습니다. 고려시대에 나옹화상은 부처님의 화신이라고까지 칭송받는 큰 도인인데, 염불을 많이 가르쳤고 보조국사도 염불요문을 지어 염불수행을 가르쳤습니다.

서산대사는 정말 대단한 수행력을 갖춘 분인데, 신라, 고려, 조선 이 세 시대를 통해서 가장 뛰어난 선사라고 할 수 있을 것입니다. 서산대사는 한번 밥 먹고 들어가면 1년을 밥도 안 먹고 숨도 안 쉬고, 그대로 깊은 삼매에 들어갔다가 석 달 후에 깨어 나오기도 합니다. 그렇기 때문에 서산대사의 신통력은 참으로 대단했습니다. 이러한 서산대사가 선가귀감이라는 유명한 책을 지었는데 거기에 보면 염불수행의 중요성을 잘 말씀하셨습니다. 선가귀감은 참선하는 수행자를 대상으로 한 법문이라 오늘날 까지도 선원에서 정진하는 스님들의 교과서 같이 사용하는데 거기에도 염불에 관한 법문이 있습니다.

부처님께서 설하시길, "나의 이 법이 말세가 되어서 모든 경전이 없어지더라도 내 신통력으로 나무아미타불 이 여섯 자는 백년을 더 머물게 하여 중생을 제도하게 하겠다." 라는 말씀이 있습니다. 그만큼 이 염불수행은 말세 중생들에게 가장 적합한 수행이라는 것을 알 수 있습니다. 원효대사는 부처님 돌아가신지 1,300년 지나서 태어나셨고, 열반하신지도 1300년이 됩니다. 불기 2600년 역사 속에서 원효대사는 딱 그 중간 지점이 되는데, 우리나라는 원효대사가 염불수행법으로 교화한 이후 수많은 염불수행자들이 나왔습니다. 그래서 근세까지 전국 큰 사찰에는 염불당이 있었고 옛날 스님들은 계곡이나 길 가 바위에 '나무아미타불' 이렇게 글자를 적은 게 아직 많이 남아있습니다.

흔히 큰 절 가는 입구에는 바위나 절벽에 나무아미타불 글자가 새겨져 있는 것을 많이 볼 수 있는데, 그것은 경치에 빼앗겼던 마음을 다시 염불을 상기할 수 있도록 도와주기 위한 것입니다. 염불을 잊었다가도 그 글씨를 보는 순간 다시 염불을 생각할 수 있고 부처님과 인연을 맺게 해 주고자 하는 마음이 있었기 때문입니다. 이처럼 옛날 스님들이 염불수행을 얼마나 강조했고 또 가르쳤는지 알 수 있습니다. 다행히 요즘 다시 염불만일회를 결성하여 많은 사람들이 함께 염불수행을 하는 것을 볼 수 있는데 참으로 바람직한 현상입니다. 오늘날 사회는 문명이 고도로 발달한 시대를 살아가는 사람들이라 분별심이 많아 활동적인 반면 마음은 더욱 쉬기 어려워 진의를 일으킬 수 없습니다. 그러므로 마음 쉬지 않고 들어갈 수 없는 간화선은 난행도(難行道)라 하여 성취하기 어렵다 했고, 망상을 버리지 않고 그대로 불심으로 전환하는 염불은 예부터 이행도(易行道)라 하여 중생들 근기에 가장 적합한 수행이라고 했습니다.

염불선은 묵조선의 장점과 간화선의 장점을 다 가지고 있기 때문에 참으로 미묘한 수행이라 할 수 있습니다. 달마대사가 "마음 관하는 한 법이 일체 만법을 거둔다.(觀心一法 總攝諸行)"라고 했는데, 바로 아미타부처님 명호 속에는 시간성과 공간성을 초월한 절대성의 본래심을 드러내는 도리가 있으므로, 달마대사의 이 말을 염불에 적용한다면 아미타불 염불 일념이 모든 행을 거둔다고 할 수 있습니다. '아미타'라는 것은 산스크리트어인데, 그걸 해석하면 무량수라 번역하고 무량광이라고도 합니다. 무량수라는 것은 헤아릴 수 없는 수명이요, 무량광은 헤아릴 수 없는 광명이라는 뜻입니다. 무량수는 시간성을 초월했다는 뜻이고, 무량광은 공간성을 초월했다는 뜻입니다. 그래서 시간과 공간을 초월한 그 자리는 우리들의 본래면목이요, 그것을 자성미타 일념이라고 합니다.

이 때문에 아미타불이라는 말은 우리 성품의 대명사며 본래면목이요 청정한 불성의 광명 그 자체입니다. 그러므로 우리가 아미타불이라 부르는 것은 곧 내가 나의 본래 이름을 부르는 것이라 할 수 있습니다. 만일 실상(實相)에 입각하여 염불하면 그것이 곧 최상승 염불이고 이것을 실상염불이라 합니다. 최상승 염불은 조사선과 조금도 다름이 없으므로 최상승선이 됩니다. 상근기는 우리의 본래 실상 자리에 근거한 염불을 하기 때문에 실상염불이 되고, 그것은 화두타파 한 도인들이 보림차원에서 하는 염불선을 뜻하기도 합니다. 즉 화두를 타파하면 본래 면목을 깨우치고 본래면목을 깨우치면, 일체행이 모두 자성을 돌아가기 때문에 옛 도인들은 화두타파 한 뒤 보림차원에서 염불했던 것입니다.

아미타불 명호를 외우면, 그 명호 속에 무량한 공덕과 지혜를 수용하므로 "마음과 부처와 중생이 차별이 없다"는 뜻이 됩니다. 이것이 달마대사가 말한 "마음 한 법 관하는 이것이 만법을 거두는 수행"과 같은 뜻입니다. 중국 송나라 시대에 대혜선사는 묵조선을 무기사선(無記邪禪)이라고 배척했습니다. 간화선에서 묵조선을 배척한 요인은 관조가 이뤄지지 않는 상태에서 쉬어가라는 말만 따르면 무기(無記)에 떨어질 위험이 있기 때문입니다. 이처럼 묵조는 공부의 주제가 없이 오로지 묵이관조(黙而觀照)하므로 만일 관조가 잘 되지 않으면 바로 무기(無記)에 빠지고, 분별심이 쉬지 못하면 사견에 떨어질 가능성이 있기 때문에 묵조는 처음부터 마음 쉼을 강조하는 것입니다.

간화선에서도 마음이 쉬지 않으면 결코 바른 진의가 일어날 수 없고 억지 의심을 일으키면 사구선(死句禪)이 되어 병을 얻게 됩니다. 그러므로 마음 쉼이라는 전제 조건을 갖추지 않은 상태에서 모든 수행은 정상적일 수 없으며, 더욱이 마음 쉼이 없는 간화선 수행은 부작용이 많아서 묵조보다 더 위험할 수 있습니다. 간화선은 공부의 주제를 가지고 강력한 의심을 일으켜 무명을 빠른 시간에 소멸시킨다는데 특징이 있지만 바르게 공부하지 않으면 그것이 오히려 단점이 될 수 있습니다. 그래서 간화선은 강렬한 의심을 통해서 지혜를 연마하다 보니 굉장히 날카로워지고 만법을 부정하다 보니 때로는 자기중심적인 자아가 강화되어 좀처럼 타인을 인정하지 않으므로, 불교의 장점인 여러 가지 교학과 방편과 원력과 신심, 보살행, 공덕심 등이 무시되고 냉정한 성격으로 바뀌는 부작용이 있으므로 각별히

유의하지 않으면 안 됩니다.

이처럼 간화선은 선혜후정(先慧後定)이라 마음이 먼저 쉬지 않으면 공부가 정상적으로 될 수 없고, 묵조선은 마음 쉬는 공부를 강조하다 보니 선정후혜(先定後慧)라 마음 안정은 되는데, 관조의 힘이 부족하여 혼침과 무기에 잘 떨어져 고목 사선이 되기도 합니다. 염불은 선정후혜(先定後慧) 수행이지만 간화선처럼 공부의 주제가 있어 묵조처럼 무기(無記)에 빠지지 않고 삼학을 차례로 잘 닦아 나아갈 수 있습니다. 그래서 염불은 묵조선의 장점과 간화선의 장점을 다 가지고 있다는 것입니다. 염불은 공부의 주제가 뚜렷하면서 의심이 아니라 묵조선적인 반조(返照)이므로 어떤 수행보다도 종합적이면서 완전한 수행이라고 할 수 있습니다. 이 때문에 염불수행은 모든 근기가 부작용 없이 닦을 수 있는 참으로 미묘한 수행이라고 하는 것입니다. 염불수행자가 만일 염불수행의 요점을 잘 알면 더 효과적으로 수행할 수 있기 때문에, 처음 들어온 사람은 염불에 대해 바르게 알아야 할 필요가 있습니다.

염불선을 일심불란(一心不亂)하게 닦으면 마음을 관하는 주제(아미타불)가 분명하니 저절로 관조(觀照)를 이루고 염불하는 놈을 돌이켜 비추니 반조(返照)가 되며, 끊임없이 염불하는 속에 마음이 쉬어가니 저절로 적묵(寂黙)을 이루게 됩니다. 때문에 염불은 정혜쌍수(定慧雙修)요 지관등지(止觀等持)라 할 수 있으며 바르게 정진하면 저절로 쌍차쌍조(雙遮雙照)가 되어 염불삼매에 들어갈 수 있습니다. 그러므로 염불수행자들은 염불하는 이 순간 부처님과 하나 되는 가장 완전한 수행이란 것을 깊이 인식하고 큰 자부심을 가지고 스스로 열심히 닦고 다른 사람들에게 염불을 권장하여 공덕을 짓게 해야 합니다. 여기 계시는 분들은 이미 염불수행도 하시고 염불수행을 널리 펴고 계시니, 참으로 선근이 많은 것입니다. 지금 이 시대는 지식이 충만된 사회이므로 선정이 절대적으로 부족합니다. 그래서 선정을 앞세우는 수행이 필요한데 염불은 수행자체가 선정과 신심이 전제되어 가장 이상적인 수행을 할 수 있습니다.

불자님들은 염불수행을 하는데 가장 중요한 점은 절대긍정을 전제로 공부해야 한다는 것입니다. 왜냐하면 모든 수행은 마침내 "만법이 다 부처"라는 진리로 귀결되므로 염불수행에 이러한 인식을 바탕으로 수행한다면 더욱 업장을 빨리 소멸하고 염불삼매로 나아갈 수 있기 때문입니다. 염불뿐만 아니라 모든 수행의 종착점은 부처와 하나 되는 것이므로 "마음이 곧 부처"라는 가르침은 불교의 근본 종지입니다. 관무량수경에 "시심시불(是心是佛)"이라고 했습니다. 즉 "이 마음이 곧 부처"라는 이 말 속에 팔만장경의 핵심이 들어있습니다. 관무량수경의 시심시불(是心是佛)과 마조스님의 즉심즉불(卽心卽佛)이 같은 뜻이므로, 염불행자는 '마음이 곧 부처'라는 절대긍정의 이 말을 잘 이해할 필요가 있습니다.

염불하는 자가 곧 부처다(念佛者是誰)

만일 불자가 즉심즉불(卽心卽佛)이라는 바탕에서 염불한다

3. 왜 염불해야 하는가?   51

면 염불하는 자가 곧 부처(念佛者是佛)입니다. 이 부분이 염불의 요점인데, 간혹 중국 명나라 때부터 간화선의 종사들이 참구하는 염불을 가르치기 위해 염불자시수(念佛者是誰) 즉, "염불하는 자는 누구인고?" 이렇게 참구하라고 했습니다. 그러나 이러한 참구 염불공부 방법은 염불의 종지와 상충되므로 좋은 방법이 아닙니다. 왜냐하면 '염불하는 자가 곧 부처'(念佛者是佛)라는 절대긍정과 '염불하는 자가 누구인고'(念佛者是誰)라는 절대부정은 처음 수행하는 시작점에서 상반되어 정상적인 수행이 불가능하게 됩니다. 염불하는 자를 그대로 부처로 보라 하면서, 부처란 무엇인고? 라고 한다면 엇박자가 되기 때문입니다. 그래서 산승은 관무량수경에서 "이 마음이 곧 부처"라고 했으니, 당연히 염불하는 이 마음이 곧 부처(念佛者是佛)라는 뜻을 가지고 염불하라는 것입니다.

실상염불에는 '염불하는 이놈이 바로 부처'라는 사실을 믿고 들어가야 됩니다. 만일 부처님과 내가 둘이 된다면 생멸법이 되니 바른 염불이 아닙니다. 염불할 때 생멸심으로 염불을 하게 되면 망상을 근본적으로 제어하기 어렵습니다. 생멸염불이란 염불하는 자와 대상을 나누는 수행이니 처음 수행자들이 하는 방법이고, 활구염불이 되려면 무생무멸(無生無滅) 염불, 즉 방편염불이 아닌 실상염불을 뜻합니다. 즉 염불하는 그 놈을 돌이켜 비추면 염불하는 자와 대상이 하나가 되므로 절대긍정의 염불이 되는데, 이것을 실상염불이라 하고 활구염불이라고 합니다. 그러나 화두에는 사구를 들면 많은 부작용이 있으나 염불에는 사구, 활구가 따로 없고 그저 일심으로 염불정진하다 보면 저절로 활구염불이 됩니다.

그것을 능엄경에서도 간단하게 밝혔으니 거기 "듣는 놈을 돌이켜 들으라." 했습니다. 즉 관세음보살의 이근원통법문이란 아미타불 부르면서 부르는 그 놈을 돌이켜서 들으면 바로 자성을 듣는다는 법문입니다. 염불하는 주와 객을 돌이켜 비추는 것을 쌍조(雙照)라 하고, 주객을 비추되 비추는 상이 없으면 쌍차(雙遮)가 되며, 쌍차 속에 비춤이 있으니 쌍차쌍조(雙遮雙照)라 하고, 이와 같은 쌍차쌍조를 동시에 닦아가면 차조동시(遮照同時)가 됩니다. 염불행자가 만일 이와 같이 쌍차와 쌍조를 하되 그것을 동시에 닦아가는 차조동시적인 염불을 하면 바로 업장을 소멸하고 염불삼매에 들어갈 수 있습니다. 그러나 이러한 염불은 상근기 염불이라 일반적이 아니며, 보통 불자들은 칭명염불을 지극히 하다 보면 저절로 지혜가 생기고 실상염불로 이어져 마침내 염불의 수승한 공덕바다로 들어가게 됩니다.

염불수행의 수승한 공덕

혹 어떤 사람은 "유심정토 자성미타"이므로 극락세계는 마음속에 있지 따로 있는 것이 아니라고 하는데, 이 말은 유심정토라는 뜻을 잘 모르고 하는 말입니다. 유심정토 자성미타라는 말은 근본을 가르치는 뜻입니다. 쉽게 말하면 이치로는 현재 사바세계가 이 한 마음을 떠나지 않았기에 유심정토이나, 사리적으로 현실세계는 이치세계를 벗어나지 않았기에 이치세계는 현실세계를 떠나서 말하는 것이 아닙니다. 그러므로 환이지만 사바세계가 있듯이 정토세계도 있습니다. 근본에서 본다면 본래 이(이치)와 사(현실)를 나눌 수 없기 때문에 유심정토와 원력정토는 상충되지 않으며 이사(理事)가 다르지 않기에 아미타부처님의 48대 원력에 의한 극락정토 또한 분명하므로 부정할 수 없으니, 누구나 아미타불의 원력에 의지하여 일심으로 염불하면 저절로 극락세계에 왕생하게 된다는 것입니다.

이 뜻을 모든 경전에서 부처님이 설하셨으며 용수 마명, 원효, 나옹, 서산 등 역대도인들이 한결같이 극락세계가 사리적(事理的)으로도 있으니, 누구나 발원하고 염불하면 정토에 태어난다고 말씀하셨습니다. 그런데 사람들은 허망한 사바세계는 인정하면서 극락세계를 부정하는 경향이 있습니다. 이것은 매우 잘못된 생각으로써 이사(理事)가 본래 무애하다는 이치를 바르게 보지 못했기 때문입니다. 옛 선사가 말하기를 "실제 분상에서는 한 법도 세울 수 없지만, 사리에서는 만법이 있다."라고 했습니다. 이 말은 사바세계가 근본은 허망하지만 중생들의 공업력으로 생겨나고 존재하듯 부처님의 원력정토인 극락세계는 부처님의 원력으로 존재한다는 것입니다. 다만 사바세계는 물질세계라 시공간의 제약이 있지만 극락세계는 정신적 세계라 시간과 공간의 구속이 없다는 것입니다. 그리고 물질로 이뤄진 사바세계는 오래갈 수 없으나 극락세계는 참마음 정신세계라 부처님 원력에 따라 무한하다는 것입니다.

유심정토 자성미타란 부처님의 세계가 바로 우리 참마음과 둘이 아니기 때문에 시간과 공간을 초월하여 존재하므로 불국토는 마음속에서 구현되는 것입니다. 그러나 중생들은 이 뜻을 모르므로 시간과 공간의 개념을 가지고 접근하므로 이해할 수 없습니다. 그래서 세상을 환(幻)이라 말하지만 육도는 분명하게 있듯이 정토 또한 불, 보살의 원력으로 중생을 제도하기 위해 극락세계는 존재한다는 것입니다.

경에서는 극락세계가 분명하게 있다고 했습니다. 부처님은 거짓말을 하지 않으므로 아미타불의 극락정토를 믿지 않을 수 없는데, 중생들은 눈에 보이는 사바세계는 인정하면서 참마음의 영원한 세계인 극락세계는 인정을 못하는 것은 무슨 까닭인가요. 그것은 선근이 약하기 때문에 정토에 대한 믿음이 생기지 않고 악업의 방해를 받기 때문에 정토를 불신하게 됩니다. 금강경에 이르기를 "부처님은 여어자(如語者), 실어자(實語者), 불이어자(不異語者), 불망어자(不妄語者)라" 했습니다. 즉 부처님은 거짓말을 하지 않는다는 뜻입니다. 관무량수경에 분명히 정토 십육관이 있지 않습니까? 거기에서 분명히 극락세계를 십육관을 통해서 여실하게 관하도록 가르치고 있습니다. 그것은 부처님의 만고불변의 말씀인데 어찌 부정할 수 있겠습니까?

불자가 부처님의 말은 거부하고 부처님 법을 손상하면 참으로 박복하고 불행한 사람이라 할 수 있습니다. 혹 사람은 말하기를 극락세계가 있다면 우리 마음속의 정토와 서로 상충되는 것이 아니겠느냐 이렇게 말하는데, 도에 입각해서 보면 전혀 상충되지 않으며 그대로 같은 뜻이 됩니다. 다만 중생이 미혹심으로 볼 적에는 둘로 나누는데, 실

상에 입각해서 보면 둘로 나눌 수 없기 때문입니다. 즉 이
치로써의 극락세계와 사리로써의 극락세계가 차이가 없기
때문에 유심정토 자성미타가 되는 것입니다.

우리 불자들이 상중하 근기대로, 염불해야 하지만 하근기
에게 실상염불을 가르치면 잘 이해하지 못하므로 불심을
키울 수 없습니다. 그러나 상근기는 선근의 힘으로 정토에
관한 말을 들으면 바로 믿음이 생겨나고 정진하게 됩니다.
서산대사 같이 최상근기는 염불하면 바로 삼매에 들어가게
되므로 극락세계를 임의 자재로 갔다 올 수 있습니다. 그
리고 염불삼매 속에서 아미타 부처님에게 직접 법문을 듣
고 올 수 있습니다. 근래에 어떤 분은 염불로써 몽중일여
까지 들어가기도 했는데 몽중일여에 들어가면 극락세계에
갔다 올 수 있습니다. 그러나 염불삼매는 번뇌가 있으면
장애를 받아 삼매에 들어갈 수 없고 오직 계, 정, 혜 삼학
을 갖추어야만 삼매에 들어갈 수 있으니 우리 모두는 염
불삼매에 들어갈 수 있도록 일심으로 염불해야 합니다.

근래 중국 허운화상의 제자인 관정법사는 극락세계를 정신
적인 유체로써 갔다가 아미타불 친견하고 법문까지 듣고
돌아와 『극락세계유람기』를 지었습니다. 산승도 관정스님
의 극락세계유람기를 수천 부를 찍어서 나누어 준 적이
있습니다. 진실로 극락세계는 존재하고 있으며 누구나 염
불하고 발원하면 정토왕생 할 수 있습니다. 그러므로 말세
에 염불수행을 하는 사람은 누구보다도 선근이 깊은 사람
이라 할 수 있습니다. 왜냐하면 이렇게 좋은 수행은 선근
없이 인연 될 수 없기 때문입니다. 근래에 해인사 자운화

상께서는 염불을 평생을 하셨습니다. 길에 다니면서도 계속 나무아미타불, 나무아미타불 염불하시면서 다니는 것을 보았습니다. 나중에 편안하게 열반하시고 광명이 나는 사리가 나왔습니다.

염불수행의 방법

염불할 때 무의식적으로 기계적인 반복을 하지 말고 깨어 있는 의식으로 분명하게 염불하는 상태를 알아차림이 되어야 합니다. 이것을 '염불삿띠'라 할 수 있고 '염불위빠사나'라고 합니다. 그러나 일반적으로 염불수행자는 속으로 부처님 명호를 암송할 적에는 나무 자를 빼고 그냥 아미타불만 반복해서 부르면 훨씬 쉽고 집중이 잘 됩니다. 그러나 소리를 낼 적에는 '나무'를 붙이면 육자 염불에 리듬이 생겨 염불이 더욱 신심이 나게 됩니다. 이 때문에 중국에서는 음악처럼 오회염불을 하는 것입니다. 만일 염불에 소리를 내어 하려면 육자염불 즉 '나무아미타불'을 천천히 소리 내어 해야 됩니다. 빨리하면 힘이 들어서 이내 피로해지기 때문입니다. 속으로 염불할 때는 다소 빠르게 '아미타불' 이 넉자 염불을 또록또록 의식하면서 염불하면 됩니다. 만일 염불수행을 할 때 염불에 의식을 집중하지 않고 건성으로 습관적으로 하면 염불에 힘이 붙지 않고 따라서 삼매에 들어가지 못하므로 옛 사람은 일심으로 염불하라고 했습니다. 즉 염불을 암송하되 염불하는 상태를 분명하게 의식(알아차림)하라는 것입니다. 이 부분이 염불수행에 핵심이니 잘 기억하시기 바랍니다.

왜 염불할 때 속으로는 "나무"라는 말을 빼고 아미타불 넉 자만 하는가요.

'나무'라는 말은 부처님 이름이 아니라 귀의한다는 뜻인데, 자성미타이므로 따로 귀의할 대상을 두는 것이 아니라 아미타불과 하나 되도록 집중해야 하기 때문입니다. 이미 우리는 본래 불성자리와 하나 되어있지만 망념의 지배를 받기 때문에 분리되어 있습니다. 염불할 때 의식적으로 집중하면 저절로 부처님과 내가 본래 하나 되어 있음을 깨닫고 생사윤회를 벗어나게 됩니다. 관정법사께서 삼매에 들어 아미타부처님을 친견했는데 부처님께서 친히 설법하시기를 "말세에 아무리 너희들이 영리하고, 선근이 있다 해도 2회 염불을 하지 않고는 염불삼매에 들어가기 어려우니라."라고 하셨답니다. 두 번 부르고, 두 번 듣는 것, 한 사람이 나무아미타불, 나무아미타불 이렇게 두 번 부르면, 옆에 사람이 두 번 부르는 것을 듣고 또 들은 사람이 두 번 부르면 다시 두 번 부른 사람이 듣되, 끊임없이 반복하는 이와 같은 염불에는 망상이 들어올 틈이 없습니다.

산승이 몇 년 전에 영주 대승사에서 염불도량을 세우고 2회 염불과 5회 염불을 시행해 보았는데, 이렇게 끊임없이 반복하는 수행은 힘들지 않으면서 집중이 잘 된다는 것을 알 수 있었습니다. 5회 염불은 처음 중국 당나라 때 법조스님이 문수보살을 친견하고 5회 염불수행법을 받았습니다. 그래서 중국에는 오늘날까지 5회 염불이 성행하고 있습니다. 염불에서 고저장단과 음악적 리듬을 가지고 끊임없이 염불하는 것을 5회 염불이라 합니다. 산승은 그때 5

회 염불과 2회 염불을 큰마음카페에 올려놓았습니다. 2회 염불은 집안에서 혼자서 있을 때 씨디, 또는 휴대폰 등에 입력해놓고 들으면서 같이 염불하면 망상 없이 염불할 수 있습니다. 2회 염불을 여럿이 하게 되면 집중이 잘되고, 오래하면 저절로 이근원통이 되어 의식은 잠들어도 염불은 계속 되므로 염주는 계속 돌아가게 됩니다. 이처럼 염불은 삼매에 들어가기 좋은 공부이니 열심히 하시기 바랍니다. 이제 질문 받겠습니다.

질문과 답

불자 질문 : 이렇게 염불수행이 좋은데 선방 스님들은 왜 간화선을 하는 겁니까?

스님 대답 : 원래 참선과 염불이 나란히 전해오다가 약 오백년 전부터 참선이 쇠퇴하고 염불과 화엄선이 유행했는데, 조선말 경허스님으로부터 다시 간화선이 중흥되면서 염불을 하근기 공부라고 무시하는 풍조가 생겨났습니다. 여기에는 화엄선이나 간화선이 매우 철학적이고 조사선 특유의 강렬한 수행법이라 수행자들에게 어필했기 때문입니다. 이에 비해 염불수행자들은 조선말과 일제시대에 5회 염불 위주로 징과 북을 치면서 염불할 뿐 그 내용은 가르치지 않으므로 젊은 사람들은 염불은 노스님들과 노 보살들이 정토왕생만 바라보고 염불하는 것으로 알고 외면했기 때문입니다. 그러나 요즘 다시 염불이 참선의 대안으로 떠오르게 된 것은 염불은 참선보다 부작용은 없는데 수행하기는 쉽고 수

행공덕은 한량없기 때문에 근래 많은 스님들이 염불수
행을 가르치고 있습니다.

질문 : 만일 염불선을 중흥하려면 어떻게 해야 할까요?
대답 : 염불수행으로 삼매에 들어간 도인이 많이 나오
던가, 아니면 큰스님들이 칭명염불과 동시에 실상염불
선을 가르쳐야 합니다. 산승이 어린 시절에도 절마다
염불도량이 선원보다 많았고 염불하는 노스님과 노보살
이 참 많았습니다. 세월이 흐르면서 선종이 부흥했으나
선종에 도인이 배출되지 못하므로 선종은 쇠락하고 요
즈음은 참선의 대안으로 다시 염불선의 중요성을 인식
하게 되었으며, 따라서 염불하는 사람이 많아지게 되었
습니다. 오늘날 염불선은 참선과 조금도 다르지 않은
종지를 갖추고 있으므로 더욱 염불선은 중흥할 시기가
되었다고 생각합니다.

질문 : 요즘 염불과 위빠사나가 많이 유행하는데 여기
에 대해 말씀해 주십시오.
대답 : 최상의 염불은 가만히 앉아 혀를 입천장에 붙이
고 내면에서 염불소리를 관하면서 끊임없이 '아미타불'
이 넉자 염불을 적당한 속도로 반복하며 염송하는 것입
니다. 그리고 법당에서 염불할 때 목탁을 치는 것은 화
음을 맞추기 위해 하는 것인데 북 치고, 장구치고 염불
하는 것은 보기가 좋지 않습니다. 요즈음 간화선 하는
분들이 한계를 느끼면 대개 염불수행을 많이 하고 있습
니다. 염불은 공부의 주제가 있으므로 간화선의 대안이
되고 위빠사나는 그냥 묵조선하고 비슷해서 간화선의

대안이 되기는 좀 어렵다고 생각합니다. 왜냐하면 위빠사나의 핵심은 알아차림인데 여기에는 관조(觀照)하는 자와 대상을 주제로 수행하고, 묵조선의 핵심은 알아차리는 놈을 다시 비추기 때문에 관조(觀照)가 아니고 반조(返照)라고 합니다.

최상승 염불이란 염불할 때 염불하는 놈을 관조하면 염불의 주객이 끊어지고 염불하는 자와 대상이 하나 되어 무념무상의 경지에 들어가게 됩니다. 이것을 염불선이라 하고 실상염불이라고 하는 것입니다. 만일 실상염불을 수행한다면 선과 염불이 하나 되어 최상승선이 됩니다. 그러나 염불에 너무 최상승만 찾을 것이 아니라 단정히 앉아서 속으로 아미타불을 끊임없이 부르거나 관조염불과 묵조염불도 할 수 있으며 염불위빠사나도 할 수 있고, 깨달은 후 보림차원에서 실상염불을 할 수 있습니다.

보림차원의 염불하신 선사로 유명한 분은 혜원율사, 천태지자대사, 원효대사, 의상대사, 발징화상, 영명연수선사, 철오선사, 운서주굉선사, 감산덕청선사, 사명대사 등이 있으며, 이 밖에 조용히 염불한 선사는 수도 없이 많았지만 근세에는 선으로 유명하신 월인 노스님께서 말년에 염불을 지극하게 하셨습니다. 그러므로 염불수행은 행주좌와 어떤 상황에서도 한결같이 닦을 수 있으며, 어떤 공부든 염불과 접목되어 상중하 근기뿐만 아니라 최상근기까지 모두 수행할 수 있는 공부가 염불입니다.

만약 산길을 가다가 무서우면 나무아미타불 염불을 소리 내서 하면 귀신들이 십만 팔천리로 도망을 갑니다. 염불을 하면 몸에서 밝은 광명이 뻗쳐서 잡귀가 침범하지 못하게 됩니다. 이미 영가가 사람에게 붙어있는 사람도 염불을 오래하면 영가가 해탈하게 되므로 옛사람이 이르기를 "사람은 경우에 달렸고, 귀신은 경문에 달렸다."라고 했습니다. 왜 귀신은 경문에 달렸을까요? 염불하면 귀신은 도망가기 때문입니다. 대개 사람에게 접근하는 귀신은 양심이 없으므로 경우 따지는 귀신은 없어요. 오직 염불 독경만이 효과적인 것입니다.

불교의 목표는 부처가 되는 것인데, 염불은 이 몸 그대로 염불하는 순간 부처가 되는 공부입니다. 일초직입여래지(一超直入如來地)라 한번 뛰어서 바로 부처 될 수 있는 방법을 염불이라 할 수 있으며, 번뇌를 가지고 바로 부처로 바꿀 수 있는 방법이 염불입니다. 왜냐하면 부처님 명호를 외우면, 곧 그 순간 아미타불이 되고 중생심을 가지면 잠깐사이에 중생이 되기 때문입니다. 만일 염불을 끊임없이 계속한다면 부처노릇을 계속하는 것이고 염불을 지속하지 못하고 중생심을 일으키면, 어느 날 순간적으로 부처노릇 하다가 갑자기 중생이 되는 것입니다. 우리는 이제 염불을 지속적으로 하여 영원하고 진실한 부처를 이루어야 하겠습니다.
성불하십시오!

(2012. 8. 금강정진회 천일 염불정진 회향법문)

4. 염불에 대해서

어젯밤 온 산에 눈이 내려 도량은 일색 청정이 되었습니다. 산승은 이 아름답고 맑은 4월의 서설(瑞雪)을 보며 시(詩)를 읊었습니다.

♣ 아침 안개 속에서

아침 안개 자욱한 거기
조용하게 서설이 내렸네.

가만히 앉아 있으면
산창에 들려오는 물소리

뜨락 가에 새싹은 돋아나는데
산새는 즐거이 지저귀네.

만물은 제각기 일이 있는데
나는 지금 무엇을 하는가?

봄이 오나 일찍이 온 곳이 없고
봄이 가도 간 곳은 따로 없다.

오고 감이 본래 없는 그 이치
오늘 그것을 말하고 있네.

여기에서 "봄이 오나 일찍이 온 곳이 없고, 봄이 가도 간 곳은 따로 없다"고 했습니다. 그래서 오고 감이 없는 본래의 도리, 자연의 도리를 부처님의 말씀을 빌려서 오늘 설하고자 합니다.

모든 유정 무정이라는 만물이 존재하는 이유는 행복하기 위함이라고 할 수 있습니다. 그런데 우리가 만일 행복을 이루지 못한다면 삶에 무슨 가치가 있겠습니까? 우리는 부처님의 가르침을 통해서 오고감이 없는 그 깊은 이치를 깨우쳐야 할 필요가 있습니다. 왜냐하면 거래와 선악이 있는 모든 대립된 현실 속에서는 진정한 행복의 경지에 들어갈 수 없기 때문입니다. 그러면 어떻게 나고 죽음이라는 이 지독한 망상을 끊고 진정한 행복을 이룰 수 있을까요? 이것이 역대 모든 큰스님들의 고민이고, 해결해야 할 문제입니다.

우리가 만일 진정한 행복을 깨우치기 위해서는 자신의 참모습을 보아야 됩니다. 내가 나를 모른다는 사실이 인간들이 가지고 있는 모든 불행의 근원입니다. 그래서 우리는 반드시 자신의 참모습을 알아야 하고 부단하게 수행을 해야 됩니다. 세속에서 살아가는 일도 중요하겠지만, 그것은 육체에 관한 문제일 뿐 진정한 나의 주인이 아닙니다. 그럼 무엇이 진정한 나의 주인공인가요. 우리는 이 육체를 움직이게 하는 나의 주인공을 잘 알아야 합니다.

왜냐하면 모든 법의 근본은 여기 있기 때문입니다. 만일 우리가 주인공을 모르고 살아간다면 일을 해도 껍데기 일을 하는 것이고, 진정한 내용이 되는 일을 하지 못하게 됩니다. 그러므로 불자님들은 스님의 법문을 잘 배우면 삶의 주인을 만날 수 있고 그 주인을 보는 순간 절대적인 행복을 이룰 수 있으니, 스님의 법문을 잘 듣도록 해야 합니다.

오늘 여러분들은 4월에 내린 눈을 보았을 것입니다. 이 눈을 통해서 우리는 무엇을 생각해야 할까요. 하얀 색은 청정을 의미합니다. 이 청정한 마음은 우리 주인공을 만날 수 있는 좋은 조건이 됩니다. 그러나 부처님 법에 가까이 가기 위해서는 마음이 고요하고 맑아야 합니다. 그리하여 좋고 나쁜 분별 망상, 시비와 선악을 어느 정도 초월할 줄도 알아야 됩니다. 그래야만 불법을 배워도 이해가 되고, 법문 들은 효과도 있습니다.

그러면 어떻게 마음을 맑혀서 진정한 행복을 구현할 것인가요? 이것을 불자님들은 깊이 생각해 보아야 합니다. 불자님들은 법당에서 고요한 마음으로 입정을 했고, 지금 법문을 듣고 있습니다. 여기에서 우리는 먼저 부처님을 생각해야 됩니다. 왜냐하면 모든 불교의 수행은 부처에서 시작되고, 부처에서 마칩니다. "즉심즉불이라," 이 마음이 곧 부처이니 우리는 이 마음 찾는 일에 최선을 다 해야 합니다.

이 마음으로 부처를 지을 수 있다면 당연히 부처가 곧 이 마음이 됩니다. 이 마음을 떠나 한 법도 존재하지 않습니다. 이 마음이 모든 것의 근본이라면 만물은 이 마음으로부터 비롯되었습니다. 이 세상의 모든 일들이 마음으로부터 비롯되었기에 화엄경에서 '일체유심조'라 했습니다. 모든 것을 마음에서 지었다면 마음에서 시작과 마침을 볼 수가 있습니다.

이렇게 시작과 마침이 한마음이라면 생사와 열반도 따로 있지 않는 것입니다. 만일 생사가 윤회의 시작이라면 열반은 생사의 마침이라는 뜻이 됩니다. 그런데 시작과 마침이 둘이 아니라면 생사와 열반도 둘이 아니고, 둘이 아니므로 생사와 열반은 어디서도 볼 수 없습니다. 그래서 생사와 열반은 상반된 뜻이 아니고 하나라는 것입니다. 그래서 법성게에 "초발심 그대로 정각이다" 했습니다. 이 둘 아닌 이치가 부처요, 우리의 주인공이며 본래마음입니다. 그러면 우리는 마음을 어떻게 깨우쳐서 진정한 행복을 이룰 것인가요?

마음을 수행하고 닦는 방법으로 산승은 염불을 권장합니다. 염불선을 닦으려면 이 마음이 곧 부처라는 것을 철저하게 믿는 것이 중요합니다. 왜냐하면 마음이 곧 선이요 도(道)이기 때문입니다. 그럼 염불이란 무엇인가요?

생각 념(念)에, 부처 불(佛)이라. 부처님을 생각한다는 것이니 곧 마음을 관조한다는 것입니다. 그러면 어떻게 부처님을 생각해야 되는가요? 이 마음은 모든 인생문제의 시작이고 마침이므로, 이 마음으로 부처를 짓고, 이 마음에서 중생을 짓기도 합니다. 중생이냐? 부처냐? 하는 것은 이 마음을 깨달았느냐? 깨닫지 못했느냐에 있습니다.

일념으로 부처님을 생각하게 되면 '즉시성불'이라, 즉 염불하는 그 순간 부처와 하나 되어 자신의 주인공으로 돌아가게 됩니다. 그러므로 염불은 참으로 미묘한 수행이 되는 것입니다. 마음과 부처를 찾는 이 염불수행은 불교의 골수에 해당됩니다. 그러므로 염불수행보다 더 좋은 수행은 없습니다. 이렇게 단정적으로 하는 이 말은 산승이 50년 수행의 결론으로 말씀드리는 것이니, 결코 헛된 말이 아닙니다. 그리고 과거 부처님과 역대 모든 큰스님들도 한결같이 염불을 통해서 부처와 중생이 하나 되는 도리를 잘 가르쳐 주셨습니다.

능엄경, 화엄경, 무량수경, 관무량수경, 문수반야경, 반주삼매경, 대집경과 모든 대승경전 뿐만 아니라 근본불교인 증일아함경과 잡아함경 등에서도 염불을 가르쳐 왔습니다. 특히 대승경전에서는 부처를 염(念)하여 부처와 하나가 된다는 도리를 밝혔습니다. 그리고 염불사상은 대승의 도리와 너무나 잘 어울리므로 역대 대승불교학자들은 한결같이 염불수행을 권장했습니다. 때문에 인도의 용수, 마명, 무착, 세친과 중국의 많은 도인들, 우리나라의 원효대사, 의상대사, 발징화상 보조국사 나옹대사 서산대사, 사명대사 등의 대표적인 도인들도 한결같이 염불수행의 중요성을 말씀하셨습니다. 그러므로 불자님들은 염불수행법을 깊이 믿고 바르게 수행한다면 그 어떤 수행보다 굉장히 미묘한 이익을 얻을 수 있다는 것입니다.

그런데 한국불교는 왜 화두선을 강조하는가요? 그것은 간화선 수행이 바로 근원으로 들어갈 수 있는 경절문(지름길)이기 때문입니다. 그러나 간화선에는 종교성이 없으므로 철저하게 수행하지 않으면 바로 극단적인 이기심이 되어 평생 남의 빚으로 살아가게 됩니다. 그리고 선정을 동반하지 않는 간화선은 매우 치열하고 극단적이라 중간이 없습니다. 그래서 화두선을 수행하려면 처음부터 철저하게 하지 않으면 부작용이 생기고 효과를 보기 어렵습니다. 그래서 화두는 모든 것을 놓아버린 상근기가 아니면 활구로 들어갈 수 없으므로 중, 하 근기는 이루기 어려워 권할 바가 못 됩니다.

간화선의 묘미는 바로 의심을 통해서 아뢰야식을 통과하고 곧 바로 본질을 꿰뚫을 수 있다는 강점이 있습니다. 그것은 강렬한 의심이 있기 때문에 그것을 가능하게 합니다. 만일 간화선을 수행하려면 먼저 삼세업장을 지극한 마음으로 참회하여 마음에 걸림이 없어야 하고 그 다음 세속적인 다섯 욕망에서 벗어나 마음속에 어떤 탐진치 삼독을 두지 말아야 합니다. 즉 마음 가운데 한 점 아상과 욕망도 두지 않을 때 화두에 진의가 일어나게 됩니다.

오늘날 수행자들이 화두의 수승함만 볼 뿐 거기에 이를 수 있는 아무런 마음의 준비가 없이 망상심을 가지고 화두를 들기 때문에 30년, 50년 수행에 제대로 된 득력이나 견처도 얻지 못하는 것입니다. 이 때문에 옛날 수행자들은 간화선에는 오로지 아무것도 남기지 말고 화두 하나에 온 몸과 마음을 바쳐야 한다고 했습니다. 그렇지 않으면 도리어 이기적 수행으로 전락하여 아상만 늘어나고 배타적이라 순수성을 잃고 부정적 사고와 이기적인 생각이 자라나 잘못된 삶을 살아갈 수 있다고 했습니다. 때문에 아무리 수승한 공부라도 수행자의 기본을 갖추어야 하며 신심과 원력이 없는 사람은 매마른 사막과 같아 아무것도 할 수 없습니다.

염불은 번뇌 망상을 가지고도 열심히 하다 보면 저절로 일념이 되므로 상중하 모든 근기에 부합합니다. 중생은 대개 90% 정도가 중하근기이므로 염불수행이 적합하다고 볼 수 있습니다. 그래서 염불은 상중하 근기 누구나 닦으면 가장 이상적이고 최적화된 수행이라 할 수 있습니다. 때문에 역대 선사들도 염불을 많이 권장했습니다. 만일 중하 근기가 화두를 쉽게 들기 위해서는 먼저 염불을 통해서 염불삼매를 체험한 뒤 화두를 든다면 빨리 화두를 타파할 수 있습니다. 그러나 재가 불자들은 처음부터 염불을 통해서 근원으로 나아가는 것이 가장 빠르고 효과적인 수행이 됩니다.

염불수행을 지극하게 하면 거칠은 망상이 쉽게 소멸되면서 일념을 이루게 되고, 그 다음 움직이고 고요함에 흔들리지 않고 염불이 이어지는 단계를 동정일여(動靜一如)라고 하며, 다음은 꿈속에서도 아미타불을 염하는 몽중일여(夢中一如)가 되고 점점 공부가 익어지면 자는 것과 깨어있는 것에 아무런 차이가 없이 염불이 되는 것을 염불삼매라고 합니다. 이 경지에서 화두타파 못할까 걱정하지 말라는 것입니다.

만일 공부가 삼매에 들어가려면 마음 가운데 어떤 세속적 망념을 가지고는 들어갈 수 없으므로 정진 일념이 되도록 해야 합니다. 육근 의식이 작용함에 따라 번뇌 망상과 탐, 진, 치 삼독심을 가지고는 결코 어떤 삼매에도 들어가지 못합니다. 그래서 예부터 30, 40년 화두와 씨름하면서 동정일여에 들어간 사람이 드문 것입니다. 이 때문에 요즈음은 염불수행이 근기에 적합한 때라는 것입니다.

염불은 상, 중, 하 근기 누구나 나름대로 공덕을 입을 수 있습니다. 이렇게 쉬우면서 즉신성불이라, 염불하는 순간 부처와 하나가 됩니다. 그러나 일반적인 근기는 공덕을 이루기 쉬운 염불수행을 권장하는 것입니다. 산승이 비록 선원장으로 있으면서 일반인에게 참선을 권하지 않고 염불을 강조하는 것은 오늘날 중생들의 근기에 염불수행이 맞기 때문입니다.

화두는 정말 특수한 근기의 사람에게만 효과를 거둘 수 있습니다. 그래서 화두는 대중화할 때 부작용이 많아지므로 아무에게나(중하근기) 가르쳐서는 안 되고 특별한 근기에게 특별한 환경에서 집중적으로 수행해야 한다는 것입니다. 염불은 이와 반대로 대중화할 수록 효과는 극대화 되므로 대다수의 사람에게는 염불하는 것이 좋고, 간혹 업장소멸을 위해 주력을 할 수도 있습니다. 왜냐하면 예로부터 염불자는 삼매현전(三昧現前)하고, 주력자는 업장소멸(業障消滅)하며, 간경자는 혜안통투(慧眼通透)하고, 참선자 의단독로(疑團獨露)하기를 발원하기 때문입니다.

왜 주력자는 업장소멸을 강조할까요? 혹 전생에 악업의 인연에 사무친 사람은 주력이 필요할 수 있습니다. 부처님 당시 아난존자가 마술에 걸려 파계의 위험에 빠졌을 때 능엄주의 위신력으로 벗어났으며, 그 이후 수행자들이 마장 등의 장애를 받을 때 능엄주를 많이 하게 되었습니다. 그래서 부처님께서는 "공부 중에 마장이 생기면 능엄주를 하라고 했습니다. '옴마니반메훔'과 '신묘장구 대다라니'는 대표적인 주력수행입니다. 수행자가 공부에 진전이 없을 때 간혹 마장극복 차원에서 주력을 했습니다.

주력은 무심으로 해야 되고, 아상을 가지고 주력을 하면 잘못되므로 세속적으로 바라는 바가 없어야 됩니다. 산승이 작년까지 매월 첫째 토요일 저녁 광명진언을 소리 내어 읽게 한 것은 불자님들이 업력의 장애로 바르게 염불할 수 없으므로 주력을 먼저 해서 업력의 장애에서 벗어나게 하려는 뜻이 있었습니다. 업장이 맑아지면 마음이 경계에 담백하게 되어 저절로 염불이 잘되기 때문입니다.

부처님과 모든 조사스님들은 한결같이 염불수행을 많이 권장하셨습니다. 그래서 오늘은 정토에 대한 신앙과 염불사상에 대해서 조금 말하고자 합니다. 염불에는 마음을 밝혀서 성품을 보게 한다는 명심견성이라는 선(禪)적인 뜻도 있고, 다른 한편으로는 정토신앙으로 영원성을 가진 아름다운 극락세계를 발원하고 그곳에 태어나기를 원하는 신앙적인 뜻도 있습니다.

일본이나, 중국 대만에는 정토신앙이 깊게 뿌리내려 기독교가 발을 붙이지 못합니다. 기독교에서 천국이란 개념은 그냥 막연하게 믿고 있을 뿐인데, 불교에서 정토의 개념은 체계적이고 구체적이며 사실적으로 표현되어 있어 정토에 관한 영험록과 실질적으로 부처님께서 말씀하신대로 염불해서 정토 왕생한 예는 수없이 많이 있습니다.

예를 들어, 통일신라시대 건봉사의 발징화상은 천 명이 염불수행을 하고, 천 명이 외호를 했습니다. 발징화상의 염불수행은 우리나라 최초의 염불수행 결사라고 볼 수 있는데 일 만일을 년으로 보면 30년인데, 염불결사 수행 30년 만에 모든 대중의 꿈에 결사도량인 건봉사 앞에 물이 차고 큰 배가 정박하여 천 명의 대중이 다 타고 가는 꿈을 대중 모두가 꾸었으며, 결사를 주도적으로 이끈 스님 31명은 육신이 하늘로 올라가 십리 밖에 육신을 버리고 정토왕생 했다고 합니다. 지금 육신을 버린 그 자리에 육신등공지탑이라는 오래된 부도탑이 하나 있습니다. 이와 같이 정토신앙은 역사적인 기록이 많기 때문에 신앙적으로도 믿음을 줄 수 있습니다.

염불수행과 정토신앙에는 항상 아미타불을 중심으로 신앙체계가 이루어져 있습니다. 여기 아미타부처님에 관한 설화가 있습니다. 옛날 어느 나라에 상업을 하는 큰 부자가 아들과 딸을 두고 살았는데 부인이 돌아가시자 젊은 부인을 맞이했습니다. 젊은 부인은 상인이 외국으로 나간 사이 사람을 사서 전처의 자식을 외딴 무인도로 보내 굶어 죽었습니다. 뒷날 상인이 와서 아이들을 찾아도 보이지 않자, 상인은 인생의 무상을 느끼고 출가하여 법장스님이 되어 도를 열심히 닦아 깨친 다음, 지난 과거를 신통으로 돌아보니 후처가 아이들을 외딴 섬으로 보내서 남매가 서로 부둥켜안고 굶어 죽어 있는 것을 보았습니다.

여기에 충격을 받은 법장비구는 당시 세자재왕이라는 부처님께 나아가 이렇게 여쭈게 되었습니다. "세상인심이 이렇게 사나운데 고통이 없고, 여자가 없는 청정한 정토는 없습니까?" 그러자 "부처님의 세계는 모두 청정하여 음양의 교합으로 일어나는 세계가 아니며, 그 길은 오로지 부처님과 인연 있는 중생들이 태어난다. 만일 보고 싶다면 보여주겠다." 하시면서 모든 불국토를 다 보여주자, 법장스님은 "저 또한 수행으로 이러한 불국토를 만들어 장엄하겠습니다." 그러자 "그대는 앞으로 오랜 수행을 통해서 부처를 이룰 사람이고, 아미타불이라는 이름을 가질 것이며 바로 그때 극락세계라는 이름의 불국토를 성취하게 될 것이다." 라고 세자재왕부처님께서 이렇게 법장비구에게 수기를 해주셨습니다.

여기에서 크게 고무된 법장비구는 48가지 원력을 세우고 열심히 정진하여 마침내 아미타불이 되어 극락세계라는 불국토를 장엄했으며, 외딴 섬에 갇혔던 딸은 아미타불의 인도로 관세음보살이 되었으며 그때 아들은 정진하여 대세지보살이 되었습니다. 이와 같이 극락세계는 이런 계기로 생겨나게 되었습니다. 그러면 아미타불 정토염불은 어떤 연유로 나오게 되었을까요. 석가모니부처님이 교화하시고 말년에 이르렀을 때, 당시 임금이던 빔비사라왕과 부인 위제희가 아들 아사세의 반역으로 왕위에 쫓겨나 감옥에 갇히게 되었습니다. 이때 부처님께서 이를 아시고 신통으로 허공에 서서 서방정토 극락세계 왕생을 발원하며 염불하라는 법문을 가르친 것이, 부처님의 정토 염불신앙이 나오게 된 시작 이였습니다.

오래전 수도암 법당 입구 문 위에 중수기문(重修記文)이 있었는데 거기에 이런 글이 쓰여 있었습니다. '십념미타필귀극락 일념보리종성정각(十念彌陀必歸極樂 一念菩提終成正覺)' 즉, "일념으로 아미타불을 염불하니 반드시 극락세계에 태어나고, 한생각으로 보리심을 발하니 마침내 정각을 이루는구나!" 라는 뜻입니다. 이것을 보면서 너무나 좋은 말이라고 생각했습니다. 우리가 일념으로 염불한다면 반드시 극락세계에 태어난다는 말은 이미 경전에 있습니다.

살아서는 염불을 통해서 마음과 부처가 하나라는 '즉심즉불'의 도리와, 생사와 열반이 둘이 아니라는 깨달음의 도리를 증득할 수 있고, 죽어서는 부처님의 정토인 극락세계에 태어날 수 있는 인연이 된다니, 염불수행보다 더 좋은 수행은 없습니다. 설사 깨달음을 이루지 못해도 일념으로 염불해서 정토세계에 태어났다는 영험은 무수하게 많으니, 이것을 부정할 이유는 하나도 없습니다.

산승은 얼마 전에 대만에 성지순례를 다녀왔습니다. 대만의 도시와 시골에서 교회 십자가를 한 번도 보지 못했어요. 또한 20년 전에 일본에도 갔다 왔는데 역시 십자가를 보지 못했습니다. 같은 동양권인데 우리나라는 왜 이렇게 교회가 많은가요. 거기 여러 가지 이유가 있겠지만 격변기에 주체성을 확립하지 못한 탓이거나 정토신앙이 부족한 탓일 수도 있습니다. 일본과 대만 중국에는 정토신앙이 깊게 뿌리내려 있어 기독교의 천국 개념이 들어설 자리가 없습니다.

부처님께서는 누구나 십선을 행하면 천국에 태어나지만 복을 지어서 가는 것이라 복이 다하면 다시 업에 따라 악도에 떨어진다고 합니다. 예를 들어 돈을 많이 벌면 누구나 복을 받지만 한정된 복을 지어놓고 영원한 복을 받지 못한다는 것입니다. '복진타락(福盡墮落)'이라, 복을 다 받으면 떨어지게 되므로 스님들은 천상세계에 태어나는 것을 좋아하지 않습니다. 오히려 인간세계가 더 낫다고 합니다. 천상에서는 도 닦을 마음이 안 일어나지만, 인간세계는 고통도 많고 수명이 짧아서 인생백년 금방 지나가기 때문에 도를 닦을 마음이 간절하다는 것입니다. 그래서 천상세계에서는 도인이 나오지 않지만 인간세계에서는 도인이 많이 나옵니다. 그러나 극락세계는 근본적으로 천국하고는 다른 세상입니다. 부처님의 원력에 의해서 화생(化生)하기 때문에 그곳에는 윤회가 없고 새소리 물소리가 아미타불 염불로 들리기 때문에 염불을 하지 않을 수 없습니다.

산승이 예전에 어느 정토도량에 갔었는데, 그 도량에는 하루 종일 아미타불 정근이 24시간 끊이지 않으니, 도량 안에 있으면 저절로 염불이 되는데, 극락세계가 그렇다는 것입니다. 이와 같이 천국과 극락세계는 근본적으로 다르기 때문에 불자들은 정토 신앙을 공고하게 가져야 하며, 기독교의 천국이라는 말에 현혹되어서는 안 되는 것입니다. 여기 계시는 불자님들은 염불에 이와 같이 수승한 공덕이 있는 줄 아시고 열심히 염불하시기를 바랍니다.

이제 추운 겨울이 지나가고 따뜻한 봄이 찾아 왔습니다. 땅 속에 동면하던 미물들도 밖으로 나와서 활기찬 봄의 기운을 만끽하고 만물도 제각기 새봄의 삶을 살아가기 위해 활동하고 있습니다. 우리도 겨우내 움추렸던 몸을 펴고 신심으로 활기찬 삶을 살아가야 합니다. 이 가운데 불자님들은 염불로써 삶의 근원적인 기운을 키워 간다면 더욱 좋은 삶을 살아가게 될 것이고 마침내 영원한 생명과 영원한 삶을 이루게 될 것입니다. 오늘 법문은 이것으로 마치겠습니다.
성불하십시오!

5. 염불수행 어떻게 할 것인가

♣ 새벽달을 보면서

동녘 하늘에 붉은 해가 떠오르니
온 산에 나뭇잎은 푸르름을 더해가고

뜰 가에 아지랑이 피어오르니
새봄의 향기로움 전해주고 있구나.

얼었든 대지에 봄기운 스며들고
만 생명은 삶의 축복 찾고 있네.

어둠 속에 새벽달은 고고히 빛나는데
무명의 긴 어둠은 어느 때 끝나려나.

초승달도 때가 되면 보름달이 되고
추운 겨울 지나가면 봄이 오는데

내가 나를 찾아가는 이 길목에서
어느 때 마음달을 볼 수 있을까.

간절한 마음으로 기도하는 불자여
한 송이 연꽃을 마음속에 피워보자.

구름 한 점 없는 맑은 하늘에, 따뜻한 햇살이 온 도량을 비추어 주니 법회를 보기 위해 먼 거리를 달려 온 불자님들에게 더할 나위 없이 좋은 날씨인 것 같습니다. 이른 새벽 선방에서 정진하고 조사전으로 올라오는데, 초승달이 가녀린 모습으로 동녘에서 떠오르고 있었습니다. 비록 초승달이 보름달처럼 둥글지 못하다 해도 부족한 그대로 살며시 떠오르는 모습에서 자연의 원만한 덕을 느낄 수 있었습니다.

초승달이 부족해도 장차 보름달이 되어 가지만, 인간은 부족할수록 고개를 당당하게 들고 아만을 높이 세우면서 살아가고 있습니다. 이것이 자연과 인간의 차이점이 아니겠습니까? 그러나 이른 새벽 스님의 목탁에 맞추어서 불자님들이 일념으로 "나무아미타불" 염불 정근하는 모습을 보면 기도하는 그대로 연꽃 같다는 생각을 했습니다. 기도는 가장 아름다운 마음이며 청정무구한 행이기에 이렇게 한결같이 기도한다면 마침내 둥근 마음달을 볼 수 있을 것입니다.

불교의 모든 수행은 마음이라는 근원을 떠나지 않으므로 마음과 부처를 하나로 보는 염불수행은 모든 수행문 가운데 가장 근원적이라고 할 수 있습니다. 때문에 염불수행은 대승경전에서만 나오는 것이 아니라, 부처님의 초기의 설법 속에서도 염불수행에 관한 법문이 나옵니다. 우리나라 불교는 참선을 위주로 간화선을 많이 권장하지만, 인도, 중국, 우리나라의 역대 큰스님들께서는 한결같이 염불수행을 강조하셨는데 여기에는 깊은 뜻이 있습니다.

우리가 최종적으로 가야할 마음의 고향이 부처님이라면 우리들의 모든 수행은 부처가 되기 위한 뜻에 초점이 맞추어져 있습니다. 만일 우리도 언젠가는 부처님이 되어야 한다면 염불수행은 모든 불자들에게 있어 부처가 되는 가장 근본적인 수행이라고 할 수 있습니다. 이처럼 염불수행의 특징은 염불하는 순간 부처와 마음이 하나가 되는 것이니, 모든 수행 가운데 가장 완전하고 이상적인 길이니 우리는 염불수행을 잘 해야겠습니다.

화엄경에 마음과 부처와 중생이 차별 없다 했으니 이 마음을 깨달으면 부처이고, 마음을 깨닫지 못하면 중생이기 때문에 부처인가? 중생인가? 하는 문제는 이 한마음에 달려있다고 볼 수 있습니다. 우리가 만일 있는 자리에서 염불하면 그 순간 부처라고 할 수 있지만 염불하는 마음이 지속 되지 않으면 다시 중생으로 전락하게 됩니다. 그래서 우리는 한결같은 부처가 되기 위해 끊임없이 염불해야 합니다. 그럼 어떻게 염불수행을 해야 할까요.

모든 수행의 종점은 불심에 있으니 우리는 이 미혹된 현실경계에 끌려다니는 잘못된 마음을 바꾸어야만 그 바탕에서 참다운 수행이 가능하게 됩니다. 불자님들은 염불수행이 좋다는 것은 알면서도 염불수행의 체계를 갖지 못하므로 일관성 있게 수행을 하지 못하고 있습니다. 때문에 산승이 염불수행의 체계를 확립시켜야 할 필요성을 느끼고, 지난 3월, 영주 대승사에서 어떻게 염불수행을 할 것인가? 라는 주제로 먼저 사상적인 측면에서 염불이 무엇인가를 법문했습니다. 지난 4월에도 경전과 어록에서 염불수행의 핵심을 간추려서 법문을 했습니다.

오늘 세 번째, 염불수행에 관한 구체적인 방법에 대한 법문을 하겠습니다.

불교에서 마음 닦음을 근본으로 삼는다면 이 마음을 어떤 수행방법으로 닦아 가느냐가 중요하다고 할 수 있습니다. 일반적인 신도들은 불교에 있는 많은 수행문 가운데 어떤 수행을 하는 것이 좋은지 궁금하게 생각하는 사람이 많습니다. 예컨데 염불선을 할 것인가? 간화선을 할 것인가? 주력을 할 것인가? 간경을 할 것인가? 아니면 위빠사나, 독경, 절 등 무엇을 할 것인지, 너무나 많은 수행방법에 무엇을 선택해야 하는지 모르고 있습니다.

그러나 여기서 중요한 것은 수행에 있어 보편적인 수행과 특수한 수행이 있다는 점입니다. 여기서 염불과 위빠사나는 보편적인 수행이고, 다른 것은 근기에 따라 하는 특별한 수행이라고 볼 수 있습니다. 그런데 위빠사나는 처음 관조하는 자와 대상을 나누어보므로 다소 초보적인 수행방법이라 할 수 있고 염불선은 마음을 돌이켜 성품을 보고 중생과 부처를 나누지 않으니 대승적인 수행법이라 할 수 있습니다. 그리고 염불수행은 상중하 근기 누구나 모두 닦을 수 있는 가장 좋은 수행으로 평가를 받습니다. 때문에 산승은 오늘 불자들에게 염불수행에 대해 말하고자 합니다.

우리나라 스님들은 대체로 간화선을 합니다. 간화선을 할 수 있는 조건이 출가 수행자들에게는 가능하기 때문입니다. 그러나 아무리 출가 수행자라 해도 외적인 조건뿐 만 아니라 내적으로 마음을 갖추지 않으면 평생 닦아도 공을 이루기 어렵습니다. 만일 스님들이 세속의 모든 욕망을 버리고 안으로 구하는 마음이 쉬어 안과 밖이 맑은 가운데 도심이 충만하여 다른 반연을 두지 않고 오로지 정진한다면 그런 사람에게 간화선은 효과를 거둘 수 있습니다.

그런데 불자들은 그렇게 수행할 수가 없겠죠. 현실 생활이 너무나 절박하기 때문에 수행보다는 기도를 통해서 현실적인 문제를 먼저 해결하고자 합니다. 그래서 염불수행은 상근기 중근기 뿐만 아니라 초심수행자 근기에도 부합하는 것입니다.

기도하는 방법에 있어서 염불수행은 기본입니다. 초심자는 처음 예경 참회 기도로 하는데 기도 방법이 염불이라, 기도를 염불수행으로 방향만 바꾸면 바로 염불선이 되기 때문에 초심자도 수행하기 좋다는 것입니다. 또한 염불은 부처님을 생각하는 바탕 위에 이뤄지는 공부이므로 염불기도에 집중력을 생기고 불심과 하나 되는 좋은 공부입니다. 때문에 염불은 마음 맑히는 수행과 세속적 기원을 하는 기도염불에 가장 알맞은 수행이라 생각합니다.

화엄경에 이런 말이 있습니다.

若人欲識佛境界(약인욕식불경계)
當淨其意如虛空(당정기의여허공)

遠離妄想及諸趣(원리망상급제취)
令心所向皆無礙(영심소향개무애)

만약 누가 부처님의 뜻을 알고자 한다면
마땅히 그 뜻을 허공처럼 맑혀라.
망상과 욕망을 멀리 떠난다면
가는 곳마다 걸림 없는 자유를 얻으리라.

그리고 화엄경에는 칠불통게(七佛通偈)가 있습니다.

제악막작 중선봉행 자정기의 시제불교
(諸惡莫作 衆善奉行 自淨其意 是諸佛敎)

모든 악한 일을 행하지 말고
모든 선행을 받들어 실천하라.
스스로 생각이 맑아 청정해지면
이것이 모든 부처님의 가르침이다.

이처럼 불교의 모든 수행은 마음 맑히는데 초점을 두고
있습니다. 마음이 맑아야 선행이 이루어지고, 그 바탕 위
에서 전생의 업장도 소멸되며 업장을 다스릴 줄 알아야
수행이 가능하고, 진정한 수행이 될 때 깨달음을 이루고,
바른 지혜로써 일체를 초월할 수 있습니다. 현실세계에서
일들이 뜻대로 되지 않는 것은 전생 업력의 장애라고 볼
수 있습니다. 이러한 업력의 장애를 여러 가지 방법으로
맑힐 수 있지만, 가장 좋은 방법은 염불을 통해서 맑히는
것입니다.

마음 맑히는 여기에 불교의 근본이 있고 온갖 공덕이 들어 있다면 우리는 일상에서 염불하는 습관을 길러야 합니다. 염불이 익어지면 저절로 청정성을 이루고 마음이 맑으면 그 가운데서 언제나 좋은 일이 생길 수밖에 없습니다. 흔히 세속에서 말하는 좋은 운세나 행운은 맑은 가운데서 저절로 오는 것입니다. 이렇게 맑은 가운데 자비심을 일으키면 한량없는 공덕이 따라옵니다. 만일 마음이 탁하면, 비록 전생에 지은 선업으로 좋은 일이 있다고 해도 오래지 않아 고통으로 바뀔 수 있기 때문에 불자들은 평소 염불을 통해서 마음 맑히는 수행을 끊임없이 해야 됩니다.

문수반야경에 보면, 이런 말이 있습니다.

　　단신정좌 일불전념 칭명호 염념상속이라.
　　(端身正坐 一佛專念 稱名號 念念相續)

　　단정히 앉아 한 부처님의 명호를 생각하되
　　생각생각 이어지게 하라.

즉 염불의 핵심은 생각생각이 염불에 집중하게 되면 염불수행의 효과가 나타난다는 것입니다. 아무리 부처님의 말씀이 좋아도 바른 마음을 가지고 있지 않으면, 부처님의 가르침은 하나의 지식으로 전락하여 우리에게 행복을 줄수 없습니다. 그래서 우리는 단신정좌(端身正坐)를 할 줄알아야 합니다. 수행의 분상에서 단정이란, 몸으로는 계율을 가지고 마음으로는 염불하는 것입니다. 이와 같이 몸과마음이 단정하면 저절로 모든 일은 자연스럽게 만들어집니다. 그래서 불교의 수행은 오로지 단정히 앉아 염불하라 (端身正坐)는 것입니다. 단정한 몸으로 바르게 앉아서 한 부처님 명호를 일심으로 부르되 생각생각 이어지게 염불하 라는 것입니다.(一佛專念 稱名號 念念相續)

이 말은 한 부처님의 명호를 전념해서 염불할 때 백 천 가지 묘용을 다 갖게 된다는 뜻입니다. 문수반야경은 문수 보살님께서 위없는 부처님의 지혜를 설한 경인데, 이 경 속에서는 맑은 마음으로 일심염불을 권하고 있습니다. 우 리가 세속적인 번뇌 망상을 가지고는 문수의 큰 지혜를 얻을 수가 없습니다. 그래서 부처님의 지혜는 청정한 곳에 서 일어나기 때문에 옛 선사는 "정극광통달(淨極光通達)이 라." 깨끗함이 지극할 때에 통달하게 된다고 했습니다. 그 러면 이제 우리는 부처님의 명호를 생각생각이 계속 이어 지게 해야 하는데, 어떻게 염불을 이어지게 할 것인가요?

여기 여러 가지 방법이 있습니다.
염불에도 수행방법이 수백 가지나 되므로 근기에 따라 여 러 가지 수행방법이 나오게 됩니다. 예를 들어 반주삼매경 은 부처님께서 발타라보살에게 설한 가르침입니다.
"항상 그대가 부처님을 친견하고자 한다면 먼저 몸과 마음을 깨끗이 하라. 그 다음 일심으로 염불하되 칠일 간 용맹정진하면 상근기는 현실에서 불보살을 친견할 것이고, 중하근기는 꿈속에서라도 부처님을 친견하게 될 것이다." 반주삼매경은 대승경전에 속하지만 염불수 행을 굉장히 강조했습니다. 경에 보면 기본적으로 바른 마음을 가져라, 청정한 마음을 가져라 그리고 마음과 마으로 이어지고 생각생각 이어지게 하라는 이것이 염불수행의 기본이라 가르치고 있습니다.

용수보살은 "제2의 석가"라고 하며 여덟 종파의 조사이고, 부처님의 대법을 이어받은 큰 도인입니다. 이 분이 지은 대비바사론은 100권이나 되는데 부처님의 일대경전을 모두 해설한 것입니다. 이것은 대승의 최고가는 논서인데 여기에도 염불수행에 대한 법문이 굉장히 많이 나옵니다. 비바사론에 이르기를 직신(直身), 단심(端心), 괘념(掛念), 입삼매(入三昧), 네 가지 단계로 염불수행을 설명했습니다. 직신이라는 것은 몸을 바르게 가져라, 몸이 흐트러지면 정신이 흐려지기 때문이고, 마음을 단정하게 가져라, 마음이 흐트러지거나 번뇌 망상에 흔들리면 마음을 단정히 할 수가 없겠죠.

그 다음은 괘념 즉 '얽을 괘'에 '생각 념', 염불을 하되 부처님을 생각하는 그 마음이 내 마음과 하나가 되도록 얽어 묶어라, 즉 흔들림이 없게 하라는 뜻입니다. 괘념이 되어야 입삼매(入三昧)라, 염불삼매에 들어갈 수 있다는 것입니다. 용수보살님은 이와 같이 염불수행을 한다면 가는 곳마다 부처를 만난다고 했습니다. 이 말은 일체가 부처 아님이 없다는 뜻입니다.

원각경에 이런 말씀이 있죠, "한 마음이 청정하면 다심이 청정하고, 다심이 청정하면 불국토가 청정하다"고 했습니다. 우리는 불국토를 멀리서 찾을 필요가 없습니다. 바로 일심이 청정하면 사바세계가 곧 불국토가 되

는 것입니다. 사바세계를 불국토로 보는 사람은 서방정
토 극락세계를 바로 이 순간에 실현할 수 있습니다.

정토는 모든 염불수행의 결정체입니다.
정토(淨土)란 깨끗한 국토라는 말입니다. 즉 우리가 염불을
통해서 몸과 마음을 청정히 한다면 이 마음이 정토가 됩
니다. 그래서 이것을 유심정토라고 합니다. 이 마음이 정
토이니, 마음이 청정하면 정토가 되고, 마음이 청정하지
못하면 사바세계가 된다는 것입니다. 우리는 부처님의 명
호를 끊임없이 염송하되 념념상속이 되어 생각생각이 생사
심으로 흐르지 않고, 염불하는 그 염이 계속 이어진다면
나중에는 꿈속에서도 하게 된다는 뜻입니다. 꿈속에서 하
는 염불을 몽중일여라고 합니다. 즉 꿈속에서도 한결같이
되면, 잠을 자나 잠을 깨나 같다는 오매일여가 됩니다.

마치 화두를 의식으로 들지 않고 활구로 들면, 동정일여가
되는데, 이것을 염불에서는 일행삼매라고 그럽니다. 한 가
지로만 행동한다는 것이니 일행(一行) 염불 이외에는 아무
것도 없다는 뜻입니다. 이렇게 하면 저절로 몽중일여가 되
고, 몽중일여가 되면 24시간 정진이 되는데 이것을 오매
일여라고 하고 염불삼매라고 합니다. 그 단계가 깊어지면
의식이 완전히 소멸되고, 서산대사처럼 한번 밥 먹고 삼매
에 들면 일 년씩 숨도 쉬지 않고 삼매에 들어가는 정(定)
삼매에 들게 됩니다. 그런 삼매에 들어가면 육신통이 나옵
니다. 서산대사나 사명대사처럼 신통력을 가지게 됩니다.
부처님께서도 삼매에 들어갔기 때문에 신통력을 가졌고,
역대 큰 도인들도 삼매에 의해서 신통이 나오게 됩니다.

그럼 삼매는 어떻게 해서 일어나는가요?

모든 번뇌 망상이 완전히 소멸되어서 일체 망념이 일어나지 않고, 어떠한 경계에서도 부처님 명호를 외우는 마음이 흐트러지지 않을 때 동중일여, 몽중일여, 오매일여가 되면 염불삼매가 되고, 염불삼매 그대로 선정삼매가 되어 화두타파가 되고 모든 불보살님의 경계를 깨닫게 되고, 생사해탈이 됩니다.

우리는 염불삼매를 통해서 청정한 깨달음을 이룰 수 있고, 그 깨달음의 바탕에서 정토를 이루어야 합니다. 이것을 유심정토라고 합니다. 마음속에 진정한 정토를 이룬다면 저절로 원력의 정토인 서방정토 48대원의 극락세계를 자유자재로 왕래할 수 있습니다. 물론 염불만 열심히 해도 부처님의 원력으로 갈 수는 있겠지만, 만일 염불수행을 하되 자성미타의 도리에 입각해서 염불한다면 극락세계 구품 가운데 최상품인 상품상생이 되는 것입니다. 거기는 도인들이 태어나는 곳이죠.

그러므로 우리는 일상에서 걸음걸음 아미타불이 되어야 되고, 모든 현상경계가 아미타불로 들려지고, 새소리 물소리 바람소리를 다 아미타불 염불이 됩니다. 이때 염불일행삼매라고 합니다. 염불은 이처럼 상, 중, 하 근기 누구나 닦을 수 있는 간단하고 쉬운 수행법이 되는 것입니다. 우리는 일체 현상의 모든 것을 아미타불로 바꿀 수 있습니다. 그러면 일체가 아미타불이 되고, 일체가 아미타불이 되니, 모든 것이 염불이 되고, 염불로 하나가 되니, 염불하는 이 마음을 떠나 따로 부처를 구하지 않아도 됩니다.

부처님 오신 5월을 맞이하여 부처님의 가르침에 의지하여 염불을 한다면, 이보다 더 좋은 등불이 없을 것입니다. 그러므로 부처님의 은혜에 보답하는 길은 오직 우리가 염불을 통해서 마음을 맑히는 일입니다.

일체 현실에서 '불용잡심(不用雜心)'이라. 잡된 마음을 쓰지 않기 위해 염불을 해야 합니다. 부처님은 우리들의 최종목표이자 우리가 가야 할 곳입니다. 우리가 목적에 충실하면 나머지 세상일은 다 따라옵니다. 구하지 않아도 일체가 불심으로 거둬들여집니다. 우리는 염불로 모든 법을 거두어들인다는 것이죠. 그래서 달마대사께서 "관심일법이 총섭제행(觀心一法 總攝諸行)"이라고 했습니다. 마음 한 법 관하는 것이 모든 행을 거둔다는 것입니다. 그럼 여기에서 마음과 부처를 문답해보겠습니다.

마음이 무엇입니까?
마음이 부처입니다.
부처가 무엇입니까?
우리 일상에 쓰는 고요한 마음입니다.
때문에 이 마음이 청정하면 부처이고,
이 마음이 미혹하면 중생입니다.

청정한 마음을 갖기 위해서 우리는 염불을 하는 것입니다. 이 마음에 의지해서 염불을 한다면 그것이 관심(觀心)이라 즉, 마음을 관하는 것이니, 우리가 염불수행으로 이 한 마음을 바로 관하면 모든 부처님 법을 다 거둔다는 것입니다. 달마대사는 중국에 부처님의 선법을 전한 큰 조사입니

다. 그래서 달마대사를 관세음보살의 후신이라 합니다. 이
분께서 설하신 "마음 한 법 관하면 그것이 모든 행이요 법
이다." 한 것은 불교의 핵심입니다.

이제 우리는 마음 한 법을 관하기 위해서 일념으로 아미
타불을 부르면 됩니다. 이 마음은 특별한 것이 없습니다.
이 마음 가운데 부처님 명호를 넣으면 바로 부처님이 되
고, 중생심을 일으키면 중생이 되는 것입니다. 그러니 우
리는 염불로써 마음법을 항상 관해야 됩니다. 이 밖에 따
로 마음이 없습니다. 그리고 이 마음 외에 어떤 깨달음을
이루려는 목적을 둘 필요가 없습니다. 오직 염불만 하면
불교의 모든 수행을 이루게 됩니다.

밖으로 어떤 깨달음을 구하려고 하면 마음법을 보기 어
렵습니다. 현재 마음에 의지해서 수행을 하면 이 과정
이 곧 수행자의 목표가 됩니다. 따라서 이 마음 외에
따로 목표를 설정할 필요가 없습니다. 만일 마음을 떠
나서 따로 깨달음을 구한다면 그 깨달음은 다른 깨달음
이 될 것입니다. 우리가 현재 이 마음에 일념으로 염불
을 하면 그것이 바로 깨달음이라는 것을 알아야 합니
다.

우리는 이 마음을 깨닫기 위해서, 마음속에 진정한 부처를
지어야 하고 거기에서 영원한 안락과 영원한 행복을 이루
어야 합니다. 염불한다면 바로 그 순간이 부처라, 과정이
곧 목표가 됩니다. 때문에 성불해야 한다는 목표에 너무
끄달릴 필요가 없습니다. 오직 일심염불하면 그것이 우리

의 과정도 되고 목표도 되니 오직 현법낙주(現法樂住: 현재 그 자리에서 행복하게 머문다) 할 뿐입니다. 우리는 이 뜻을 실현하기 위해 염불수행을 하는 것입니다. 때문에 우리가 일념으로 염불을 하면 그것이 바로 현법낙주(現法樂住)요. 부처님의 세계에 들어가는 것이며, 그것이 청정한 깨달음이요, 또한 나의 본래면목이요 청정한 본래심이 됩니다.

이 마음을 지속하기 위해서 우리는 끊임없이 염불을 해야 합니다. 염불수행에 여러 가지가 있지만 법이 많지만 딱 한 가지 지명염불, 이름을 가지고 하는 염불, 나무아미타불 이 여섯 자를 끊임없이 반복해서 염불하면 됩니다. 그리고 염불하는 상태를 알아차리면 그것이 염불위빠사나가 됩니다. 염불하는 상태를 알아차리는 수행을 해야 합니다. 그냥 앉아서 멍하니 습관적으로 염불을 하면 힘이 없습니다. 습관적으로 하는 염불은 생사를 해결하는데 큰 도움이 되지 않습니다. 그래서 염불에 위빠사나(관)를 합치면 염불위빠사나가 됩니다. '염불 알아차림'이란 염불하는 상태를 알아차리고 있는 상태를 말하며, 이것이 염불의 중요한 부분입니다.

염불할 때 산란심을 없애고 알아차리기 위해서, 2회 염불을 하면 많이 도움이 됩니다. 두 번 부르고 두 번 듣고, 이렇게 하면 저절로 알아차리는 염불이 됩니다. 능엄경에 이근원통(耳根圓通) 염불 법문이 있습니다. 즉 염불하는 상태를 알아차리는 위빠사나 염불과 염불하는 소리를 귀로 듣되 듣는 놈을 돌이켜 듣는다는 이근원통 염불을 하면 저절로 염불삼매에 들어가게 된다는 것입니다. 염불을 할 때 속으로 염불하든 밖으로 소리내어하던 마음으로 들으면 저절로 이근원통이 되는 것입니다.

만일 습관적으로 계속 반복만 하면 알아차림은 불가능 하겠지요. 그런데 두 번씩 듣고 두 번씩 염불하면 이근원통과 알아차림을 이룰 수 있습니다. 그래서 2회 염불이 굉장히 좋습니다. 며칠 전에 금강카페 정진회 회원들이 영주 대승사에서 철야정진을 하는데, 12시까지는 5회 염불을 하고, 새벽 4시까지는 2회 염불을 하면서 한 사람도 조는 사람 없이 신심 있게 염불수행 하는 것을 보았습니다.

고즈넉한 산사에 와서 밤새도록 흐트러지지 않고 염불수행에 몰입한 불자들을 보면서 산승은 깊은 감동을 받았습니다. 때문에 여기 모인 불자들도 이렇게 염불수행을 한다면 세상에서 가장 가치 있는 일을 하는 사람이 됩니다. 이처럼 소중한 수행법인 염불을 어떻게 닦아가야 할까요? 만일 불자님들이 집에서 혼자 염불할 때 집중이 잘 되지 않을 수 있습니다. 이때 2회 염불 테이프를 틀어놓고 반복해서 듣고 부르면 저절로 염불일념을 이룰 수 있습니다.

오래도록 염불하게 되면 업장이 소멸되고 업력의 장애가 사라질 때 저절로 망상이 일어나지 않게 됩니다. 이때는 단정하게 앉아서 속으로 염불하되 혀를 입천장에 붙이고 '나무' 자를 빼고 '아미타불' 넉자만 암송하면 집중이 더욱 잘될 것입니다. 이때 염불하는 마음이 계속 이어져야 하므로 끊임없이 정신을 차리고 염불하는 자체를 지켜보아야

느 곳으로 향하고 있는가요? 만일 저 언덕을 향하여 간다면 거기에서 진정한 행복을 발견할 수 있을 것입니다. 그래서 오늘 산승이 '저 언덕을 향하여…' 라는 백일기도 회향법회 법문 서시를 읊었습니다.

우리가 살아가면서 만나는 인연 가운데 불법을 만난 인연은 참으로 소중한 것입니다. 세상에는 여러 가지 인연들이 많이 있겠지만 그 모든 인연들이 우리들을 진정으로 행복하게 해줄 수 있는 길은 아닙니다. 그러나 불법을 만나 바른 길로 갈 수 있는 인연은 모든 인연 중에 가장 행복하고 좋은 인연입니다. 모든 행복은 좋은 인연에서 나오지만 행복의 길은 쉽고도 어려운 것 같습니다.

우리가 흔히 절에서는 피안 즉 "저 언덕"이라는 말을 많이 합니다. 그러면 "이 언덕"은 무엇이고 저 언덕은 무엇인가요? 이 언덕은 우리가 현실을 잘못보고 있는 세상을 말합니다. 그러나 우리가 현실을 바로 본다면 그때 이 언덕이 바로 진리가 되는 저 언덕이 됩니다. 때문에 이 언덕이 따로 있고 저 언덕이 따로 있는 것이 아니라 현실을 바로 보면 해탈이고 잘못 보면 생사가 된다는 말입니다.

그러면 피안 즉 저쪽언덕이라는 세계가 진리고 해탈이라면 극락세계는 바로 우리들의 저 언덕이 됩니다. 언제나 염불은 밥이 되고 해탈은 삶이 되어 일체에 걸림 없고 깨달음의 축복 속에 살아가기 때문에 정토에 왕생하는 순간 영원히 생사를 벗어난다는 곳입니다. 우리가 흔히 진리의 세계를 상징적으로 '꽃피는 저 언덕'이라고 말합니다. 이것은 고뇌가 없기 때문에 항상 평화롭고 자재하므로 행복이 충만하다는 뜻으로 '꽃피는 저 언덕'이라 합니다.

그러나 세속적인 사람들은 꽃피는 저 언덕이라는 말을 들으면 환상적으로 생각하겠지만 물질로 이뤄진 세상에서 나타난 현상은 영원하지 않습니다. 가을 단풍이 화려해도 열흘을 견디기 어렵듯 모든 존재는 무상을 피할 수 없습니다. 그래서 진리를 바로보지 못하면 이 자리가 바로 사바세계요, 고뇌가 찬 괴로운 세상이 되나 극락세계는 정신적 세계라 물질에 의지하지 않으므로 언제나 꽃피는 언덕이 되는 것입니다.

이번 겨울, 불자님들은 '행복한 저 언덕'에 가기 위해 백일동안 열심히 기도를 했겠지요? 기도는 근본적으로 내 마음 가운데 참된 행복을 이루기 위함이니, 우리가 게을리 할 수 없는 일입니다. 우리가 기도를 통해서 내면의 행복을 느끼지 못했다면 기도를 잘한 것이 아닙니다. 만일 기도를 바르게 했다면 분명히 내면의 행복감을 가질 수 있습니다. 행복이라는 것은 어떠한 조건에 의해서 이루어지는 것이 아니라, 내 마음을 바르게 보고 바르게 생각하는 곳에서 나오기 때문입니다.

우리는 흔히 현실도피적인 생각을 하는 경우가 있습니다. 예를 들어, 어떤 사람은 세상이 너무 살기 싫어 머리 깎고 절로 가고 싶다는 사람이 간혹 있습니다. 그러나 이러한 감정은 오래가지 못하고 상황이 바뀌면 또 다른 망상에 떨어지곤 합니다.

현실도피적인 마음으로 산을 찾으면 산에서 어떻게 문제가 해결될 수 있겠습니까? 깊은 산속에 물 흐르고 꽃 피는 곳에서 인생문제가 해결되지 않으면 다시 밖으로 나와야 하겠지요. 문제는 마음속에 있는데 밖에서 찾으면 아무런 도움이 되지 않는다는 것입니다. 우리는 영원한 행복을 얻기 위해서 현실을 바로 보아야 합니다. 진정한 행복은 조건에 의한 것이 아니라, 내 마음을 바르게 가지는 곳에서 온다는 것을 분명하게 알아야 하기 때문입니다.

사이비 종교들은 간혹 현실도피적인 사람을 만나면 유인하여 더 이상 벗어날 수 없는 함정에 떨어뜨리기도 합니다. 그래서 우리는 항상 좋은 인연을 만들어야 합니다. 좋은 인연이란 무엇입니까? 일상에서 일어나는 문제를 잘 승화해서 바른 삶이 되도록 도와주는 것입니다. 그러나 사이비 종교는 어리석은 사람에게 접근하여 "여기에 천국이 있다, 우리를 믿으면 구원을 받는다."라고 하면서 온갖 이익을 취하고 있습니다. 사람은 근본적으로 이기심이 있어 간혹 자신의 이익을 위해 재산을 탕진하고 가족을 떠나 광신에 빠지기도 합니다.

대부분의 사람은 극도의 상황에 달하면 무의식적으로 이기적이 됩니다. 사람들이 평상시는 "가족을 생각한다, 부모님을 생각 한다" 하지만 결정적인 순간에 당하면 대의를 생각하는 사람은 드물다는 것입니다. 왜냐하면 그게 중생의 본능이기 때문입니다. 예를 들어 운전을 할 적에 돌발적인 위험에 맞닥뜨리면, 운전 핸들이 어느 쪽으로 가겠습니까. 대부분이 자신에게 안전한 쪽으로 핸들을 돌리게 됩니다. 그게 바로 본능입니다. 절대 절명의 순간에서 본능적으로 옆 사람을 위해서 핸들을 그쪽으로 돌려서 자신을 희생하고 옆 사람을 보호해 준다면 그 사람은 성인이라고 할 수 있을 것입니다.

그래서 사람은 본능적으로 남보다 자기를 생각하게 되는데, 만일 자기보다는 남을 생각할 줄 아는 사람이라면 그것은 오래도록 마음 수행을 한 사람입니다. 모든 일은 마음에 따라서 달라집니다. 그래서 마음은 하나의 창입니다. 창을 통해서 우리가 현실을 긍정적으로 보면 최선의 결과가 나옵니다. 왜냐하면 긍정적으로 봤기 때문에 주어진 상황에서는 최선의 결과가 되는 겁니다. 그 최선의 결과가 본인의 기대치 이하가 될 수도 있지만, 그 사람의 주어진 복과 전생에 모든 인연에서 최선의 결과가 된다는 것입니다.

우리가 만일 선과 복을 행하고, 착하고 이타적인 마음을 가지고 긍정적으로 살아가면 우리의 삶은 하루하루 사는 게 최선의 결과라고 보면 됩니다. 만일 상대방을 부정적으로 보게 되면 저절로 남을 비방하고 악의적인 마음이 생겨나므로 보는 시각이 부정적이라 최악의 결과가 나오게 됩니다. 그래서 최선과 최악은 긍정과 부정에서 나오는 극과 극의 모습입니다. 왜 우리는 긍정적인 사고를 하면 최선의 결과를 가질 수 있는데 부정적 사고로써 최악의 결과를 만들어 내는가요. 그것은 인간의 무지와 불량한 마음 때문입니다.

예를 들어 이 앞에 꽃이 있지 않습니까? 이 꽃을 긍정적으로 보면 어떻게 되나요? 참 아름답구나! 참 보기 좋다! 나도 저렇게 꽃처럼 아름다운 마음을 가졌으면 좋겠다. 이렇게 생각하면 이것은 좋은 마음씨입니다. 무정물인 꽃도 사람이 그렇게 마음 가지면 행복해집니다. 왜냐하면 모든 유정 무정의 존재들은 칭찬을 받으면 겨울철 따뜻한 햇빛 같은 좋은 기운을 받기 때문입니다.

요즘 과학자들이 실험 결과로 밝혀냈어요. 만일 어떤 사람이 나무 한 그루를 보고 악심으로 베어버리겠다고 생각하면 나무는 곧 나쁜 파장을 일으키고 독소를 뿜어냅니다. 왜냐하면 자기 방어를 해야 하니까요. 이때 나무는 자연스럽게 "나를 건들이면 너도 손해를 볼 수 있어" 하고 나쁜 독기를 품어댑니다. 그것은 치명적인 피해가 됩니다. 그 나무에서 독가스가 나오고 사람이 죽을 수도 있습니다. 중국 삼국지에 보면 조조가 말년에 오래된 배나무를 칼로 내리치고 머리가 이상해져서 결국 죽었습니다. 만일 오래된 나무를 보고 "참 나무가 모양이 좋다, 참 좋은 나무다"라고 좋은 생각을 하면 그 나무에서 아주 신선한 산소가 나와서 사람들을 상쾌하게 해줍니다.

이처럼 주어진 상황을 좋은 마음으로 보면 좋아지고, 나쁜 마음으로 대하면 나빠집니다. 때문에 좋고 나쁜 것은 대상에 있는 것이 아니라 보는 사람 마음에 달렸다는 겁니다. 만일 대상에 있다면 모든 대상이 결정할 수 있는데 그렇지 않으므로 화엄경에서 일체유심조(一切唯心造)라고 했습니다. 즉 모든 현상은 우리마음에 따라 좋고 나쁨이 생긴다는 것입니다. 이제 우리는 아무리 나쁜 것을 만나도 좋은 마음으로 대하면 최선의 결과가 되기 때문에 한마음을 바르게 가지는 것이 중요한 일입니다.

생사라는 말은 나고 죽는다는 것을 말하는 것인데, 현실을 잘못 본다는 뜻으로 해석할 수 있습니다. 현재 우리가 쓰는 이 마음을 바르게 보면 바로 그것이 열반이고 깨달음이며 해탈인데, 주어진 현실을 바르게 보지 못하고 그것을 부정적으로 나쁜 마음으로 보기 때문에 현실 그대로 생사가 되는 것입니다. 우리가 불법을 반드시 배워야 하는 깊은 뜻은 주어진 현실을 최선의 결과로 만들자는 거예요. 그러면 최선의 결과에 따라 행복을 이루게 됩니다. 그러므로 우리는 마음을 맑혀야 하고 순수하고 긍정적인 좋은 마음으로 살아가야 합니다.

이렇게 도량에 와서 기도를 하고 겨울 석 달간 열심히 하셨습니다. 이번 겨울에는 참으로 눈이 많아 지금도 발목까지 묻힙니다. 하얀 눈이 온 산천을 흰색으로 만들어 놓았어요. 그 깊고 고요한 경계 속에 고요히 정좌하고 앉아 있으면 모든 생각이 끊어지고 있는 그대로 적멸을 이루게 됩니다. 그 속에 무슨 마음이 일어나겠습니까? 그래서 옛 스님이 이런 상황에서 읊은 시가 있습니다.

"고요한 산사에 말없이 앉았으니
있는 그대로 대 자연이 되었구나.
무슨 일로 서쪽에서 바람이 불어오니
한 마리 기러기 긴 하늘에서 소리 내누나."

이 시는 모든 스님들 취향에 맞기 때문에 절에서 많이 알려져 있습니다.

눈이 많이 오는 날 저녁에 고요히 선방에 앉아서 정진하니, 마음속에 아무것도 구할 것이 없어지고 적막한 강산이 되었는데, 산승은 이 속에서 참으로 고요함을 느꼈습니다. 이 고요함이 우리에게는 더 없이 소중한 것입니다.

만일 우리 마음이 고요하다면 있는 그대로 완전함에 들어갑니다. 그러므로 주어진 현실을 바로 보는 곳에 완전함이 있습니다. 이 완전성을 보지 못하면 모든 현실은 부정적으로 바뀌게 됩니다. 이제 우리는 자신을 바르게 보아야 되겠지요. 내 자신을 바르게 보는 것, 여기에 해탈의 길이 있습니다. 그러므로 혼란스러운 이 시대에 정법을 만났다는 것은 참으로 중요하기 때문에 열심히 염불해야 하며 바른 길을 가야하고 바른 스승을 찾아야 됩니다.

일념으로 기도하면 자기 내면의 진정한 행복을 찾을 수 있습니다. 불교 공부는 이러한 내면적인 깊은 공덕을 얻기 위함인데, 현실에서 '나'라는 잘못된 집착심 때문에 우리가 바라는 좋은 행복을 가로막는 가장 큰 방해물이 되고 말았습니다. 사람은 누구나 좋은 길을 가려고 하면 거기 방해되는 일이 생기기도 하는데 그 장애물을 바르게 이해하면 장애가 도리어 나를 도와주게 됩니다.

'나'에 대한 집착, 이것이 공덕을 이루고 행복의 길로 가는데 가장 큰 장애물입니다. 그래서 불교는 '무아'라고 합니다. 즉 나를 놓아 버리라는 것입니다. '나'라는 집착된 자아의식을 놓아버리지 않으면 우리는 허망한 현실에 속고 고뇌에 찬 삶을 살아갈 수밖에 없습니다.

왜냐하면 '나'를 놓으면 전체가 되고 절대가 되는데, 허망한 나를 붙잡고 있으니 허망한 생사윤회가 나올 수밖에 없다는 것입니다. 그러므로 우리의 바른 길을 방해하는 것은 '나'에 대한 집착심과 허망한 마음과 자아의식 때문에 도를 수행하는데 가장 큰 장애물이 되고 있습니다.

만일 '나'에 집착이 사라지고 '무아'가 되면 모두 절대성으로 바뀌게 됩니다. 그래서 절대냐? 상대냐? 하는 것은 '나'인가? '무아'인가? 하는 이 차이가 있을 뿐입니다. 그러므로 우리는 무아에 의지해서 바른 수행을 해야 합니다.

흔히 사람들은 '무아'라는 말을 잘 이해하지 못하고 문득 묻기를 '나'가 없다면 "지금 말하는 나는 무엇인가?" 라고 합니다. 그러나 그 오랜 세월 상대적인 관념 속에서 인식된 '나'는 근본적으로 허망하여 그것은 거짓 '나'입니다. 때문에 무아를 바르게 볼 때 진아를 깨닫게 됩니다.

그러면 사람들은 묻기를 "무아가 되면 '나'가 없는데 현실은 무엇이 보는가요?" 라고 질문합니다. 사람이 이원적 입장에서는 항상 바른 길을 보지 못하고 옆으로 새는 것입니다. 그러나 무아를 이해할 때 보는 놈을 바로 보게 됩니다. 만일 '무아'가 되면 모든 일을 진실하게 볼 수 있습니다.

부처님께서 "제법무아"라고 하셨습니다. 모든 법에는 '나'가 없다는 '무아'가 바로 반야경에서 말하는 공(空)사상입니다 공은 무아에서 나옵니다. '무아'가 되지 않으면 아무리 공을 말해도 공이 아닙니다. 그래서 '무아'를 바르게 이해하기 위해서는 먼저 금강경을 잘 보아야 할 필요가 있습니다. 금강경에서는 아상, 인상, 중생상, 수자상을 놓으면 곧 불성을 본다고 했습니다. 산승은 여기에서 여러 불자들을 위해서 잠시 네 가지 상(相)을 개념적으로 설명하겠습니다.

'나'라는 것은 자아의식, 자기 주관적인 관념들이 아상(我相)입니다. 인상(人相)이라는 것은 주관에 대한 객관입니다. 세상의 모든 분별 망상은 상대적이므로 아상이 있으니 인상이 있습니다. 인상이 객관인데, 주관이 있으므로 객관이 생겨나며 객관이 있으므로 중생상(衆生相)이라는 공간이 생기고, 공간이 있으므로 수자상(壽者相)이라는 시간이 존재하는 것입니다.

그러나 시간과 공간이 본래 존재하지 않지만 우리의 잘못된 생각이 이와 같이 주관, 객관, 시간, 공간을 만들어 낸다는 것입니다. 여기에서 상대적인 생사윤회라는 세상이 만들어집니다. 만일 무아가 되면 네 가지 상이 끊어져 근본적으로 생사심이 일어나지 않게 됩니다.

오늘 산승이 왜 이러한 다소 교리적인 법문을 하는가요. 불자들이 한번쯤은 이런 말을 듣게 된다면 그것 또한 근본적인 선근 인연이 되기 때문입니다. 즉, 선근의 뿌리가 되어 영원한 행복을 이루는데 도움이 된다는 뜻입니다.

우리들은 자아에 대한 집착과 욕망으로 인해 아상이 생겨나고 아상으로 인해서 나에 반대개념인 남이 생겨났고 나와 남을 분별하므로 수많은 현상경계에 집착(중생상)을 했고 이 모든 중생상이 시간적으로 존재한다고 보는 것이 수자상입니다.

그러므로 아상은 모든 생사심이 일어나는 원천이므로 '무아'에 충실하지 아니하고 도에 들어갈 수 없는 일입니다. 모든 불행은 아상에서 생겨나는데, 무아의 이치를 잘 관찰하면 아상에 대한 마음이 근본적으로 존재할 수 없으므로 저절로 고요한 마음의 바탕에서 일상의 생활을 하게 됩니다.

흔히 세상에서 극단적인 사고와 행동을 하는 사람도 있고, 부정적인 사고를 하는 경우도 많이 있습니다. 그런데 그런 사람들을 보면 모두 자아의 집착에서 나온다는 것입니다. 그러므로 우리는 얼마만큼 자아의 속박에서 벗어났느냐에 따라 참된 행복을 이루게 되는 것입니다.

무아를 이루기 위해서는 마음이 먼저 쉬어야 하고, 마음이 쉬기 위해서 항상 기도와 염불을 해야 합니다. 왜냐하면 기도를 지극하게 하면 저절로 마음이 맑아지고 순수해져서 세상의 욕망이 사라지기 때문입니다.

불교에는 여러 가지 수행이 있지만 염불수행은 모든 불보살들이 극찬했습니다. 우리 불자들의 최종 목표는 부처이기 때문에 한마음으로 염불하면 그 자리가 바로 부처와 하나 되기 때문에 가장 효과적인 수행이라는 것입니다. 우리가 만일 부처님을 염하는 순간, 그것으로 순식간에 윤회는 끝나고 부처를 이루기 때문 입니다.

마조대사는 즉심즉불(卽心卽佛), "마음이 곧 부처다"라고 했습니다. 때문에 일념으로 염불하면 부처를 염하는 그 순간, 그것이 곧 부처라는 말입니다. 산승이 염불수행을 강조하는 가장 중요한 이유는 간단하면서도 빨리 목적에 도달할 수 있기 때문입니다.

흔히 간화선을 경절문(徑截門)이라 해서 빨리 깨달음에 이르는 길이라고 말을 하죠. 물론 화두를 드는 사람이 모든 세상의 욕망과 마음을 비우고 그렇게 공부한다면 궁극에 빨리 이를 수 있습니다. 그러나 최상근기가 아니면 그 수행을 감당할 수가 없다는데 문제가 있는 것입니다.

우리가 이러한 큰 정진을 한다는 것은 대근기가 아니면 어렵습니다. 만일 중하근기가 최상근기가 닦아야 할 수행을 한다면 오히려 목적에 가지 못하고 중도탈락하게 됩니다. 때문에 99%가 일반적인 중하근기이므로 화두보다는 염불수행이 훨씬 빠르게 목적지에 도달할 수 있다는 것입니다. 이러한 연유로 산승은 항상 화두는 특별한 근기가 특별한 조건에서 집중적으로 하지 않으면 도리어 부작용으로 대업을 그르칠 수 있으므로 결코 화두가 대중화되는 것은 바람직하지 않으며 염불은 상중하근기가 모두 적용되므로 대중화될수록 더욱 좋다고 말하는 것입니다.

신라의 원효대사는 나무아미타불을 노래 삼아 부르면서 다녔습니다. 그것은 염불을 대중화해서 일반 대중들이 불법에 인연을 맺고 쉽게 부처의 마음과 내 마음이 하나가 될 수 있는 길을 가도록 해주기 위함 이였습니다. 이 때문에 염불은 말세 중생들에게 가장 적합한 근기라고 역대 도인들이 누누이 말씀하셨습니다. 이 시대가 문명과 통신의 발달로 인해서 사람들이 무식하지 않고 너무 똑똑합니다. 하루 종일 TV만 보는데 무식할 수 있겠습니까? 온 세상 정보를 다 보고 있는데, 거기서 인터넷까지 검색하는데 모르는 것이 어디 있겠어요? 모든 지식이 요술방망이처럼 다 나오는데…….

이렇게 지식으로 충만된 사회에서는 염불 같이 선정 위주의 공부가 중생들 근기에 맞습니다. 화두선은 고도의 지혜를 연마하는 공부이므로 현대사회에서는 의리선이라는 부작용을 면할 수 없습니다. 그래서 간화선은 의리(義理)를 극도로 꺼립니다. 그러나 세상은 갈수록 지식과 정보의 발달로 인하여 간화선 수행의 환경과 멀어지고 있습니다. 간화선에서 세속적 지식은 소지장(所知障)이 되어 옆길로 가게 됩니다. 현대사회에서 참구법인 화두는 장애가 더욱 많아져 바르게 나아가기 어렵습니다.

때문에 산승은 이 시대 중생에게는 염불이 근기에 부합된다고 강조하는 것입니다. 이제 우리는 염불을 게을리 할 수 없습니다. 왜냐하면 염불을 통해서 맑은 경지에 갈 수

있고 그것이 점차 확대되면 부처의 마음과 내 마음이 일
체가 되기 때문입니다. 그러기 위해서 우리는 순수한 마음
을 가져야 하고 끊임없이 염불을 일상생활 속에서 수행해
야 됩니다.

염불을 지극하게 하면 저절로 착한 마음도 나오고 세상을
좋은 마음으로 볼 수 있게 됩니다. 그러므로 우리 불자님
들은 아미타불 염불을 끊임없이 해야 합니다. 열심히 염불
하면 그 공덕으로 세상일도 잘 풀리게 되고 마음이 맑아
짐으로 나쁜 생각도 일어나지 않게 됩니다. 왜냐하면 염불
을 하게 되면 전생의 업장이 소멸되므로 근본적으로 순수
해지고 선량해져서 죄를 짓지 말고 착하게 살아야겠다는
마음이 저절로 일어나게 됩니다.

* 산승은 1969년도 해인사에서 은사스님(조계종 제11 ·
12대 종정 법전스님)을 따라 수도암에 왔습니다. 그때 당
시 저의 은사스님께서 사십대 중반의 연세로 수도암 불사
를 계획하고 있었습니다. 그래서 산승은 수도암 불사 원만
성취를 위해 하루에 열다섯 시간씩 열심히 기도를 했습니
다. 오후에는 1시에 들어가면 6시에 나왔으니 한번 들어
가면 다섯 시간을 쉬지 않고 이어서 염불했으며, 이와 같
이 백일동안 매일 하루 총 열다섯 시간씩 열심히 기도 염
불했습니다.

산승은 이십대 초반에 수도암의 불사를 위해서 나름대로
온 정성을 다 바쳤습니다. 그런데 불사를 위한 기도이지만
열심히 하므로 저절로 발심이 되어, 마음이 고요하여 세상

번뇌가 일어나지 않으므로 선방에 가서 부지런히 공부할 수 있었습니다.

산승은 기도를 통해서 엄청난 마음의 변화를 일으켰고, 꽹장히 마음이 기뻤습니다. 마음이 맑아지니까 저절로 발심이 되어서 기도가 끝나면 선방에 가서 목숨 걸고 정진해야 되겠다는 다짐도 하게 되었습니다.

그런데 그 속에서 진(眞)발심을 하므로 내가 속히 도력(道力)을 갖춘 다음 불법을 널리 펴야겠다는 대승원력이라는 큰마음이 생겨났고 그것은 실천할 때 의미가 있으므로 큰마음실천회는 자연히 생겨나게 됩니다. 이러한 큰마음이란 곧 대승의 큰 원력을 실천하자는데 뜻이 있습니다.

기도를 열심히 하면 저절로 큰마음이 생깁니다. 그것은 그만큼 업장이 엷어졌다는 뜻입니다. 우리가 세상일에 최선을 다하면 보통사람 수준이지만, 마음에서 원력을 세우고 큰마음을 내면 훌륭한 사람이자 성인이 됩니다.

우리는 일상의 생활 속에서 언제나 아미타불을 불러야 됩니다. 말할 적에도 아미타불을 부르고, 길을 갈 적에도 아미타불을 부르고, 모든 일상의 일을 항상 염불과 함께 한다면 우리의 모든 주변의 일은 다 긍정적으로 바뀌게 됩니다.

우리는 전생부터 업력의 기운을 가지고 왔기 때문에 염불을 한다고 해서 갑자기 가난뱅이가 큰 부자가 되지는 않지만 염불을 열심히 하면 저절로 물질과 욕망의 마음이 사라지고 축복의 기운이 생겨 추구하던 물질적 욕망이 필요 없게 됩니다. 그리고 막혔던 장애는 없어지므로 좋은 기운이 나오게 됩니다. 사람은 누구나 전생에 지은 선악의 기운을 받아 살아가게 되지만 염불을 하면 저절로 받아야 할 업 가운데서 최선의 결과를 얻게 되므로 일상에서 항상 염불해야 합니다.

오늘 백일기도 회향이지만 회향은 백일 동안 정한 그 기간에 대한 회향이지, 우리들의 기도는 끊임없이 이어져야 합니다. 때문에 매년 하는 여름 백일기도와 겨울 백일기도는 부처님께 큰 인연을 맺는 기도이며, 업장을 소멸하는 좋은 일입니다. 그러므로 일 년에 두 차례 염불기도수행에 가능한 빠지지 말고 열심히 기도 염불하셔서 부처님의 축복과 진정한 행복을 이루시길 바랍니다.
성불하십시오!

(2012. 3. 2.)

7. 염불수행의 공덕

♣ 마음의 때를 씻자

백일을 기약으로 기도하는 불자여!
깨끗한 마음으로 간절하게 기도하라.

일념으로 기도하여 마음거울 맑아지면
고요한 마음속에 일만 공덕 나타난다.

마음의 거울에 어리석음 때가 끼면
미혹의 어둠속에 길을 잃는다.

번뇌는 마음의 때가 되고,
세상에는 무지의 때가 있다.

때 묻은 더러운 옷 물로써 씻어내듯
마음의 때는 기도로써 씻는다.

정성스런 기도 속에 마음의 때 씻어내면
일체 처 일체 시에 뜻과 같이 안락하리.

오늘 겨울 백일기도 입제를 맞이하니, 세월이 참 빠르다는 느낌을 갖게 합니다. 무성하고 푸르던 나뭇잎도 어느덧 낙엽이 되어, 땅에 떨어지고 지금은 앙상한 나뭇가지만 남아 있습니다.

자연의 흐름을 가만히 보면, 추운 겨울에는 모든 만물들이 몸 에너지를 최소화하기 위해 동면에 들었다가 새봄이 돌아오면 다시 깨어 나와 삶을 시작합니다. 이처럼 자연은 깊은 고요를 통해서 미래에 쓸 에너지만 남겨놓고 찌꺼기는 걸러내고 있습니다.

사람도 삶에 있어 이와 같은 자연의 이치와 같이 살아간다면 가장 이상적인 삶을 살아갈 수 있습니다. 모든 만물은 휴식기가 있듯 삶에 있어 정신적 휴식기를 통해 삶의 찌꺼기를 걸러내는 작업을 할 때 높은 정신세계에서 이상적인 삶을 살아갈 수 있습니다.

그럼 사람에 있어 정신적 휴식이란 무엇인가요. 먼저 삶의 기본이 있어야 하겠지요. 삶의 기본은 양심과 자비와 지혜입니다. 이 바탕에서 마음의 고요를 가질 줄 아는 것이 정신적 휴식이 됩니다. 사람이 때때로 고요함을 갖지 않으면 삶의 찌꺼기를 걸러낼 수 없습니다. 삶의 찌꺼기가 쌓이면 그것이 온갖 병이 되어 삶이 어려워집니다. 특히 큰일을 하는 사람은 더욱 더 내면의 고요함을 자주 가지고 살아가야 합니다. 이것은 마치 자연의 휴식기와 같은 이치입니다.

사람이 만일 차원 높은 일을 하려면 내적 고요에 바탕을 두고 삶의 찌꺼기를 정리하지 않으면 안 됩니다. 어찌 고요를 통해 자신의 근기와 분을 바로보지 못하고 어떻게 미래의 큰일을 제대로 할 수 있겠습니까? 때문에 밖으로 나타난 어떤 활동보다도 내면의 깊은 고요를 체험하지 않고는 내실을 기할 수 없는 것은 당연한 것입니다.

흰 눈이 쌓여있는 겨울, 정적감이 도는 깊은 곳에서 자신을 되돌아볼 수 있는 기회를 가지는 것이 필요합니다. 옛사람들은 봄부터 가을까지는 바쁘게 지내다가 겨울이 되면 화로가에 둘러 앉아 옛 성인들의 글을 보면서 미래를 생각하고 인생이 가야할 길을 생각했던 것입니다.

옛날 방거사나 부설거사처럼 가족 네 식구가 겨울에는 화로가에 둘러 앉아 도(道)를 논하면서 긴 겨울을 보냈다는 이야기가 전해오는데, 이것이 가장 온전한 삶의 모습이며, 자연의 순리와 그 길을 같이 하는 것이라 할 수 있습니다.

오늘날 사회는 내실을 기할 고요한 시간을 갖지 못하므로 풍요로워도 정서적으로 매 마르고 인간성은 도리어 상실되어 가고 있습니다. 끊임없이 밖으로 치달리는 그 가운데에서는 내실을 기할 시간이 없고 자신을 객관적으로 돌아볼 여유는 더욱 없어지고 있습니다.

자기 자신을 돌아보지 못한다면, 우리의 삶은 보잘 것 없습니다. 사람도 자연에서 삶의 지혜를 배워야 하며 거기에서 삶의 방식을 가질 때 완전한 삶을 살아갈 수 있습니다.

자연의 이치를 가만히 보면, 우리도 어떻게 살아가야 온전한 삶이 되는지 알 수 있습니다. 이와 같이 살기 위해서는 겨울에 내공을 쌓아야 하겠지요. 그럼 우리는 어떻게 해야 할까요? 먼저 우리는 부처님 도량을 찾아서 겨울 석 달 열흘 백일을 기약으로 참회와 기도 염불을 해야 합니다.

참회란 스스로에서 부족한 부분을 정상으로 만드는 것이며 기도와 염불은 완전한 삶을 살아가기 위한 노력입니다. 그래서 우리는 밖으로 구하는 기도가 아니라, 자신의 근원적인 문제로 돌아가 내적인 변화를 이루기 위한 기도와 염불을 해야 합니다.

우리는 기도를 통해서 삶의 완전성을 찾아야 합니다. 대개 사람들은 도인들만이 온전한 삶을 살 수 있다고 생각하지만, 사실은 그렇지 않습니다. 우리가 이치를 바로 보면 바로 주어진 현실에서 온전한 삶을 살아갈 수 있습니다. 온전한 삶을 살지 못하는 것은 이치를 바로보지 못하기 때문입니다.

▶ 염불은 마음의 밭에 불성의 종자를 심는 것입니다.

우리가 일념으로 염불을 하면, 온전한 삶을 살아갈 수 있습니다. 염불은 우리의 마음밭에 커다란 공덕을 심는 것입니다. 우리는 모두 심전(心田)이라는 마음밭을 가지고 있습니다. 이 마음밭에 어떤 씨앗을 심느냐에 따라서 여러 형태의 결과가 나타납니다. 온전한 삶이란 세속적으로 향하는 마음이 아닌 염불을 통해서 부처의 종자를 심는 것입니다. 부처의 종자를 심으면 그것은 완전한 종자가 되고, 온전한 삶으로 이어집니다.

불자님들은 지금 스님이 단지 염불을 권장하기 위해서 이런 말을 하는 것이 아니라 진실로 염불의 공덕은 무량 무궁하기 때문입니다. 제가 절에 들어온 지 40년이 넘었습니다. 40년 수행의 결과로써 돌이켜보면 염불보다 더 위대한 수행은 없습니다. 그러므로 석가모니부처님께서도 경전에서 염불을 간절하게 말씀하셨으며, 옛날 큰 도인들도 대개 염불을 가르쳤습니다.

경에 보면 수행의 종류로써 염불선, 간화선, 위빠사나, 사마타, 주력, 간경, 참회, 묵조, 지관, 수식관, 출입식관(안반수의), 부정관, 백골관, 자비관 등 부처님께서는 근기에 따라서 적절하게 수많은 수행법을 가르쳤습니다. 그런데 염불에 관해서는 조금 특별함이 있습니다.

▶ **염불은 근본불교인 아함경에도 수행방법으로 설하셨지만, 정토삼부경에서 부처님께서는 간절한 마음으로 염불을 가르친 내용이 나옵니다.**

부처님과 세납이 같고 동시대에 살았던 빈비사라 왕은 아들의 반역으로 감옥소에 갇혔습니다. 그러자 왕비가 음식물을 조금씩 가져다주니까, 왕비까지 같이 가두어서 음식도 가져다주지 못하게 했습니다.

일찍이 부처님께서 도를 위해 설산에 들어가기 전에 빈비사라 왕에게 잠시 들른 적이 있는데, 그때 임금이 말하기를 "당신이 정말 출가해서 도(道)를 깨친다면, 나를 잊지 말고 다시 찾아와 제도해 주시요."라고 말한 적이 있었는데, 빈비사라 왕은 위기를 당해서 부처님께 간절하게 기도를 했습니다.

'왜 부처님은 내가 이렇게 위기에 빠졌는데 도움을 주지 않느냐'라고 기도를 하니, 부처님께서는 이제 염불수행법을 가르칠 때가 된 것을 아시고, 부처님의 법문을 녹음기처럼 기억하는 아난존자를 데리고 빈비사라 왕이 갇힌 감옥에 허공으로 날아와 다음과 같이 설법해 주었습니다.

"이 세상에는 임금이라도 마음대로 되지 않는다. 사바세계의 고통은 누구도 면할 수 없다. 그대는 전생에 아들에게 지은 업을 되돌려 받는 것이다. 그래서 이 어려움은 피할수 없다. 대신 그대에게 영원히 고뇌가 없는 세상에 태어나도록 도와주겠다." 왕과 왕비는 이 말을 듣고 크게 감동하면서 "우리는 자식마저 부모를 가두어 죽이려고 하는 이러한 사바세계에는 다시 태어나고 싶지 않습니다. 영원한 행복이 있는 그런 세상이 있다면 빨리 가고 싶으니 알려주십시오" 하고 애원하게 되었습니다.

부처님은 이에 말씀하시기를 "나는 이 고통을 해결하기 위해 도(道)를 닦은 것이다. 대왕도 이제 사바세계에 있는 모든 것에 집착을 끊고 일심으로 염불해서 안락한 극락세계에 왕생하기를 권하노라." 하셨는데 이 무렵부터 제자들에게 정토염불 수행법을 말씀하셨습니다.

그때 빈비사라왕은 간절하게 '나무아미타불' 염불을 하면서 기도를 하다가 그대로 열반에 들었습니다. 몇 해 전 산승이 인도에 갔을 때, 부처님이 오래 머무셨던 영축산 아래에 빈비사라왕의 감옥 터를 보고 왔습니다. 때문에 정토 염불수행법은 부처님이 직접 간절하게 설법하신 법문임을 알 수 있습니다.

부처님께서는 평소 염불법문을 많이 하셨으며, 염불수행의 중요성을 정토 삼부경 속에 설해 놓았습니다. 염불수행은 모든 수행 가운데 가장 완전한 수행입니다. 왜냐하면 모든 불교의 가르침은 최종적으로 성불에 뜻을 두고 있는데, 염불은 거기에 가장 온전하게 부합되는 수행이기 때문입니다.

우리는 모두 부처가 되려고 염불을 하는 것이지, 중생이 되려는 것은 아니잖습니까? 불교의 모든 수행이 부처가 되는 것으로 초점이 맞추어져 있기 때문에, '아미타불을 일념으로 부르게 된다면, 아뢰야식에 저장된 의식은 불성(佛性)으로 바뀌게 됩니다. 즉 중생의 의식이 부처의 의식으로 바뀐다는 것입니다.

그러므로 염불수행은 모든 수행 중에서 성불하기가 가장 빠른 공부입니다. 왜냐하면 염불을 일념으로 하게 되면 중생심을 부처의 마음으로 순식간에 바꾸어 놓기 때문입니다. 이 때문에 세상에는 염불보다 더 위대한 공부가 없다고 하는 것입니다.

▶ 염불수행은 부처마음과 일체되는 수행입니다.

우리는 마음의 밭에다 불성의 종자(씨)를 심어야 합니다. 내가 만일 부처님의 명호를 일념으로 외우면 우리 마음은 순식간에 부처의 마음으로 바뀝니다. 이 때문에 부처님의 일대 설법 중에 가장 빨리 성불할 수 있는 공부가 염불삼매라고 옛 성인들이 한결같이 말한 이유가 여기에 있습니다.

우리가 중생의 마음을 가지면 중생이 되고, 부처의 마음을 가지면 부처가 됩니다. 때문에 부처냐? 중생이냐? 하는 차이는 마음가짐에 따라 달라지므로 부처의 종자가 따로 있고 중생 종자가 따로 있는 것은 아닙니다. 그러므로 허망된 마음을 돌이켜서 염불을 하면, 그 순간에 부처가 됩니다. 그것이 지속되면 온전한 부처가 되고, 중생심을 가지게 되면 그 순간 무명에 휩쓸린 중생이 되는 것입니다.

우리는 부처의 마음을 지속적으로 가지고 나아가야 할 필요가 있습니다. 사람들이 처음에는 1% 불심으로 99% 중생심을 상대해서 염불하지만, 점점 염불을 계속하면 마침내 불심이 50%로 넘어설 때 중생심이 불심으로 점점 바뀔 수 있다는 것을 느끼게 됩니다. 왜냐하면 중생심이 인생의 60%가 된다면 중생의 업력이 더 강하므로 염불을 지속적으로 하지 않으면 중생의 업을 바꿀 수 없기 때문입니다. 만일 불심이 50%를 넘어선다면 세상을 보는 눈도 달라진다는 것입니다. 이와 같이 일념으로 염불을 하다보면, 우리 마음은 어느새 새로운 세계를 경험하게 되고 따라서 지혜가 나옵니다. 마침내 100% 불심이 자리잡을 때 성불하는 것입니다.

아무리 업력이 두꺼운 사람도 마음속으로 '아미타불'을 염송하면, 저절로 마음이 평온해지고, 세상을 보는 눈이 달라지고 중생심이 불심으로 조금씩 바꾸어 가는 것을 알게 됩니다. 만일 일념삼매 염불이 된다면 업력의 장애를 받지 않고 뜻과 같이 자재하게 됩니다.

그 상태에서 염불하게 되면 점점 사람은 맑아지고 순수해지면서, 염불삼매에 들어가게 됩니다. 염불삼매에 들어가면, 저절로 유체이탈이 되어 부처님 가피력으로 극락세계에 가서 아미타부처님께 직접 법문을 들을 수 있고, 극락세계를 볼 수 있게 됩니다.

그래서 염불수행은 참으로 위대한 것이며 불, 보살님의 가피력과 공덕이 크다는 것을 잘 알아야 합니다. 일반적으로 사람들은 세상을 살아가면서 망상으로 인해 업력의 장애를 받기 때문에 원하는 대로 일이 잘 안 되는 경우가 있는데, 염불을 열심히 하게 되면 업장이 소멸 되므로 업력의 장애를 받지 않게 되고, 불, 보살의 가피를 입게 되므로 원하는 일은 저절로 이뤄지게 되는 것입니다.

예를 들어 세상에서는 건강한 육체와 자식들의 학업 성취, 가정의 화합은 모든 사람들이 원하는 부분이지만, 업력의 장애를 받으면 뜻대로 이뤄지지 않습니다. 그러나 염불수행을 열심히 하면 업력이 소멸되므로 저절로 업의 경중에 따라 점점 좋아지고, 우리의 삶도 풍요로워집니다.

대승사에서 일 년에 겨울 여름 두 차례 백일기도 하는 것도, 불자들이 업력의 장애에서 벗어나 행복한 삶을 영위하도록 하기 위함입니다. 그러기 위해서는 염불과 기도를 일 년에 두 차례 겨울 여름 백일기도를 하는 것입니다.

우리가 만일 지극한 마음으로 염불해서 마음을 맑히고 닦으면 우리의 삶이 윤택해지고, 마음의 공덕이 생겨서 현실적으로 여러 가지 좋은 일이 나타나게 됩니다. 그러므로 불자님들은 기도를 통해서 정신적인 무한한 가치, 마음의 완전성을 이루어야 합니다. 기도는 우리 정신에 무한한 기운을 갖게 하고 그 기운을 통해서 현실적인 삶을 풍요롭게 해 줍니다.

우리는 이처럼 마음에 투자를 해야 됩니다. 마음의 투자라는 것은 일념으로 염불하는 것이고, 그리고 마음을 고요하게 가지기 위해 세속적인 헛된 망상을 피우지 말라는 것입니다. 무엇이 헛된 것인가요? 집에 있을 때 TV, 드라마, 전화, 게임, 영화 등에 관심을 갖지 않는 것입니다. 만일 이러한 것에 시간을 낭비하지 않고 염불한다면 우리가 원하는 행복을 성취하게 됩니다.

설식기부(說食飢夫)라는 말이 있습니다. 배고픈 사람이 밥상 앞에서 밥을 말로만 하고, 한 숟가락이라도 떠먹지 않는 어리석은 장부라는 말입니다. 이 말은 어떠한 일에서 이론적으로 말만하고 실천하지 않는다면, 밥 앞에서 밥을 먹지 않는 것처럼 아무리 불교의 위대한 이치를 알았다고 해도 염불하고 수행(기도)하지 않는다면 안다는 것은 의미가 없으며, 실천이 따르지 않는 앎이란 그것은 한낱 공허한 지식일 뿐이라는 것입니다.

때문에 일념으로 염불하고 기도하는 곳에서 마음의 깊은 영험을 가지게 되고, 마음의 힘을 얻게 되므로 이제 우리는 남의 재물만 헤아리는 어리석은 짓을 하지 말고, 내가 직접 실천하고 체험하는 자세가 필요하다는 것입니다. 만일 실천적인 노력을 한다면, 마음속에 향기로움이 생겨납니다. 물질에서 얻어진 향기는 변화하지만, 마음의 향기는 변화하지 않습니다. 이와 같은 마음의 향기는 몸과 마음을 행복하게 합니다. 이제 우리는 기도로써 마음의 향기로운 꽃을 피워야 합니다. 이것이 겨울 백일기도를 하는 뜻입니다.

▶ **이제 아침저녁으로 어떻게 기도해야 하는지 알아야 합니다.**

아침기도는 평상시 일어나는 시간 보다 1시간 정도 일찍 일어나서 세수하고, 입을 찬물로 가신 다음, 처음 절을 3번 하고 천수경을 한번 독송한 다음 '나무아미타불' 염불을 30분에서 1시간 정도하고 절 3번 한 다음, 새벽기도를 마치면 됩니다. 이것은 하루 시작을 맑은 정신으로 한다는데 의미가 있습니다. 이렇게 열심히 하면, 몸과 마음이 청안(淸安)하게 되어 가정에 복이 생기고 우환은 사라지는 영험을 얻게 됩니다.

저녁기도는 아침기도와 마찬가지로 하루 일과를 마치고 잠자기 전에 하는 기도로써 매우 중요한 뜻을 가지고 있습니다. 사람이 만일 자기 전에 혼탁한 정신으로 망상을 피우다 잠에 들면, 밤중에 아뢰야식에 저장된 것이 꿈으로 재현되어 숙면을 취하지 못하고 상쾌한 아침을 맞이하지 못하게 됩니다. 그래서 저녁기도가 필요한 것입니다. 우리가 1시간 정도 일념으로 '나무아미타불' 염불을 하다가 그 염불하는 상태로 잠에 들어가면, 의식은 잠들어도 잠재의식 속에서는 밤새도록 공부를 하게 됩니다. 그러므로 자기 전 1시간의 진실한 염불이 철야정진하는 효과와 같다는 것입니다.

시간이 없는 사람은 30분이라도 염불하고 자면, 잠자리가 편안해지고 깊은 숙면을 하게 됩니다. 의식이 완전하게 잠들기 때문에 아침에 일어나면 정신이 아주 맑아집니다. 이때 일어나자마자 맑은 정신으로, 염불로 일과를 시작한다면 그날 하루 시작이 좋은 출발을 하는 것입니다. 이와 같이 오래도록 생활 속에서 꾸준히 수행한다면 이 세상을 가장 복되고 아름답게 사는 삶이라 할 수 있습니다.

살아 움직이는 모든 존재들의 삶이란 아침에 일어나는 것은 태어나는 것에 해당되고, 저녁에 자는 것은 죽는 것에 해당됩니다. 이처럼 육체를 가지고 있는 동안은 하루 동안 태어나고, 죽기를 끊임없이 반복합니다. 여기에서 한 생각이 일어났다 소멸되는 것을 순간생사 혹은 찰나생사라 하고 저녁에 자고 아침에 일어나는 것을 하루생사라 하며 육체를 바꾸는 생사를 생사대사(生死大事)라 합니다.

이렇게 생사윤회를 끊임없이 반복하는 그 가운데서 세상에 미혹되지 않고 염불로써 깨어있기 위해 낮 동안 찰라생사 하는 속에서도 염불로써 맑은 정신을 유지해야 하며 하루 생사가 시작되는 아침에도 염불수행을 해서 마음을 맑히면 그날 하루가 수승하게 되고, 저녁에 다시 염불하면서 잠에 들어가면 밤새도록 염불 선정을 이어가게 됩니다.

사람이 평시에 염불을 열심히 하면 임종 시에 염불이 이어지게 되고 임종 염불이 이어지면 반드시 부처님을 친견하고 정토 왕생하게 됩니다. 이처럼 우리는 평시에 한결같이 염불하면 살아서는 온갖 변화 속에서도 수승한 복덕을 받게 되고 죽으면 부처님 가피로 정토에 태어나게 되니, 이보다 좋은 공부가 어디 있겠습니까?

이 세상에서 가장 중요한 일은 나고 죽는 일(生死大事)입니다. 좋은 인연을 가지고 태어나면 그 한생이 행복하게 되고 나쁜 악업을 가지고 태어나면 일생 동안 하는 일이 힘들고 어려움이 많아집니다. 그런데 좋은 기운을 가지고 태어나기 위해서는 살아생전에 바르게 살아야 하고 염불로써 마음을 잘 닦고 맑혀야 합니다. 그래야 임종 염불이 가능하고 임종 염불이 되어야 다음에 태어날 때 좋은 인연을 가지고 태어나게 됩니다. 결국은 우리가 평시에 염불을 열심히 할 때 이 모든 공덕이 이루어진다는 것입니다.

그러기 위해 생활 속에서 기도와 염불을 해야 하며, 평시에도 염불을 꾸준히 하면 저절로 선근의 힘이 증강하여 모든 악업을 소멸할 수 있습니다. 일 년에 두 차례 백일기도는 염불인연을 지어가기 위해 기간을 정해서 하는 수행입니다. 마치 일 년에 두 번 선원에서 하안거 동안거 정진하는 것과 같은 이치입니다. 여기 모인 불자들은 이번 백일기도부터 더욱 열심히 염불하시길 바랍니다.

불교 속에 있는 모든 수행법 가운데 염불수행이 가장 수승한 공부지만 세상 사람들은 잘 알지 못하고 있습니다. 그래서 여기 모인 불자들은 오늘 산승에게 이와 같은 법문 듣는 것을 매우 소중하게 생각해야 합니다. 왜냐하면 사람들이 모르면 평생 동안 쓸데없는 일만하고 허망한 업만 지을 뿐인데 바른 수행을 한다면 우리가 살아가는데 가장 가치가 있는 일이 되기 때문입니다.

세상 사람들은 현실세계에 집착하므로 지혜의 눈을 갖추기 어려워 부처님의 지혜로운 가르침을 잘 배워야 하고 실천해야 하는데, 오늘날 사회는 물질에 너무 빠져 있어 정신적 가치를 생각할 줄 모르므로 나이든 사람이 도리어 퇴보하여 철없는 짓을 서슴없이 하고 있습니다. 이 때문에 어릴 때부터 훌륭한 스승을 만나 정법을 배워야 합니다.

▶ **염불로 태교하면 훌륭한 자식을 얻게 됩니다.**

더욱이 어린아이에게는 어머니의 바른 지도가 절실하게 필요합니다. 왜냐하면 어머니가 아이를 잉태하여 지극하게 염불하면, 그 공덕으로 태어나는 아기의 정신이 맑아져 수승한 공덕을 갖게 됩니다. 그래서 임신한 산모가 염불을 하게 되면 더욱 효과가 있습니다. 이와 같이 어머니의 간절한 염불은 아이의 일생을 좌우할 정도로 영향을 주므로 젊은 보살들은 명심해서 잘 실천해야 됩니다.

염불은 후손에게 엄청난 복과 강력한 기운을 주는 것입니다. 그러므로 나이가 들어서 염불하는 것보다 엄마가 아이를 가졌을 때, 매일 아침저녁으로 1시간이라도 염불한다면 최상의 어머니가 될 것입니다. 이 때문에 염불태교가 아이에게 가장 좋은 영향을 주는 것인 줄 알아야 합니다.

그리고 임종을 위한 염불도 염불 태교 못지않게 중요합니다. 왜냐하면 명이 끊어질 때 정신을 잃을 정도의 수많은 혼란이 생기는데 이 때 염불을 열심히 하면 혼미하지 않게 되고 사후에는 정토세계에 태어나게 됩니다. 아무리 49재(齋)를 잘 지내주어도, 죽기 전 임종 염불보다는 못하다는 것입니다. 그것은 임종 전 염불이 다음 세상을 결정짓는 절대적인 요인이 되기 때문입니다. 마치 엄마의 태교염불이 아이에게 일생에 영향을 주듯이, 평상시에 한결같은 염불을 하게 되면, 임종 시에도 염불이 가능하게 되므로 염불은 젊어서부터 해야 하며 평시에 항상 염불하는 습관을 들이는 것이 중요합니다.

부처님의 팔만사천 가르침을 다 안다고 해도 염불을 하지 않으면 지식에 불과하고, 지식만을 가지고 삶의 풍요나, 임종을 좋게 하지 못합니다. 그러나 염불을 열심히 하면 마음이 맑아지고 마음속에 수승한 기운이 생겨나 모든 일이 최선의 결과로 이뤄지게 됩니다.

사람이 후천적으로 얻는 지식만으로는 인생의 삶에 있어 중요한 경계를 만날 때 진실한 도움이 되지 못하나 염불을 하게 되면 저절로 편안한 마음으로 마칠 수 있습니다. 그러므로 평시에 염불은 결정적인 순간에 흔들림 없이 좋은 결과를 만들어 내기도 합니다. 때문에 우리는 먼저 부처님의 가르침을 잘 배우고 닦아 유종의 미를 거두어야 합니다.

이제 불자님들은 오늘 산승이 말한 것을 명심해서 잊지 말기를 바라며, 부질없는 세상일에 더 이상 인생을 낭비하지 말고 일심으로 염불해서 좋은 성취가 있기를 축원합니다.
성불하십시오!

(2012년 11월)

8. 원효대사 증성게 강설

오늘은 날씨가 화창해서 참 좋습니다. 여기는 지대가 높아 봄은 늦고, 가을은 일찍 찾아와 어느새 겨울이 되었네요. 겨울답지 않은 좋은 날씨에 우리나라가 낳은 위대한 성인 원효대사의 증성게를 이렇게 설하게 되니 참으로 기쁘게 생각 합니다.

원효대사는 우리나라 뿐만 아니라 세계 불교 역사상 보기 드문 성인이며, 포교와 불사와 문장과 수행력은 어디에도 비교할 수 없을 정도로 독보적인 존재 입니다. 이처럼 한 사람이 여러 전문분야를 섭렵한다는 것은 부처님처럼 뛰어나지 않고는 불가능한 일입니다. 그래서 여덟 종파의 조사로 추앙 받는 대사는 흔히 저술이 천 권이고 창건한 절도 천 곳이라는 말이 있습니다. 이 때문에 우리나라 전국 방방곡곡에 원효대사께서 창건한 사찰이 제일 많은 것입니다.

경북 경산시 자인면에 원효대사께서 태어나신 곳이 있는데, 그곳을 불지촌(佛地村)이라고 합니다. 즉 부처님 땅이라고 불립니다. 원효대사는 우리나라 구석구석에 안 가신 곳이 없습니다. 산승은 어릴 때부터 원효대사를 가장 존경하였고, 마땅히 받들고 배워야 한다고 생각하였습니다. 왜냐하면 행자시절 발심수행장을 통해서 발심수행의 중요함을 깨달았으며 오늘의 내가 있기까지는 원효의 발심수행장의 영향이 너무나 컸기 때문입니다. 발심수행장은 비교적 짧은 글이지만 우리 마음을 발심 수행하도록 인도하는 아주 소중하고 감동적인 말씀들로 가득합니다.

일반적으로 한문에서 갈 지(之)자가 빠지면 문장을 구성할수가 없는데, 발심수행장에는 갈 지(之)자가 한 자도 안 나옵니다. 그만큼 뛰어난 문장으로 구성되어 있고 내용 또한 매우 감동적입니다. 이제 아미타불의 성품을 노래한 미타증성게(彌陀證性偈)라는 내용으로 강의법문을 하겠습니다. 이 증성게를 보면 선종의 종지에도 부합하는 위대한 선법문이라 할 수 있습니다. 원효대사는 극락세계 아미타부처님을 찬탄하는 글이 많이 있습니다. 특히 원효대사의 유심안락도(遊心安樂道)는 "마음이 극락세계, 즉 아미타부처님 계시는 정토에서 노닌다"는 뜻인데 산승은 20대 초반에 원효대사의 유심안락도를 어떤 인연으로 읽어본 적이 있습니다.

그전에는 막연히 극락세계라고 하면 어리석은 사람들에게 희망을 심어주기 위한 하나의 방편으로 알고 있었지만, 유심안락도를 읽고 난 후에는 정토세계에 대한 개념이 달라졌고, 큰 감동을 받았습니다. 원효대사께서 극락세계는 사실적으로 있으니 절대로 의심하지 말라고 말씀하셨습니다. 그리고 도솔천과 극락세계를 비교해서 극락세계가 얼마나 우수한가를 밝혔어요. 도솔천은 십선(十善)을 행해야 겨우 태어나는데, 도솔천은 수명이 4천세입니다. 인간세계 수명으로 환산하면 56억7천만년이 됩니다. 석가모니 부처님도 인간세계에 오시기 전에 도솔천에서 호명보살로 계시다가 인간세계에 내려오셨습니다. 그런데 원효대사는 그렇게 좋은 도솔천도 극락세계와 비교했을 적에는 엄청난 차이가 난다고 했습니다. 때문에 나는 원효대사의 말씀에 깊이 공감했고, 그 뒤로 정토계 경전을 많이 보면서 정토사상이란 우리가 단순하게 생각할 문제가 아니라 여기 깊은 이치가 있음을 깨우쳤습니다.

미타증성게는 원효대사가 아미타불의 성품을 읊은 게송인데 아미타부처님이라는 그 이름의 뜻을 풀이하면 무량수 즉, '한량없는 수명'이라고 할 수 있고 다음에 무량심이라고도 합니다. 대자대비(大慈大悲) 대희대사(大喜大捨)라는 네 가지 '한량없는 마음'을 뜻하기도 합니다. 미타심과 무량심은 같은 뜻입니다. 다음에 무량광이라고도 합니다.

'헤아릴 수 없는 광명'이라는 것은 부처님의 마음은 상대적인 마음이 아니고 절대적인 마음입니다. 절대적인 마음은 그 자리에 생멸이 끊어진 자리니, 그것을 절대라고 합니다. 거기에는 시간과 공간을 초월했기에 무량수라 하고 무량광이라는 것은 공간을 초월했다는 뜻이 있습니다. 이와 같이 시간과 공간을 초월한 자리가 바로 아미타부처님의 마음이요, 석가모니 부처님의 마음이요, 오늘 모인 대중의 본래 청정심이라는 걸 아셔야 됩니다. 이제 원효대사가 아미타부처님의 본래마음 도리를 읊으신 미타증성게1)를 간단하게 살펴보도록 하겠습니다.

본문

내왕과거구원세(來往過去久遠世)

지난 세월 오랜 옛 적에

유일고사호법장(有一高士號法藏)

한 높은 선비가 있었으니 이름이 법장이라.

해설

여기서 과거 구원세라는 것은 아주 오랜 옛적, 그러니까 석가모니부처님 훨씬 이전, 지금부터 십겁 전에 도를 이루셨기 때문에 오랜 옛적이라 했고, 법장스님이란 법명을 가지고 있었다는 것입니다.

고사라는 것은 높은 선비라는 말인데, 여기서 높다는 것은 세속적인 물질이나 명예를 추구하는 그런 형태가 아니라, 정신세계에 높고 고상한 이치를 추구하는 사람을 말합니다. 아미타부처님이 원래 법장이라는 이름으로 스님생활을 하였으므로 법장비구라고도 합니다. 법장비구로 출발을 해서 오랜 세월 수행을 하다가 아미타부처님이 되셨다는 뜻입니다.

본문

초발무상보리심(初發無上菩提心)

처음 큰 깨달음의 마음을 내어

출속입도파제상(出俗入道破諸相)

속심을 버리고 출가하여 도를 이루었네.

---

1) 본 미타증성게는 매우 귀한 자료로서 산승이 우연히 입수하여 지난 정기법회에서 법문한 것이니, 고요한 마음으로 보시고 염불과 정토에 대한 굳건한 신심으로 염불수행하시기 바랍니다.

해설

처음 위없는 보리심을 내셨다는 것은 그저 단순하게 내가 스님 생활을 좀 하겠다 이런 뜻이 아니라, 나도 부처님이 되어 보겠다는 그런 큰 원력을 내셨다 이런 뜻입니다. 그래서 위없는 보리심이라고 합니다. 정말 우리가 살아가면서 이 물질세계에서 이익을 구하지 않고 어떻게 위없는 보리심을 낼 수 있을까요. 만일 대장부라면 능히 발심하여 위없는 보리심을 낼 것입니다.

물질세계에서는 한계가 있기 때문에 영원한 것은 아무것도 없으니 허망하다고 합니다. 아무리 젊은 시절 그렇게 건강한 몸도 세월이 흐르면 마음대로 되지 않아요. 귀도 어둡고 눈도 어둡고 행동도 어둡고 살짝만 넘어져도 다리가 부러지고, 이와 같이 허망한 세상에서 어떻게 영원한 행복을 이룰 수 있을까요? 세속심으로는 결코 이룰 수 없습니다.

옛날에 훌륭한 사람들도 세속의 모든 욕락을 버리고 도를 닦기 위해 출가를 했던 것입니다. 보리심이란 이와 같이 영원한 가치를 이루기 위해 세속적 혼탁한 경계로부터 벗어나 걸림 없는 완전한 해탈을 이뤄보자는 것이니 위없는 깨달음을 일으킨 마음입니다.

옛 성인들도 세속에 살 때에는 그 분들 또한 세속적인 욕망이 없는 게 아니지만 큰 원력을 세우고 발심수행했기에 대 자유인이 되었던 것입니다. 육체를 가지면 누구나 다 탐 진 치 삼독심이 있습니다. 그리고 육체가 있으면 괴로움과 즐거움이 있기 마련이지만, 성인들은 그것을 모두 절제해서 깨달음을 이루었습니다.

출속입도파제상(出俗入道破諸相)이라, 처음 아미타부처님이 세속을 떠나 출가하여 모든 상을 깨뜨렸다고 하는 것은 여기 사연이 있습니다. 법장비구로 있기 전에 세속에서 장자로 살았는데 부인의 극단적인 이기심과 질투를 보고 세속을 떠나 불문에 들어와 모든 세속적 욕망과 상을 버렸다는 것입니다.

부처님이 되겠다는 큰 원력을 세웠으니 당연히 세속적인 욕망은 모두 버릴 수밖에 없겠죠. 욕망을 가지고 깨달음을 얻을 수는 없으니까요. 마치 물속에 들어가서 불을 구한다면 불을 얻을 수 없듯이 세속적인 욕망을 가지고 위없는 깨달음을 구할 수는 없는 것입니다. 도를 구한다면 욕망은 버려야 하고 욕망을 바란다면 도는 얻을 수 없으니 어느 것이든 하나를 택해야 되겠지요. 어차피 좋은 삶을 살고자 한다면 세속적 욕망으로부터는 자유로워야 합니다. 욕망에 끄달리는 사람은 업장의 장애를 면할 수 없으니 도를 이룰 수 없습니다.

부처가 되는 길!
이 길은 인류 모두가 마침내 가야 할 마음의 고향이요, 그 길이기 때문에 여기 선택의 여지가 없습니다. 그러므로 역대 성인들이 다 도를 닦아 부처가 되고 해탈을 이루었습니다. 우리도 언제까지나 중생의 몸으로 윤회의 감옥에 살 수는 없지 않겠습니까?

산승이 어릴 적에 초발심자경문을 배우고 간절한 발심을 했습니다. 내가 행자생활 하던 어느 날 관음전 뒤 계곡 가에 앉아 생각하기를 역대 성인들은 부지런히 수행하여 도를 이뤘는데 나도 이생에서 더 이상 물러서지 말고 기필코 도를 이루겠다는 마음을 내고 겨울동안 나름대로 준비를 한 다음 새싹 나오는 것을 보고 홀연히 바위굴로 도를 닦겠다고 가게 되었습니다. 이때 발심이 지금까지 나의 정신을 가질 수 있었던 원동력이라고 할 수 있습니다.

세속을 떠나 모든 상을 깨뜨리고…… 참으로 마음깊이 와닿는 말입니다. 발심이 되면 정말 눈에 보이는 게 없어요. 우리가 이생에 할 일은 이것뿐이구나, 이거보다 더 좋은 건 없다 그런 생각이 드니까 세속의 모든 걸 떠날 수 있고, 그것을 발심이라 할 수 있습니다.

본문
수지일심무이상(雖知一心無二相)
한마음에 두 모양 없음을 알고 있지만
이민군생몰고해(而愍群生沒苦海)
괴로워하는 중생을 가엾이 여기시고

해설
이 세상은 두 가지 상(相)을 갖고 있잖아요. 좋은 것과 나쁜 것, 또 가고 옴, 남자 여자, 음과 양 이와 같이 세상은 상대성을 떠나지 않습니다. 우리가 현실을 그러한 이원적 개념으로 보면 두 가지 모양인데 일심의 근원으로 들어가 보면 이 마음에는 두 가지 상이 없어요. 그러기 때문에 이 마음 가운데 나고 죽음이라는 이 두 가지 상을 떠나 있다 이렇게 보는 것입니다.

그래서 그것을 지무생사(知無生死), 즉 "생사 없음을 안다"고 하는 것입니다. 이 지무생사 단계가 화두를 타파한 경계에요. 화두를 타파하면 저절로 '생사가 본래 존재하지 않는구나'라고 알게 됩니다. 생사가 존재하지 않는다는 이치를 아는 것만 해도 굉장히 자유롭습니다. 지금까지 우리가 윤회에 속박된 그 고통을 이치상이나마 해결을 본 것입니다.

그래서 지무생사 단계에서 망상을 일으키지 않고 그 고삐를 놓치지 않고 계속 정진하면 마침내 증무생사(證無生死) 경지에 가게 됩니다. 즉 생사 없는 이치를 증득했다는 것입니다. 생사가 없는 이치에 증득하게 되면 저절로 용무생사(用無生死)가 되요. 용무생사가 되면 생사가 없는 이치를 쓸 수 있다는 것입니다. 즉 부처의 깨달음에 이르러 생사에 자재한다는 말이죠.

옛날 서산대사나 원효대사 같은 분들은 용무생사에 들어갔다고 할 수 있어요. 원효대사가 돌아가실 적에는 열 곳에서 죽음을 보였어요. 어느 절에서 "나는 인제 열반에 드노라" 하고 열반에 들어서 대중들이 다 장례를 치렀는데, 다른 곳에서는 돌아다니고 있거든요. 원효대사가 열반에 드실 무렵 열 곳에서 자유자재한 모습, 그게 바로 용무생사 단계니까 가능합니다.

서산대사는 한번 선정에 들어가면 석 달씩, 일 년씩을 밥도 안 먹고 숨도 안 쉬고 가만히 앉아서 삼매에 들어가서 있다가 선정에서 나오면 밥 한 그릇을 바로 먹게 됩니다. 우리가 만일 일 주일만 단식하고 있다가 밥 한 그릇 먹으면 죽습니다. 그러나 선정삼매에 들어가면 일 주일이 아니라 일 년을 있다 나와서 바로 밥 먹어도 상관이 없습니다.

한마음에 두 모양이 없는 줄 알지만 중생을 위해 방편을 세운다는 말은 이미 생사가 둘이 아님을 체득했지만 중생을 제도하기 위해 세상에 나와서 온갖 방편을 세운다는 뜻입니다. 불교에서는 일체유심조(一切唯心造)라고 합니다. 모든 것은 다 마음이 짓는다고 그러거든요. 우리 이 마음에서 두 모양을 짓고 세 모양을 짓고 온갖 모양을 다 짓습니다.

그러나 이 마음 가운데 분별심을 끊으면 이 마음에는 두 모양이 없어요. 그래서 법성원융무이상(法性圓融無二相)이라고 법성게에서 말합니다. 법의 성품은 원융해서 두 가지 모양을 떠났다는 이치, 그게 바로 본래 청정심을 말하는 것입니다. 우주와 자연의 성품이나 나의 본래 청정심이나 모든 중생의 마음이나 부처의 마음이나 차별이 없거든요. 우주의 마음과 내 마음이 둘이 아니기 때문에 법성원융무이상이라고 합니다.

본문
기육팔대초서원(起六八大超誓願)

사십 여덟 가지 서원을 세우시고
구수정업이제예(具修淨業離諸穢)
더러운 것 다 버리고 맑은 수행 닦았도다,

해설
비록 한 마음에는 두 가지 상이 없음을 알고는 있지만
중생들은 미혹에 빠져 여러 가지 허망한 괴로움을 받고
있으니 불쌍히 여겨서 제도하고자 마흔 여덟 원력을 세
우시고 맑은 생활하도록 방편을 베푸셨다는 것입니다.

법장비구가 처음 위없는 보리심을 발하고 난 뒤에 세속
을 떠나서 도를 닦으면서 모든 세속적인 욕망을 다 버
리고 도를 이루셨으니, 그 마음에는 이미 중생이니 부
처이니 하는 두 모양이 없지만 미혹한 중생들은 고통에
빠져 있으니 48대 원력으로 구제하지 않을 수 없는 것
입니다.

구수정업이제예(具修淨業離諸穢)라. 더러운 것 다 버리고
맑은 수행을 닦았네. 정업이라는 것은 깨끗한 업이라는
뜻인데, 우리가 이 세상에 살려니 번뇌망상 속에서 살
아가지 않습니까. 욕망의 세계는 왜 더러운가요. 진리를
멀리하고 혼탁한 세계에 빠져서 무한한 괴로움을 받고
있기 때문입니다. 그러나 중생들은 즐거움을 이룰 수
있는 법은 취하지 않고 고통이 될 짓만을 하면서 도리
어 즐거움을 구하고 있습니다. 이는 마치 숲속에 들어
가서 물고기를 구하는 것과 같고 물속에서 불을 구하는
것과 같은 것이니 즐거움을 구할수록 괴로움만 더할 뿐

입니다.

우리는 현실적으로 고통 받는 부분들이 너무 많습니다. 그 많은 고통들을 가만히 살펴보면 모두 우리들의 욕망에서 비롯됩니다. 그런데 즐거움을 얻으려고 하면서 자신의 나쁜 습관과 욕심을 버리지 못한다면 즐거움이 어떻게 올 수 있겠습니까? 즐거움의 반대로 행동하면서 어떻게 바라는 것을 얻을 수가 있겠느냐 이거죠. 그러기 때문에 깨끗한 업을 닦아서 모든 더러운 것을 멀리 했다는 겁니다. 즉 세속적인 욕망을 다 놓아버렸다는 뜻입니다.

본문
법계신상난사의(法界身相難思議)
진리의 모습은 알기가 어렵지만
적연무위무불위(寂然無爲無不爲)
고요한 거기엔 함도 없고 하지 않음도 없다.

해설
법계(法界)라는 것은 바로 우주와 자연의 진정한 참 모습을 말하는 것인데, 법계의 참 모습을 우리가 알 수 있겠습니까. 도를 통달한 사람만이 알겠죠. 일심의 이치를 알면 법계의 이치를 알게 되고, 법계를 모르면 일심을 모르게 돼요. 그래서 우리가 진리의 모습은 불가사의 하지만 그 바탕은 고요하여 하염없으나 하지 않음도 없는 것입니다.

도는 양변(兩邊)을 떠났기에 두 가지 모양이 아니라고 했습니다. 조금 어렵죠. 중국의 선종이 아직 우리나라에 전해지기 전에 원효대사는 선종의 어느 선사들의 법문과 비교했을 때 조금도 부족함이 없는 선의 이치를 보여주었습니다. 원효대사의 법문은 이와 같이 선종의 뜻에 부합되고 있는데, 요즈음 수좌들이 원효대사가 화두를 타파했느냐 못했느냐 이런 말을 하는 것은 참으로 어의가 없는 말입니다.

불교의 이치는 이 마음을 깨달으면 모든 걸 다 통달하게 돼 있어요. 마음을 깨닫지 못하면 고요하여 무위하다 해도 거기에서 살아나오지 못합니다. 그러므로 무위한 속에 일체 함이 있으니, 그것을 진공(眞空; 무위, 적멸) 묘유(妙有; 하지 않음도 없는 경계)라고 하는 것입니다.

"고요하여 무위하지만 하지 않음도 없다"는 여기에 중도가 있고 해탈이 있습니다. 고요하다는 것은 뭘 고요하다는 건가요. 마음이 비어서 일체 미혹심이 사라져 고요하다는 거예요. 여기서 말하는 고요하다는 것은 시끄러운 것에 반대 개념이 아니라 고요함과 시끄러움을 떠난 본질적 고요를 말합니다. 이 자리에 들어가면 고요도 시끄러움도 둘이 아닌 경계가 됩니다.

진정한 무위라고 하는 것은 하지 않음도 없는 걸 알아야 합니다. 하지 않음이 없다는 것은 정지되어 있는 것이 아니라, 일체 만법에 원융무애하다는 뜻입니다. 그래서 이(理)와 사(事)에 걸림이 없다고 말합니다.

본문
지이순피불신심(至以順彼佛身心)
저 부처님 몸과 마음 따르기만 해도
필불획이생피국(必不獲已生彼國)
틀림없이 극락세계 태어나지 않겠는가.

해설
이렇게 무위(無爲)하지만 하지 않음도 없는 이러한 경계에서 진정한 대자대비가 나와서 일체 중생을 제도한다는 것입니다. 이와 같이 거룩한 부처님을 의지해서 믿고 따르기만 해도 틀림없이 저 부처님세계에 태어나지 않겠느냐 하는 것입니다. 여기에서 부처님세계를 두 가지 측면에서 볼 수 있어요.

먼저 이(理)세계가 있는데, 이(理)세계란 '자성미타 유심정토(自性彌陀 唯心淨土)'의 도리를 말하는데 우리 마음 가운데 일체 번뇌와 미혹심이 끊어진 본래 청정한 그 자리를 유심정토라 하고 이 마음속에서 정토를 이룬다는 도리를 유심정토라 그럽니다.

그 다음에 사(事)정토가 있습니다. 사(事)정토는 아미타부처님의 48대 원력에 의지해서 만들어진 그런 세계입니다. 여기에서는 중생들이 사(事)정토에 태어나기 위해 몸과 마음을 부처님 따라 행하라고 하는 것입니다.

혹자는 말하기를 극락세계는 부처님의 방편으로 하신 말씀이지, 실제 존재하지 않다고 말하는데 사실은 그렇지 않습니다. 왜냐하면 정토법문은 석가모니부처님이 정토삼부경에 다 말씀을 했고, 마명보살 용수보살 원효대사 서산대사 나옹화상 외에 인도 중국 한국의 역대 큰 도인들이 다 한결같이 말을 했어요. 우리가 성인의 말을 믿지 않고 누구의 말을 믿어야 되겠어요. 부처님과 역대 조사들이 다 인정한 것들을 우리가 부정할 수 있겠습니까?

사바세계가 공(空)했지만 허망한 중생이 태어나 살아가듯, 극락세계 또한 염불수행한 중생들이 부처님의 48대 원력으로 왕생한 예는 고금 전기에 수없이 많으니 성인의 말씀을 의지해서 일심으로 염불수행 하기를 간절한 마음으로 권합니다.

미타증성게 끝에 일심으로 몸과 마음을 부처님께 의지하여 수행한다면 틀림없이 그 나라에 태어나지 않겠느냐 했으니, 여기 "틀림없다"는 것은 반드시 태어난다 이거죠. 몸과 마음을 부처님의 원력과 그 가르침을 믿고 의지하면 틀림없이 극락세계에 태어나서 생사윤회를 벗어나는 대자유를 이룰 수가 있다 이런 뜻이 되겠습니다.

여기 불자님들, 오늘 원효대사의 귀중한 미타증성게 법문을 믿고 열심히 염불하시길 바라면서 이것으로 원효대사의 미타증성게 법문을 마치겠습니다.

성불하십시오.

(2010년 11월)

정각암 3년 무문관 결사 때의 모습.

9. 발징화상의 권념문 법문(勸念文: 염불 권하는 글)

우리나라에서 최초로 염불을 가르치고 수행하신 큰 도인이 계셨으니 발징화상(發徵和尙)입니다. 화상은 신라 경덕왕 17년(서기 758년), 지금부터 1300년 전에 금강산 건봉사에서 염불수행 만일결사(30년간 출입을 끊고 염불정진하는 결사체)를 맺고 스님 31명과 신도 1,828명이 극락세계 왕생을 발원하며 결사정진에 들어갔습니다. 두 파로 나누어 1,000명은 염불정진하고 1,000명은 음식 등 외호를 하며 염불정진 했습니다. 염불정진을 시작한지 30년 들어서는 해 함께 정진하던 31명 스님의 육신이 허공으로 올라가 십리 떨어진 산꼭대기에 육신을 버리고 혼은 정토 왕생했으며, 그날 2,000명 대중의 꿈에 큰 배 한 척이 건봉사 입구까지 들어와 정진파 외호파 가운데 열심히 염불정진한 대중 1,000명은 배에 올라타고 정토왕생 했으며, 배에 올라타지 못한 1,000명은 부족한 염불을 더한 다음 3년 후 모두 정토왕생을 했다는 기록이 전해오고 있습니다. 지금도 31명 스님이 몸을 버린 곳에 육신등공사신지탑이라는 부도가 남아 있습니다.

이로 인해 발징화상은 우리나라 염불종의 시조가 되었으며 발징화상은 아미타불의 후신으로 존경을 받고 있습니다. 특히 아직 신라에 간화선이 전해지기 전이었지만 염불선의 근본을 밝히신 권념문을 보면 발징화상은 이미 염불수행으로 선종의 이치에 통달한 도인으로서, 어떤 선사들의 선 법문보다도 훌륭한 법문을 하셨습니다. 이에 오늘은 발징 화상 권념문(염불 권하는 글)을 주제로 염불법문을 하고자 합니다. 먼저 권념문 본문을 보시기 바랍니다. 산승이 본 문의 원본을 구하지 못해 통도사 경봉 큰스님 번역본을 참고 했으며, 문맥상 누락된 것 같은 부분과 본문의 뜻 전 달을 위해 보충했으니 참고 하시기 바랍니다.

이 마음이 곧 부처이며 이 마음으로 부처를 짓는다.
삼세제불이 모두 이 마음부처를 증득했고
육도 중생들이 본래 부처이나 미혹으로 인해서
바르게 염불하기를 좋아하지 않지만
지혜 있는 이는 깨달아서 성품을 보고 부처를 이룬다.
만일 한 생각 고요히 가지고 염불한다면
앉으나 누우나 항상 부처를 떠난 것이 아니고,
괴로우나 즐거우나 부처를 잊지 않는 것이다.
옷 입고 밥 먹는 것도 부처이며
있는 곳 모두가 다 부처의 작용이다.
움직임도 부처이고 고요한 것도 부처이며,
바쁜 것도 부처이고 한가로움도 부처이다.
옆으로 있는 것도 부처이고, 똑바로 선 것도 부처이며
생각생각이 부처이니 마음 마음이 부처이다.
손을 놓고 활발히 집으로 돌아가서 부처를 보라!
둥근 광명 성품자리에 있는 텅 빈 부처이다.
한 가지 한 생각을 돌이켜보면 이름이 부처이고
항상 머물러 멸하지 않음은 무량수불이며
법 보 화 삼신의 체성은 오직 한 부처일 뿐이다.

욕심과 성냄과 질투는 자기 부처를 상하게 되고,
주색잡기는 천진부처를 잃어버리게 되며,
너다 나다, 시비는 여섯 감관의 부처를 물리침이라,
한 생각을 돌리지 않으면 어느 곳에 부처를 구할까.
삿된 외도가 되어 부처의 도를 듣지 못하리라.
정녕히 서로 일심 염불하기를 권하여
마음 밖에 별스럽게 부처 찾기를 하지 말고
은밀히 빛을 돌이켜 자기 부처에 귀의할지어다.

상기 발징화상 권념문은 지금부터 일천삼백여년 전에 쓴 글이지만 부처님의 종지를 명확하게 밝힌 매우 뛰어난 명문으로 이러한 글은 깨치지 않고는 쓸 수 없는 글입니다. 때문에 아미타불 후신이라는 말을 들을 정도로 "유심정토 자성미타"라는 염불선의 핵심을 잘 보여주고 있습니다. 중국 선종 가운데 특히 간화선은 육조대사가 제자인 남악회향선사에게 시심마(是甚麼; 이뭣고)라는 화두를 처음 전했으나 크게 성행하지 못했습니다. 남악선사는 마조대사에게 간화선을 전했으나, 마조는 간화선 보다는 남악선사를 만나기 전에 신라스님인 무상선사에게 "마음이 곧 부처"라는 염불선을 배웠는데, 남악을 만나 큰 깨달음을 얻고 중국 선종을 크게 일으켰습니다.

마조대사는 남악선사에게 법을 받은 후 "마음이 곧 부처"라는 종지로 수많은 도인을 배출했기 때문에 선종의 비조(鼻祖)로 꼽을 정도입니다. 그런데 "마음이 곧 부처"라는 종지는 무상선사가 염불선의 종지로 항상 가르쳐 왔으니, 마조대사도 무상선사의 가르침을 계승했다고 볼 수 있습니

다. 그리고 마조대사와 동시대를 살아온 발징화상은 공간
적으로는 멀리 떨어져 있어 교류한 바가 없으나 발징화상
권념문을 보면 종지는 무상선사와 마조대사와 발징화상과
차이점이 없습니다. 우리나라 간화선을 최초로 전한 분이
신라 도의국사인데, 이분이 중국 마조대사의 제자 지장화
상에게 법을 인가 받고 와서 때를 기다리다가 염거선사에
게 법을 전했고, 염거선사는 보조체징선사에게 법을 전했
는데 이 보조체징선사로부터 간화선이 신라에서 꽃피우기
시작했습니다.

마조선의 핵심은 이 마음을 떠나서 따로 부처가 있지 않
으므로 '즉심즉불(卽心卽佛)'이라고 합니다. 즉 마음이 곧
부처라는 것입니다. 그런데 마조대사의 스승인 무상선사와
발징화상의 염불선 종지가 바로 마음이 곧 부처라는 것입
니다. 그러면 이 마음이 곧 부처라는 종지의 근원은 어디
에 있을까요. 관무량수경에 '시심시불(是心是佛)'이 나옵니
다. 즉 "이 마음이 곧 부처"라는 것입니다. 또 화엄경에서
도 "마음과 부처와 중생이 차별이 없다" 했으며 법화경의
일불사상도 뜻은 마음이 곧 부처라는 이치를 설하고 있습
니다. 불교의 핵심은 부처란 무엇인가 라는 것인데 이 뜻
을 대승경전에서는 잘 설하고 있으며, 이와 같이 마음이
곧 부처라는 도리를 직접적으로 실현하는 것이 염불선입니
다. 이 때문에 염불선은 불교의 종지와 부합되므로 선종
뿐만 아니라 불교의 모든 종파와도 상충되지 않습니다.

이렇게 염불선이 불교의 핵심이라면 염불수행을 통해 불교
의 정신을 실현해야 합니다. 선에서는 이 마음을 바로 관

하기 위해 간화나 묵조, 염불, 위빠사나, 천태지관, 주력 등을 하는데 그 중에서 염불은 이 마음이 곧 부처라는 뜻에 가장 충실한 수행이므로 옛 선사들은 많이 권장했던 것입니다. 그럼 어째서 염불이 가장 마음을 관하는 직접적인 수행인가요. 그것은 이 마음 관하는 것이 부처를 관하는 것이고, 부처를 관하는 것이 염불이기 때문입니다. 이렇게 이해한다면 염불의 근본을 바로 보는 것입니다.

중국 염불종의 4조이신 법조스님께서 전생의 수승한 인연으로 오대산 보궁에서 기도를 했습니다. 그곳에서 어느날 갑자기 특이한 체험을 하게 되었는데, 그 경계에서 문수보살님을 친견하게 되었습니다. 그때 법조스님이 문수보살님께 질문하기를 "말세의 어리석은 수행자입니다, 저에게 미묘한 법문을 해주세요." 라고 하자, 문수보살님은 "불교의 모든 수행이 한량없이 많지만 오직 일념으로 아미타불을 염송하라." 하셨습니다. 이때 법조스님은 속으로 생각하기를 불교의 팔만사천 수행이 엄청나게 많은데 하필이면 아미타불을 염송하라 했을까… 생각하면서 놀란 표정을 지으니, 문수보살께서 다시 이르기를 "모든 법 가운데 부처가 왕이다, 부처는 모든 법의 본질이다, 네가 부처를 생각하는 순간, 네가 부처가 되느니라. 세상에서는 임금이 최고이듯이 모든 법 중에 왕이 부처이니, 너는 이제 법의 왕을 항상 염하라. 그대가 만일 염불하면 곧 진리의 왕을 염하는 것이 되고, 부처가 되는 미묘한 법이다. 이 법문을 그대에게 주노니 잘 수행하고 널리 펴도록 하라."

공손히 가르침을 듣고 인사를 하고 돌아서보니, 홀연히 경계는 사라졌다고 했습니다. 그 이후에 법조스님은 염불을 열심히 해서 마침내 염불삼매에 들어가게 되었으며, 중국 염불종의 4대 조사가 되었습니다. 이렇게 염불하여 삼매를 체득하고 정토를 체험한 중국의 법조스님도 신라 발징화상과 동시대에 살았던 도인입니다. 법조스님이 문수보살에게 전수 받은 염불수행법이 칭명염불입니다. 이 칭명염불이 보편적으로 누구나 할 수 있는 염불로서, 법조스님은 그 이후 이러한 염불수행법을 널리 폈습니다.

염불에서 염(念)이란? 무망념지염(無妄念之念)이라, 망념이 끊어진 일념자리에서 아미타불을 부르고 비추는 것이니, 이것이 바로 자기 성품을 돌이켜 본다는 것이며, 염불수행의 본래 뜻입니다. 우리는 염불을 통해서 부처를 바로 볼 줄 알아야 합니다. 부처를 보는 순간 자기를 보게 되고, 자기를 바로 보는 순간 살아서는 절대적 행복을 이루게 되고 죽어서는 극락세계에 왕생하게 되기 때문입니다. 이와 같은 염불수행에 어려운 것은 없으며 오직 정성과 신심으로 염불하는데 요점이 있다고 보면 됩니다.

불교의 모든 수행은 궁극적으로 부처가 되고자 하는데 본래 뜻이 있습니다. 염불은 처음 부처님 명호를 통해 염불하지만 점점 맑아지면 바로 자성미타로 돌아가 본래 목적인 성불작조(成佛作祖) 하게 됩니다. 때문에 염불하는데 핵심은 염불을 통해서 자성을 돌이키는 것이라 할 수 있습니다. 마침내 '자성미타' '유심정토'를 체험하는 순간 자신의 마음고향으로 들어가게 됩니다. 그러므로 염불수행자는 이 마음정토라는 도리를 바로 이해하는 바탕에서 염불한다면 그 순간 염불의 근본을 체험하게 됩니다.

　옛 성인이 말하기를
**"홀연히 미타를 염하는 마음 일으키니
평지에 바람도 없이 저절로 파도가 일어나네.
생각생각이 사라져 무념이라고 하지만
무념 또한 많은 생각임을 어찌 알리오!"**

우리는 흔히 무념이라면 아무것도 일어나지 않는 고요한 마음이라고 생각할지 모르지만, 진정한 무념이란 생각 속에 생각 없음입니다. 중국의 유명한 육조대사가 말하기를 "나의 종은 무념(無念)으로써 종을 삼고, 무주(無住)가 체가 되며, 무작(無作)으로 작용을 삼는다." 했습니다. 여기에서 무념이 종이 된다고 했는데 무념이란 망념이 본래 없는 본래적 도리를 말합니다. 그래서 선종에서는 모두 무념으로 근본을 삼는다는 것입니다. 또 지음 없음으로 작용한다는 것은 작용에 어떤 상이 없다는 것입니다.

▶ 홀연히 미타를 염하는 마음 일으키니
여기서 홀연히라는 것은 무념을 말합니다. 즉 한 생각도 일어나기 전의 본래자리를 말합니다. 다시 말한다면 한 생각이 일어나기 전의 무념의 자리에서 아미타불 염하는 마음을 내니, 이것이 염불의 기본을 보여주는 게송입니다.

▶ 평지에 바람도 없는데 저절로 파도가 일어나네.
이 말에 염불의 묘용을 드러내는 뜻이 있습니다. 즉 바람도 없는데 물결이 일어났다는 여기에서 아미타불 일구를 드니 일천 강에 달이 비추지만 달은 하나이듯, 그렇게 염불의 체용(體用)이 동시에 나타난다는 뜻입니다. 이 말은 앞의 구에 대해 역설적으로 표현한 말입니다. 즉 시적 맛을 내면서 다시 한 번 근본 뜻을 반어법으로 들어 낸 말입니다.

▶ 생각생각이 사라져 무념이라고 말하나
무념 또한 많은 생각임을 어찌 알리오!

여기에서 무념을 근본으로 삼지만 무념이라 하는 순간, 이것 또한 생각의 범주에서 벗어나지 못했다는 말입니다. 그럼 어떡해야 참된 무념에 들어갈 수 있을까요? 오직 일념으로 염불하다 보면 저절로 마음이 고요해지고 일체 작용 속에서 흔들리지 않는 무심 무념을 체험하게 됩니다.

그런데 여기에서 "생각생각이 사라져 무념이라고 말하나" 했는데, 이 말은 단순히 생각이 없다고 해서 무념이라고 착각하지 말라는 뜻입니다. 왜냐하면 무념 또한 많은 생각임을 어찌 알겠느냐 이겁니다. 진정한 무념이란 생각 속에 생각 없음입니다. 만일 생각 없음으로 무념을 삼는다면 저 돌멩이나 나무그루터기도 무념이 될 수 있지 않을까요? 그러므로 무념이란 망념이 사라진 청정 본연의 경계이며, 이 바탕에서 나오는 이사무애의 경계라고 할 수 있습니다.

진정한 무념의 뜻은 자성과 계합되지 않으면 무념 또한 망념이 될 수 있다는 것입니다. 팔정도에 정념이라는 것이 있는데, 이것은 생각생각이 현상 경계에 떨어지지 않고 근본이라는 바탕에서 현상을 바로 보는 것을 정념이라 합니다. 이것을 다른 말로 알아차림이라고 할 수 있습니다. 알아차림을 삿띠라고 하는데, 염불에서 염은 삿띠에 해당하므로 부처님 명호가 끊임없이 생각생각 이어질 때, 부처님을 생각하는 염불, 알아차림 혹은 염불 위빠사나가 되는 것입니다.

또 염불선이 있으니 염불을 통해서 선의 경지로 승화되는 것을 말합니다. 즉 염불에 있어 염이란 부처를 생각한다는 말이니, 부처님 명호를 통해서 자성미타에 계합하기 때문입니다. 그러므로 염불은 팔만대장경의 골수요 만법의 근원이라고 하는 것입니다. 이처럼 아미타불 이 넉자 속에 팔만대장경의 핵심이 들어 있다면 우리는 염불을 통해서 무념에 들어갈 수 있습니다.

무념과 정념은 같은 뜻이니 불교의 모든 수행은 무념에 이르기 위함이라고 할 수 있습니다. 때문에 우리는 이와 같은 무념, 정념을 일으키기 위해 먼저 계, 정, 혜 삼학 가운데 계체를 완성해야 하고, 계체를 완성하기 위해 선정을 닦아야 하며, 선정에 들어가기 위해 계와 정을 함께 닦지 않으면 안 됩니다. 계와 정을 겸수하면 저절로 정지견이 나오며 그것을 정념 또는 무념이라 합니다.

근본적으로 계, 정, 혜 삼학이 다르지 않으므로 삼학을 고르게 가져야 하는 것입니다. 왜냐하면 바른 지혜는 정념에서 나오기 때문입니다. 정념을 알아차림이라고 할 수 있는데 바른 알아차림은 자성을 돌이켜보는 그 가운데 있습니다. 만일 자성미타를 돌이켜보지 못하면 부처님께서 말한 알아차림의 본질은 아니라는 것입니다. 그러므로 알아차림의 진정한 뜻은 바로 자성을 돌이켜보는데 있다는 것을 명심해야 합니다.

이 때문에 우리는 계체(戒體)를 완성하기 위한 부단한 노력을 해야 합니다.

그러나 계율 가운데 내적인 계와 외적인 계가 있으니, 내적인 계는 탐욕과 성냄과 어리석음이고 외적인 계는 오계 십계 등입니다. 이 가운데 계체가 안 생기면 정이 안 생기고, 정이 안 생기면 참된 지혜가 나오지 못합니다. 염불은 선정에 바탕을 둔 수행입니다. 따라서 염불을 지극하게 수행하면 저절로 삼학을 갖출 수 있습니다. 오늘날 같이 지식이 많고 분별심이 많은 시대는 반드시 선정위주의 염불수행만이 가장 효과적인 수행이 될 수 있습니다.

염불을 열심히 수행하면 저절로 세속적 욕망이 엷어져 마음이 고요해지며 여기에 정토왕생발원을 통해 마음의 대평안을 얻을 수 있습니다. 그러므로 염불수행은 어떤 근기라도 할 수 있으며 누구라도 칭명염불을 한다면 큰 공덕을 입을 수 있습니다. 능엄경에 이르기를 "부처님 명호를 열심히 외우면, 그 인연으로 다음 생에 또 부처님을 만난다." 했습니다. 이처럼 염불수행은 다음생까지 보장 받으니 이 얼마나 완전하지 않습니까. 만일 염불수행자가 계체를 바탕으로 아미타불을 일념으로 부른다면 이 생에는 도인이 되고 죽어서는 정토에 태어나게 되니 가장 이상적인 수행이라 할 수 있습니다.

염불할 때 생각생각이 지속되어야 하는데 그것을 억념(憶念)이라고 합니다. 즉 아미타불 이 넉자가 의식에 꽉 박혀야 됩니다. 일상적인 생활 속에 마음이 뺏기면 염불이 되지 않습니다. 그래서 아미타불 염불을 억념(부처님 명호를 기억하고 있는 상태)불망(잊지 않는 상태)해야 됩니다. 즉 입으로는 아미타불 하는데, 다른 생각을 하면 알맹이 없는 공부가 됩니다. 그러므로 염불하는 상태를 또록또록 지켜보는 것이 중요합니다. 우리들이 흔히 반복적인 행동으로 인해 관성이 생겨 무의식적으로 염불한다면 이것은 기계적인 반복이라 억념이 아닙니다. 분명하게 아미타불을 염하는 것을 의식하면서 염불할 때 염불삼매에 들어갈 수 있습니다.

중국 관정스님의 법문에 2회 염불을 하게 되면 자동으로 염불이 된다고 했는데, 여기서 자동적인 염불이라는 말은 염불이 생각 없이 저절로 된다는 것이 아니라, 염불일념이 이루어져서 염불을 억지로 하지 않아도 무의식 속에 자연스럽게 염불을 한다는 말입니다. 즉 말하거나 일을 하거나 움직이거나 자거나 속으로는 염불이 저절로 되는 상태를 말합니다. 행주좌와 어묵동정에 끊임없이 염불이 이어질 때 그것을 동정일여라 하고 동정일여가 계속되면 몽중일여가 됩니다. 만일 꿈속에서 아미타불을 계속 부르게 되면 오매일여가 됩니다. 그래서 염불도 이런 점에서는 공부 진행과정은 화두참선과 비슷하지만 수행하기는 쉽기 때문에 옛 사람들이 많이 권장했던 것입니다.

오매일여란 잠잘 때나 깨었을 때나 그 순간에도 염불이

된다면 그때부터 염불삼매라고 합니다. 염불삼매에 들어가면 유체이탈이 됩니다. 혼이 육체로부터 나와 순식간에 극락세계에 가서 아미타 부처님께 법문을 직접 듣고 올 수 있다는 것입니다. 옛날 우리나라의 큰스님들은 염불삼매에 들어 극락세계에 갔다 오신 분이 많이 있습니다. 만일 불자들이 이와 같은 염불삼매에 들어가려면 마음에 삼독심을 가지고는 염불삼매에 들어갈 수 없으니 먼저 세속적인 욕심과 아상을 버리고 계, 정, 혜 삼학을 잘 닦아야 합니다. 이와 같은 순수한 마음 바탕에서 일념으로 염불하되 부처님명호를 억념(憶念)하고, 그 억념을 바탕으로 칭염(稱念)이 되어야 합니다. 칭염(稱念)이란 일컬을 칭(稱)자에 생각할 념(念)자이니, '아미타불' 이 넉자를 부르면서 억념한다는 것입니다. 이렇게 억념(憶念)과 칭염(稱念)이 계속 이루어졌을 때 염불삼매에 들어갈 수 있습니다.

정토염불수행법은 우리의 마음을 바로 보게 하는 어떤 본질적인 의미가 있을 뿐만 아니라 생전에 도를 깨닫고 생사에 자재하는 도력을 갖출 수 있다고 했습니다. 여기에 관한 조사어록과 경전이 굉장히 많이 있지만 염불법문에서 핵심은 선에서 말하는 즉심즉불(卽心卽佛)입니다. 즉 "이 마음이 곧 부처"라는 것이니, 자성미타와 같은 말입니다. 이와 같이 염불은 마침내 자성미타로 돌아갈 때 도를 이루게 됩니다. 발징화상 권염불문도 이러한 내용이 핵심이라고 할 수 있습니다. 그러므로 상근기 염불행자라면 염불을 하되 밖으로 구하거나 찾지 말고 염불하는 놈을 비추면 마음이 곧 부처라는 자성미타로 돌아가게 되며, 이것을 무념이라 하고 정념이라고도 합니다. 그러나 일반적인 불자들은 오로지 모든 욕심을 내려놓고 일심으로 염불하면 저절로 무념에 이르고 염불삼매를 체득하게 되니, 열심히 염불하기를 간절하게 권합니다.

성불하십시오!

(2013년 봄 영주 대승사)

금강산 건봉사 염불수행자 31인 육신등공사신지탑

10. 간화선(화두선)과 염불선

❀ 화두선의 연원

오늘은 산승이 염불 특강에서 염불수행자들에게 참선의 근원을 말하고 다음 화두와 염불의 관계를 말하고자 합니다. 그 이유는 간혹 선(禪)하는 불자들이 산승에게 질문하기를 "왜 스님께서는 오래도록 선원장으로 계시면서 일반 불자들에게는 간화선을 가르치지 않는지" 궁금하다고 했습니다. 그래서 개인에게 일일이 말하기는 복잡하므로 오늘 염불특강시간에 '간화선과 염불선과의 관계'를 말하고자 합니다. 그럼 간화선의 유래는 어떠한지 먼저 말하고 뒤에 간화와 염불의 관계를 말하고자 합니다.

선종에서는 간화선의 연원을 삼처전심(三處傳心)에 두지만 부처님의 뜻이 어찌 삼처전심에만 있겠습니까. 부처님의 뜻을 깨우친 마하가섭 사리불 목건련 수보리 이 4대 제자와 십대 제자 오백나한 천이백 아라한 등 여러 제자에게 법을 전했습니다. 예를 들어 금강경을 설할 때에는 공의 이치를 통달한 수보리에게 마음을 전한 것입니다. 왜냐하면 금강경은 선종에서도 인정하는 중요한 경전이니 당연히 법을 수보리에게 전하지 않았겠습니까. 이밖에 여러 대승경전과 6부 니까야(경전모음집) 경전들도 제자에게 법을 전한 것이므로 삼처전심만을 주장할 필요는 없습니다.

그럼 여기에서 삼처전심이란 무엇인가요. 즉 세 곳에서 마음을 전했다는 것인데, 부처님께서 어느 날 법좌에 올라 설법할 때에 "가섭이여, 여기 올라오라." 하시면서 부처님 옆 좌석에 앉혔어요. 이것이 부처님께서 가섭에게 처음 마음을 전한 것입니다. 두 번째는 염화시중(拈華示衆)의 미소입니다. 부처님께서 나무 밑에서 설법하는 도중 나무에서 꽃이 부처님 가사자락에 떨어지자 그 꽃을 들어서 대중에게 보이시자, 가섭존자가 빙긋이 미소를 지었습니다. 이에 부처님께서 "나의 법을 마하가섭에게 전하노라." 말씀 하셨기 때문에 가섭존자가 부처님의 법을 받았다는 것입니다.

세 번째는 부처님이 열반하실 때에 제자들에게 말씀하시기를 "가섭존자가 오기 전에는 관을 화장하지 마라."고 하셨다는 것입니다. 그리하여 늦게 가섭이 도착하여 부처님의 관을 세 바퀴 돌고 나서 "부처님 어찌 이렇게 빨리 열반에 드셨습니까?" 하니까, 문득 관 두껑이 열리면서 부처님께서 두 발을 내보였다는 것입니다. 그리고 저절로 불이 일어나서 화장이 되었다고 했습니다. 이것이 세 곳에서 가섭에게 법을 전한 삼처전심의 내용입니다.

여기서 분명한 것은 부처님이 가섭에게 전법하고 법좌를 주셨지만 부처님의 법은 깨달은 자는 다 시공을 초월하여 법을 받는 것이니 너무 사자상승이라는 좁은 울타리 안으로 가둘 필요는 없습니다. 부처님 열반 후 1000년이 지나 육조대사가 조사의 법을 전해 받은 후 제자들 간에 전법을 상징하는 옷과 발우에 다툼이 일어나므로 의발전수제도를 폐지했던 것입니다. 여기서 중요한 것은 부처님이 어느 경전에서도 화두참구법을 설하지 않았다는 것입니다. 그럼 화두참구법의 시작은 언제 누구에 의해 창제되었을까요?

원래 화두참구법은 육조대사가 처음으로 남악회양선사에게 가르친 수행법입니다. 그래서 화두선의 시조는 육조대사입니다. 육조대사가 처음으로 남악회양선사에게 말하기를 "이렇게 온 물건이 무엇인고?" 하니, "모르겠습니다."라고 대답하자, "그러면 참구를 하라." 그래서 참구하게 되었는데, 이때 "이 놈이 무엇인고?"라는 '시심마(是甚麽 이뭣고)' 화두였습니다. 회양선사는 토굴에 가서 8년 동안 참구하여 깨달음을 얻은 후 다시 육조스님을 찾아뵈니까, 또 "이렇게 온 물건이 무엇인고?" 라고 질문했습니다. 그러자 "대사님! 한 물건이라고 해도 맞는 말이 아닙니다." 하니, "옳고 옳다!" 하고 인가 하셨다는 것입니다.

이와 같은 연유로 인해 남악회양선사는 그 이후 화두선을 가르쳤으며 남악회양선사 밑에서 마조스님이 나오고 그 밑에 백장스님, 그 밑에 황벽스님이 처음으로 '조주스님의 무자(無字)' 화두 참구하는 법을 가르쳤어요. 그래서 중국의 주굉스님은 황벽스님이 조주 무자 화두를 참구하게 한 것이 화두의 시발점이라고 하셨습니다. 즉 화두를 본격적으로 가르친 스님은 황벽스님이라는 거죠. 황벽스님은 육조대사의 증손이 됩니다. 황벽스님의 전법제자가 임제스님이고, 임제스님 이후 한참 후대로 내려와서 임제종에서 양기파와 황룡파로 나누어집니다.

황룡파는 그 당시 무심선(묵조선)을 가르쳤고, 양기파에서 화두를 가르치기 시작했습니다. 양기파에서 오조법연선사, 원오극근선사, 대혜스님에 와서 간화선(화두선)의 체계가 만들어졌던 것입니다. 그런데 대혜스님 이후 몇 대를 더 내려오다가 명, 청시대에 살았던 운서주굉선사, 감산덕청선사, 철오선사 등 화두로 확철대오한 후에 화두선을 버리고 염불선을 가르치므로 인해 중국에는 현재 염불선만 남게 되었습니다.

우리나라에서는 신라시대에 육조대사의 제자 청원행사스님에게 법을 받아온 도의국사가 처음으로 우리나라에 선법을 전했는데 그때 받은 선법은 달마선(묵조선)이며 그 이후 구산선문이 벌어지면서 달마선이 유행했으나, 고려 중엽까지 지리멸렬하게 내려오다가 보조국사가 육조단경과 대혜스님의 서장을 보고 간화선을 닦았으며 고려 말 나옹스님, 태고스님에 의해서 화두선의 정통이 생겨났습니다.

그 이후 조선중엽 서산대사 때까지는 화두선이 유행했고 서산대사 이후에는 다시 화엄선이 성행했으며, 아울러 염불선도 병행해오다가 조선말 경허스님에 의해서 다시 간화선이 중흥되어 오늘에 이르고 있습니다. 그러나 오늘날 같이 복잡한 시대에는 다양한 근기에 통용될 수 있는 수행으로 화두선 보다는 염불선이 바람직하다는 생각을 합니다. 왜냐하면 화두선으로는 이 시대 다양한 사람들의 근기에 부합하기 어렵기 때문입니다.

최근에는 남방의 위빠사나 관법을 전문으로 닦는 선원도

조금씩 개설되고 있으나 오랜 세월 참선 염불로 익혀진 한국불교에서 위빠사나는 수행방법이 생소하여 득력하기 어렵다는 생각이 듭니다. 왜냐하면 간화선과 염불선은 한 가지 주제를 가지고 집중하는데 위빠사나는 여러 가지를 관하므로 고도의 집중력을 갖기 어렵다는데 문제가 있기 때문입니다. 그리고 화두선이 어려운 것은 한 가지 주제를 가지고 참구하지만 거기 정밀한 의심이 되어야 하는데 오늘날 분별심이 많은 시대에 활구의심 자체를 일으킬 수 없으므로 근래 경허, 혜월 이후 100년 동안 확철대오한 선사가 나오지 못하고 있습니다. 그것은 요즘 분별심이 많은 시대에 화두는 근기에 부합하지 못하기 때문입니다.

뿐만 아니라 확철대오 후에도 보림을 잘하지 못하면 다시 번뇌에 물드는 경우도 있기 때문입니다. 예를 들어 중국에 간화선의 대종장으로 대혜스님을 꼽습니다. 요즈음 선원에서 대혜스님의 저술인 서장을 많이 강의하고 있지만, 대혜스님이 전생에는 화두선을 타파하고 조사 법인을 받은 운봉문열선사였습니다. 그러나 한 생을 바꾸면서 다시 미혹해서 어렵게 화두 타파했는데 그때 만일 원오극근선사를 만나지 못했으면 이생에 공부가 더욱 어려웠을 것입니다. 전생에 화두타파해도 생을 바꾸면 다시 미혹해서 도를 닦아야 합니다. 그리고 대혜선사의 제자 장구성이 정치인으로서 모함을 받아 대혜스님도 함께 8년을 질병이 창궐하는 지역으로 귀양가므로 인해 따라갔던 수많은 제자들이 질병으로 죽었으며 선사도 많은 고초를 받기도 했습니다.

이 밖에 중국의 유명한 선사 가운데 화두타파 한 이후에도 업력의 장애에 휘말린 선사들도 종종 보입니다. 전등록에도 나오는 해인신선사는 선종의 인가를 받고 선원을 열고 대중을 가르쳤으나 마음속에 애욕을 끊지 못해 어느 신도집 딸로 태어나 많은 선사들이 한탄했다는 말이 있습니다. 그러므로 생사자재는 단지 화두타파 했다고 해결 되지 않는다는 것입니다. 그래서 화두타파해도 오랜 세월 보림해야 하며 신심과 원력과 투철한 안목과 선정 지혜를 갖추지 못하면 누구도 자신할 수 없는 일입니다. 경에 이르기를 부처님께서 사리불은 지혜제일이지만 애욕에 휘감기면 공부가 송두리째 뽑힐 수 있으며 입태 출태에 미혹할 수 있다고 했습니다. 이 때문에 소승 나한은 인간에 태어남을 거부한다고 했습니다.

오늘날 선근도 없고 산란한 시대를 살아가는 현대인들은 근기는 날카롭지만 나약한 정진력으로 생사에 대적할 수 없으며 육추망상도 다스리지 못해 종일 번뇌에 시달리는데 화두에 의정이 일어날 수 없겠지요. 억지의심도 되지 않는데 활구의심이 가당하겠습니까. 활구는 마음이 쉬어 무심하지 않으면 일어날 수 없는 가장 정밀한 공부입니다. 마음 쉬는 공부가 되지 않으니 분별시비만 늘어나고 업력은 더욱 증장할 뿐입니다. 깨달음은 요행으로 일어나지 않으며 화두는 실참실수가 되어야 하는데 오랜 세월 구두선과 의리선으로 다져진 아상은 천하무적인데 무슨 지견인들 나겠습니까. 산승 또한 내 수준에서는 열심히 정진했으나 근기가 낮아 옛 선사들과 같은 수행을 이루지 못했으니 참으로 부끄러울 뿐입니다. 다만 산승은 나의 허물을 알기에 아직까지 정진의 마음을 놓지 않고 있을 뿐입니다.

화두선의 전성기는 임제종 양기파에서 가장 많은 도인이 배출되었으며 대략 중국 송나라시절이라고 보면 됩니다. 그 이후 원나라 때부터 쇠약하고 명나라 청나라 시절에는 거의 특출한 선사가 없으므로 염불선이 성행하게 되었습니다. 아무리 화두선이 특출하다고해도 근기가 따라주지 못하면 도리어 부작용이 생겨 공부가 진전될 수 없고 수행의 증과를 기대할 수 없습니다. 이 때문에 명, 청시대에 선사들이 화두를 버리고 염불선을 선택했던 것입니다.

이것은 자연스런 일이며 시대정신에 따라 지혜로운 선사들이 중생을 위해 법을 편 것입니다. 오늘날 같이 산란한 시대는 선정위주인 염불선이 중생근기에 맞으며 지혜 위주인 화두는 이미 명, 청 시대를 거치면서 쇠락하게 되었습니다. 때문에 조계종이 발전하려면 대중은 염불선을 하고 큰 발심을 한 최상근기는 수행환경이 갖추어진 특별 수행처에서 깨달음을 얻기 전에는 산문을 나서지 못하게 하고 3년 내지 6년 10년을 단계적으로 정진하게 해준다면 도인은 나올 수 있으리라 생각합니다. 때문에 화두선이 대중화는 화두선의 타락을 불러올 뿐이라는 사실을 깊이 생각해야 할 것입니다. 다만 일반 대중은 염불선으로 수행한다면 한국불교는 크게 중흥되고 인재도 많이 나올 것입니다. 왜냐하면 염불선은 대중화 될 적에 더욱 효과적이기 때문입니다.

산승이 생각하기를 이 시대에는 염불선을 중흥하는 것이 바람직하다는 생각을 합니다. 왜냐하면 불교의 모든 전문적인 수행이 한계에 부딪치게 되면 대안으로 염불선이 나타나게 됩니다. 왜냐하면 다른 수행은 부작용이 있지만 염불선에는 부작용이 없을 뿐만 아니라 오히려 불심을 증장시켜주는 효과가 있기 때문입니다. 그래서 염불선은 어느 시대 어느 근기에나 상관없이 닦을 수 있는 공부라는 것이 가장 큰 장점입니다. 특히 말세가 되면 근기들은 날카로운데 마음은 박약하여 화두선으로 그 병폐를 다스리기 어렵기 때문입니다. 그러므로 말세에는 염불수행은 더욱 빛을 발할 수 있습니다.

화두선은 지혜를 먼저하고 선정을 뒤로하기(先慧後定) 때문에 오늘날 중생에게는 맞지 않습니다. 모든 수행은 중생들 근기에 부족한 것을 보완해서 나아가야 하는데, 여기에 가장 적절한 방법이 염불선이라는 것입니다. 왜냐하면 염불은 선정을 먼저하고 지혜가 뒤(先定後慧)에 오므로 오늘날 지식이 충만한 중생들에게 그 지식병을 치료하고 안정을 줄 수 있기 때문입니다.

한때 염불이 하근기 수행이라고 무시 받을 때가 있었는데, 그것은 일제시대에 대처승들이 5회 염불수행을 위해 북과 꽹과리, 장고를 가지고 염불을 하니까 신성해야 할 염불수행이 이상하게 보였기 때문입니다. 요즈음은 상근기 사람들이 염불선을 닦으므로 이제 염불선은 이 시대 대승불교 수행자들에게 가장 좋은 수행으로 인식되고 있습니다. 만일 간화선의 특징을 수행하기 위한다면 처음에는 염불선을 닦아 근기를 향상시킨 후 최상근기가 되었을 때 화두선으로 마지막 단계의 공부를 한다면 가장 효과적인 수행이라 할 수 있습니다. 때문에 화두선은 최상근기가 되기 전에는

도움이 되지 않으므로 결코 대중화 하지 말아야 한다는
것입니다.
성불하십시오.

(2013년 3월 17일 영주 대승사)

삼계를 초월한 극락성불학교의 수행환경

우리 부처를 배우는 사람들이 알 듯이
오도悟道하여 성불成佛하기가 이렇게 어려우니
지름길(정토법문)을 가는 것만 같지 못합니다.
염불공부를 잘 해 가십시오. 자신이 윤회 가운데서
길을 헤매지 않도록 나무아미타불을 염불하여
극락세계에 왕생하십시오. 극락세계에 갔다고
결코 이미 성불한 것은 아닙니다. 유학을
잘 가는 겁니다. 그곳 환경에서는 제불 보살이
수시로 설법하십니다. 학비도 낼 필요 없고
비바람도 없습니다. 얼마나 좋고 편리합니까,
이 문제를 반드시 분명히 알아야 합니다.
1, 2천년 이래로 참선을 배운 많은 사람들이
수지受持 공부가 높은 경지에 이르지 못하여
결국은 역시 생사윤회 속으로 들어가지
않으면 안 되었습니다.
-남회근 거사, '유마경강의'중에서

南無阿彌陀佛

11. 염불 권장하는 게송

염불에 관한 경전은 근본불교에서부터 대승경전에 이르기까지 많이 설해져 있습니다.

근본불교에서는 증일아함경과 잡아함에 염불 법문이 설해져 있고, 대승경전에는 더욱 많은 경전에 설해져 있습니다. 대표적인 경전으로 아미타경, 관무량수경, 무량수경, 반주삼매경, 문수반야경, 능엄경, 화엄경 등이 있으며, 인도, 중국, 우리나라, 일본, 티벳 등 대승 불교권 지역에는 전통적으로 염불수행을 권장한 도인이 많이 있습니다.

오늘 염불특강 둘째 시간에는 옛 스님들의 염불에 대한 감동적인 게송들이 있는데, 그 중 몇 개를 골라서 산승이 읽으면서 뜻을 전달하고자 합니다.

♣ 중국 주굉스님의 게송

물 맑히는 구슬을 탁한 물에 던지면
탁한 물이 맑아지지 않을 수 없듯이
부처님 명호를 어지러운 마음에 던지면
어지러운 마음이 부처 아니 될 수 없네.

♣ 옛 시에 이르기를…

걸을 때 아미타불 염불하기 좋으며
한 걸음에 한 부처님 염하니

걸음마다 정토에 노닐고
생각마다 사바세계 떠나네.

꽃구경 버들 구경에도 돌이켜 염불하고
산과 물을 만나도 염불 막지 못하니

아미타불 극락세계에 왕생하며
시방세계 오고감이 자유롭구나!

♣ 옛 시에 이르기를…

머물 때 염불하며 몸을 살펴보니
육체 가운데 참됨이 없구나.

나와 아미타부처가 둘이 아니니
밝은 달 아래 그림자 더하여 모두 셋이구나.

빈 방은 점점 허물어져 머물기 어렵고
정토는 멀리 있으나 오히려 왕생하기 쉽구나!

어느 때에 매미같이 허물 벗고
연화대에 올라 금빛 몸을 얻을까?

해설 : 항상 일상생활에서 아미타불을 염하니 산을 보아도 산에 걸리지 않고 물을 보아도 물에 걸리지 않으니, 산과 물이 나의 염불을 막지 못한다고 했습니다. 왜냐하면 강을 건너가면서도 염불을 하고, 산을 넘으면서도 염불을 하니, 염불하는 마음을 아무도 막을 수가 없다는 것입니다. 그래서 극락세계에 가는 것이 마치 매미가 허물을 벗듯 어느새 염불을 통해서 연화대에 올라 금빛 몸(부처님)이 될 수 있을까 하고 염원하는 것입니다.

♣ 옛 시에 이르기를…

앉을 때는 가부좌하신 부처님을 관하니
몸은 연화대에서 꽃으로 피어나네.
백호의 모습도 생각 따라 선명하고
금빛 얼굴 나타나 마음과 부합하네.
현상은 꿈과 같아 그 근원이 공적하나
이치는 원융하여 유무가 없네.
어느 때 거룩한 연화대에서
부처님 발 아래 머리 조아려
부처님의 마정수기 받을 수 있으리.

해설 : 염불하는 그 상태가 공(空)과 적(寂)을 초월하고 유무를 초월해서 부처님께 수기 받을 수 있겠느냐는 뜻입니다.

♣ 옛 시에 이르기를…

누워서 염불 할 때는 소리 내지 말고
숨 쉬는 가운데 부처님 명호를 이어가네.

베갯머리에 맑은 바람이 불어오니
가을이 만 리이고

침상 위로 명월이 비치니
깊은 밤 상경일세.

티끌 같은 번뇌 끊기 어려우나
오직 꿈에서는 연화대를 쉽게 보네.

꿈속에 부처님을 뵈오니
깨어서는 더욱 분명하구나.

늙어서 도를 배운다 하지 마라
저 많은 무덤에는 젊은 사람도 있다.

해설 : 염불수행을 통해서 이미 불보살을 친견하고 있다는
그런 뜻입니다. 젊어서 죽는 사람도 많으니, 염불을 늙어
서만 하는 것이 아니라는 뜻입니다.

♣ 옛 시에 이르기를…

여러 현자들에게 권하노니 빨리 수행하라
세월은 화살 같아서 머물기 어려우니
춥고 더움 번갈아 가면서 늙음을 재촉하고
청년이 머리 희어짐을 깨닫지 못하네.
걸을 때도 아미타불
앉아서도 아미타불
날아가는 화살 같이 바쁠지라도
아미타불 염불을 그만두지 않네.

해설 : 우리도 열심히 염불 하자는 뜻입니다.

♣ 옛 시에 이르기를…

한 마리 신령한 구관조
스님의 아미타불 염송을 따라 부르네.

죽어 땅에 묻힌 뒤 연꽃을 피웠는데
사람이 어찌해서 새보다 못하리.

병이 나서야 이 몸이 고통인 줄 알았고
건강할 땐 모두 쓸데없는 일만 했다네.

황금은 오래도록 가질 수 없고
붉은 해는 이내 석양 되듯이

세상만사 모두 꿈과 같으니
아미타불 염불보다 나은 것 없네!

해설 : 구관조는 앵무새라고 보면 됩니다. 옛날 어떤 스님이 신도 집에서 키우는 앵무새를 보면서 "나무아미타불 나무아미타불 나무아미타불~ 이렇게 하면서, 너 이렇게 염불 많이 해라."고 하자 그 뒤로 앵무새가 나무아미타불을 계속 부르다가 어느 날 죽었습니다. 주인이 양지 바른 곳에 곱게 묻었는데, 그 자리에 방광이 되어서 다시 땅을 파 보니 구관조 입에서 방광이 계속 나왔다는 이야기입니다.

▶황금은 오래도록 가질 수 없고
　붉은 해는 이내 석양 되듯이
황금이 아무리 좋다고 해도 백년 미만에 필요 없는 것이 되고 해가 떴다가 이내 지듯이, 지는 것은 결국에는 나의 목숨을 앗아간다는 뜻이 되겠지요.

▶병이 나서야 몸이 고통임을 알았고
　건강할 때는 쓸데없이 바쁘기만 하였네.
사람들은 병이 안 생기면 노느라고 정신이 없고 결국 병이 나서야 몸둥아리가 괴로움의 덩어리라는 것을 알았다는 것입니다. 그러니 건강할 때 열심히 염불하지 않으면 안 된다, 몸이 아프고 늙고 병이 들었을 때 염불하는 것은 늦었다는 것이죠.

♣ 원영 굉오대사가 이르기를…

백년의 세월을 얼마나 살 수 있는가?
그대에게 권하노니 빨리 아미타불을 염하라.
오탁의 사바세계를 탐하지 말지니
극락 연꽃 세계가 참으로 수승하니라.

해설 : 참으로 간절하게 염불수행을 권장하였습니다.

♣ 옛 성현이 이르기를…

한 구절 아미타 염불 오십년에
분명하게 땅을 파고 푸른 하늘을 정벌했네.
이제 참된 소식 얻으니 좋기도 하구나!
깊은 밤 종소리가 객선(客船)에 이르렀네.

해설 : 아미타불 염불한 지 오십년 만에 겨우 하늘과 땅을
초월했다는 거죠. 천지를 뛰어넘는 소식을 얻었다는 것은
부처의 세계를 보았다는 뜻입니다. 아미타불 소리를 통해
서 부처님의 소식이 나에게 전해오고 있다는 이런 뜻이
됩니다.

♣ 옛 시에 이르기를…

수행은 돛이 없는 배와 같으니
잠시 돛대를 놓으면 떠내려가네.
만약 열심히 삿대를 젓지 않는다면
어느 때에나 저 언덕에 닿을까?

해설 : 수행도 강물에 배를 띄워놓고 노를 부지런히 저어서 가야하듯이, 열심히 수행하지 않으면 부처님의 세계로 못 간다는 뜻이니, 부지런히 노력하는 자세가 필요합니다.

♣ 옛 시에 이르기를…

봄날에 푸른 버들가지 잠깐 보이더니
어느새 가을바람에 국화가 누렇게 변했네.
영화는 간밤에 꾼 꿈과 같고
부귀는 9월에 내리는 서리 같구나.
사람 몸 얻기는 어려우나 잃기는 쉬우며
좋은 때는 가기 쉬우나 따르기는 어렵네.

해설 : 이렇게 무상하니 좋을 때 염불 많이 하라는 뜻입니다.

♣ 선도화상의 계송

옥 같은 피부도 어느새 검어지고
검은 머리는 이내 백학이 되었네.
걸음은 이리 저리 비틀거리고
말을 함에 더듬거리는구나.
집안에 금과 옥이 가득하여도
어떻게 늙고 병듦을 막을 수 있나.
그대 갖가지 쾌락을 누린다 해도
죽음은 마침내 찾아오게 되나니
오직 일념으로 염불하라
이것만이 영원한 보배가 되네.

해설 : 중국 염불종의 큰 조사이신 선도대사께서 눈물겹도록 간절하게 염불 권하는 계송입니다.

♣ 나옹화상 염불게송

깊고 고요하여 뜻이 더욱 깊나니
묘한 그 자리 누가 감히 헤아릴 수 있으랴.
앉고 눕고 가고 옴에 다른 일 없고
마음 가운데 일념미타 가장 당당하구나.

자성미타 어느 곳에 있는가
언제나 한결같이 잊지 말지니

어느 날 갑자기 생각마저 잊으면
하는 일마다 부처 아님이 없네.

아미타불 생각할 때 틈이 없다면
생각생각 오로지 미타일념이 되네
하루아침에 망상이 끊어지고 무념이 되면
동과 서가 털끝만큼도 간격 없으리.

사람들이 고향 길을 잘못 들어가기에
산승이 간절하게 일러 주나니
문득 생각 실마리 놓아 버리면
하늘 땅이 바뀌고 꽃향기 진동하리.

생각생각 잊지 말고 스스로 지녀
아미타불 일념으로 가질 지니라
하루아침에 문득 정이 끊어지면
종횡으로 어디에나 걸림 없으리.

아미타불 계시는 곳 어디인가
마음속에 그리워하되 잊지 말지니
마침내 생각이 무념처에 이르면
눈앞에 아미타불 분명하리라.

몇 겁이나 괴롭게 윤회했던가
금생에 인간으로 태어난 것 다행이어라
권하노니 그대들 항상 아미타불 생각하고
한가히 놀다가 좋은 때 놓치지 말라.

육도에 윤회하기 그 얼마든가
다시 윤회에 떨어질 것 생각하니 근심스럽다
오직 일념으로 부지런히 염불하여
세상 번뇌 떨쳐내고 본고향(극락)에 돌아가소.

해설 : 선종의 큰 도인인 나옹조사께서 간절하게 염불수행 가르친 모습이 눈물겹게 느껴집니다.

♣ 성암대사의 염불왕생게

몸은 연꽃 가운데 부처님 앞에 나타나고,
부처님의 광명이 금빛 연꽃에 비치네.
몸은 부처님을 따라 왕생하였으나,
가고 옴이 없는 일이 완연하네.

해설 : 중국 화두선의 큰 도인인데, 이분이 화두를 타파한 뒤에 평소 염불을 열심히 했는데 마지막에는 염불을 하다가, 열반에 들기 직전에 대중들을 모아놓고는 위의 게송을 쓰고 열반에 드셨습니다.

▶ 몸은 연꽃 가운데 부처님 앞에 나타나고
부처님의 광명이 금빛 연꽃에 비치네.
몸은 부처님을 따라 왕생하였으나,
가고 옴이 없는 일이 완연하네.

부처님 따라 극락세계는 갔는데, 그것은 간 것도 아니고 온 것도 아니다. 왜냐하면 중생의 경계는 가고 옴과 시간과 공간이 있으나, 부처님 따라 왕생하는 경지에는 가고 옴이 없는 가운데 왕생한다는 말입니다. 이 순간에 한 생각을 바꾸므로 이 자리가 바로 정토요 극락세계라는 것이니, 이 경계에 들어가면 극락세계 상품에 태어난다는 말입니다. 그러나 깨달음을 이루지 못하더라도 염불은 누구나 할 수 있고 만 중생이 다 닦을 수 있는 수행법이니, 어찌 이 염불수행을 멀리할 수 있겠습니까.

♣염불 일구를 권하며

백가지 천가지 계책을 가지고
이 몸을 위해 애를 쓰지만
티끌 같고 물거품 같은 이 몸이여!
어디에도 믿을 것 하나 없구나.

내 이제 그대에게 미타일구 권하노니
생각생각 아미타불 무한기운 생겨나고
한 생각 염불은 천하제일 묘방(妙方)이라
몸과 마음 안락하고 생사를 뛰어넘네.

해설 : 상기시는 산승이 지은 염불법회법문서시입니다. 산승의 염불법문을 잘 들어보면 그 속에 선의 종지가 있으니, 우리는 염불을 통해서 자신의 근본 성품을 바로 볼 줄 알아야 합니다. 이것이 불교수행의 핵심이라고 할 수 있습니다.

성불하십시오.

(2013년 3월 17일)

下篇 : 정기법회 법문

1. 새로운 시작을 위하여

♣ 조사전 무문관결사에 들어가며

수도산 골짜기에 찬바람이 불어오니
온 산의 나뭇가지 본체를 보이는데

나 또한 모든 일 내려놓고
고요히 결사에 들어가고자 하노라.

홀연히 지난날을 돌이켜보니
잎은 사라지고 본체만 남았도다.

일찍이 불문에 들어와 삼장(교학)을 보았고
오랜 세월 선원과 토굴에서 고행했으며

소임을 보면서 교화의 문 열었고
때로는 자연을 읊다가(詩) 법문도 했었지.

이제 모든 것 내려놓으니
천만 가지 모든 일이 아득하게 느껴지고

홀로 조사전 결사에 들어가니

산도 물도 옛 모습 그대로이네.

그대 동학(同學)들에게 권하노니
현실 그대로 묵연히 대하고

경계 대하는 자신을 본다면
모든 허물에서 벗어나는 길 있으리.

좋은 일과 나쁜 일 피할 수 없으니
여기 분별심 두지 않는다면

어떤 일도 마음에 걸릴 것 없고
하는 일마다 연꽃이 나타나겠지

마음속에 시비와 분별심 두지 않으면
이미 자기 집에 돌아온 줄 알게 되리라.

산승이 오늘 무문관 결사에 임하면서, 결사의 정신과 수행의 정신을 이렇게 읊어보았습니다. 오늘은 10월 보름이라, 전국 선원에서 일제히 겨울정진 안거가 시작되는 날입니다. 불자님들도 스님들의 결제에 맞추어 겨울정진이라는 이름으로 석 달 동안 기도를 하리라 생각됩니다. 이번 겨울안거에도 정진을 위해 많은 스님들이 오셨고, 특히 산승이 무문관결사에 들어가는 의미 있는 날이기도 합니다.

과연 수행이란 무엇이기에 옛부터 수많은 스님들이 목숨을 걸고 정진할 수밖에 없었던가요? 그렇게 수행하지 않으면 안 될 특별한 이유가 있는가요? 사실 모든 것이 수행이라 하지만, 그것은 수행의 완성 단계에서 하는 말일 뿐 보리심을 발해서 원력을 가지고 수행하는 사람에게는 분명하게 결계(結界)를 가지고 수행하지 않을 수 없습니다. 이에 산승은 석 달 안거로는 많이 부족하기 때문에 무문관 결사를 하게 되었습니다.

우리 불자님들도 본분사를 향한 간절한 기도가 있어야 합니다. 그렇게 할 때 마음의 근원적인 힘이 생기고 거기에 따라 세속적인 모든 일도 원만하게 이루어져 갑니다. 그럼 무엇이 불자님들의 세속적인 본분사인가요? 이 또한 마음 닦는 일입니다. 마음 닦는 여기에 만 가지 이치가 포함되어 있습니다. 염불수행을 일심으로 하면 마음에 무한한 기운이 생기고, 그 기운이 충만할 때 만 가지 이치를 거두게 됩니다.

그래서 달마대사께 혜가라는 제자가 질문을 합니다.
"왜 수행을 해야 하며, 그 핵심은 무엇입니까?"
"달마대사께서 답하기를 "관심일법(觀心一法)이 총섭제행(總攝諸行)이다. 마음 한 법 관하는 것이 모든 행을 거둔다."라고 했습니다.

이 마음은 만 가지 법의 근본입니다.
마음을 떠나서는 만 가지 법을 따로 이야기할 수 없습니다. 왜냐하면 우리가 마음으로 현상을 볼 때에 세상은 존재하지만, 우리가 마음을 가지고 있지 않다면 나타나는 온갖 현상경계가 아무런 의미가 없습니다. 만일 모든 경계가 이 한마음의 분별심으로 존재하는 것이라면 우리는 이 마음을 통해서 진정한 해탈을 얻을 수가 있습니다.

옛 스님들은 이러한 마음의 근원자리, 도(道)의 정신을 깨우치고자 부단히 고행을 했고, 수행을 했습니다. 역대 모든 도인들도 인생문제를 해결하고자 산속으로 들어가서 처절한 고행을 했습니다. 그러나 우리들은 현실에 끄달려 있기에 도(道)를 보지 못하고, 물질에 끄달려서 방황하는 삶을 살아가고 있습니다. 그러므로 수행은 스님들만의 전유물이 아니라는 것입니다. 왜냐하면 누구나 인간이 가지고 있는 고통이나, 어려움에서 벗어나고자 하는 마음은 있기 때문입니다.

그 모든 어려움에서 벗어나려면 어떻게 해야 되는가요? 거기 마음 닦는 수행에 있다는 것입니다. 스님이든 세속인이든 선택의 여지없이 마음 닦는 수행을 해야 하는 것입니다. 다만, 세속인들은 현실에 처한 여러 가지 일들을 함께 해결하면서 수행을 해야 되겠지요.

아무리 세속인이라도 명예나 이익을 위해서 일생을 보낼 수는 없는 일입니다. 때문에 우리들은 결제기도를 통해서 조금씩이라도 마음을 닦는 수행을 해야 됩니다. 이것만이 진정한 삶의 길이요, 영원한 행복을 가져다주는 길이기 때문입니다. 인생 최고의 가치를 추구하는 마음수행! 이것은 선택의 여지가 없는 절대적으로 닦아야 할 우리 모두의 길입니다.

그럼 수행을 하려면 어떻게 해야 할까요. 첫째는 원력이 있어야 합니다. 원력은 내 마음속의 정신적 지주와 같아 그 근거를 가지고 있지 않다면 올바른 수행이 되지 않습니다. 길을 가는 자가 목적지 없이 길을 갈 수 없듯이, 우리가 목적 없이 길을 가면 장애에 부딪치고, 위험한 일을 당하기도 하고, 구렁텅에 떨어지기도 합니다. 그러므로 정확하게 목적지(願)에 도달하기 위해서는 원력을 가지고 수행하지 않으면 안 됩니다.

만일 불자님들이 도량을 찾아, 부처님의 가르침대로 열심히 수행하고 마음을 닦겠다는 원력을 가진다면 일상의 모든 수행이 원력으로 귀결됩니다. 그러므로 우리가 고귀하게 살아가느냐? 아니면 천박하게 사느냐는 이 마음 닦는데 있습니다. 우리가 이 마음을 바르게 잘 닦으면 우리의 인생은 고귀한 인생이 됩니다. 자신의 인생을 고귀하게 가꿀 줄 아는 것, 여기에 불교가 있습니다. 부처님께서는 마음속에서 진정한 삶의 가치를 찾게 해주었습니다. 그리고 그 길속에서 해탈의 열매를 얻게 해주었습니다.

우리가 살아가면서 세상의 욕심을 떠나서 살 수는 없지만, 욕심을 적게 가질 줄 알아야 되고, 욕심을 적게 가질 때 행복은 커지게 됩니다. 그리고 우리의 삶을 고귀하게 하기 위해서는 세속적 욕망의 경계에 끄달리지 말아야 됩니다. 세속적 욕망을 가지고서는 우리의 삶은 높은 차원으로 나아가지 못하고, 점점 낮은 차원으로 떨어지게 되는 것입니다.

소욕지족(少慾知足)이라, 욕심을 적게 가지고 만족할 줄 안다는 여기에 안빈낙도(安貧樂道)의 정신이 있습니다. 가난은 결코 불행이 아니므로, 마음 가운데 욕심을 떠나면, 없는 것 그 자체가 크나큰 부유를 이루게 된다는 뜻입니다. 우리가 이와 같이 안빈낙도(安貧樂道)와 소욕지족(少慾知足)의 정신을 가지고 살아간다면 그 사람의 마음속에는 어떤 것보다 뛰어난 참된 행복을 가지게 됩니다.

우리가 바깥경계에서 얻어지는 좋고 나쁜 일들이 아무리 대단해 보여도 거기에는 고뇌가 있습니다. 이 마음을 진리에 입각해서 살아간다면 행복을 극대화할 수 있는데, 그 길을 가지 않음으로 인해서 현실적인 경계에 끌려 다니는 초라한 인생이 될 수밖에 없는 것입니다. 정말로 우리가 부처님의 가르침을 통해서 자신을 되돌아 볼 수 있다면 결코 불행한 일은 없습니다. 만일 현실적으로 불행한 일이 있다 해도 거기에서 참된 행복을 얻어올 수 있습니다. 좋고 나쁜 것은 대상에 있는 것이 아니라, 한마음에 있다면 우리는 이 마음의 본체를 돌이켜 보아야 합니다. 만일 이 마음을 돌이켜본다면, 설사 길을 잘못 가거나 잘못행동을 했더라도 전화위복(轉禍爲福)이 될 것입니다.

우리는 흔히 대상을 향해서 이래야 된다, 이렇게 하면 안된다 하는 여러 가지 분별망상을 가지고 있습니다. 그것은 곧 중생들의 어리석음입니다. 알고 보면 동(東)이라고 해도 좋고, 서(西)라고 해도 좋습니다. 부정적인 마음을 가지고 보면 동(東)이라고 해도 틀리고, 서(西)라고 해도 틀리다는 것을 알아야 합니다. 좋고 나쁜 것은 대상에 있는 것이 아니라, 이 마음속의 작용이라고 생각한다면 좋은 일이라도 끌려 다닐 것 없고, 나쁜 일이라도 그렇게 실망할 것 없습니다.

결국 좋은 것과 나쁜 것은 허공의 꽃과 같습니다. 허공에 나타난 꽃이 실재하지 않는데, 뭐 그리 대단하겠습니까? 그것은 착각일 뿐입니다. 착각 속에서 이루어진 선악의 분별심은 별것 아닙니다. 그러므로 세상에 일어나는 좋고 나쁜 모든 일에 연연할 것 없고 어떤 명분이나 의미를 두지 않을 때, 그 사람은 그러한 경계로 인한 혼란은 생기지 않습니다. 아무리 혼란스러운 것도 무심으로 승화한다면, 좋고 나쁜 것은 더 이상 의미가 없습니다. 그래서 우리는 현실적 경계에 지나치게 집착할 필요는 없다는 것입니다.

산승이 20대에만 해도 선(善)과 악(惡), 정의와 부정의에 대한 양변에 극심한 갈등을 일으켰습니다. 30대가 되니 정의에 대한 바른 견해가 생겼고, 바른 견해가 생긴 뒤로는 용기가 나왔습니다. 이때부터 내가 가야할 그 길을 걸어갈 수 있었습니다. 그런데 50이 넘으니, 선악(善惡)이 그리 특별하지 않다는 것을 알았습니다. 그래서 세상 사람들이 여러 가지 논란을 일으키고 분별심을 가지고 온갖 말을 해도 나는 그것이 똑같아 보입니다. 이래도 그만 저래도 그만 거기에 아무런 의미가 없어졌습니다. 어리석은 마음으로 아무리 분별심을 일으켜 수행자의 마음을 엿본들 별것 있겠습니까? 그래서 옳고 그른 것을 모두 초월하는 길만이 참된 길이라는 것을 우리는 알아야 합니다.

인생난득(人生難得)이요, 불법난봉(佛法難逢)이라 했습니다.

우리가 인간의 몸으로 태어나 좋은 시절을 만나서 부처님 도량에서 법문을 듣고, 잠시라도 염불을 하면서 마음을 다스릴 수 있는 이런 기회를 갖는다는 것은 참으로 고귀한 것입니다. 우리가 정법을 만나지 못하면 일생을 허비할 수 있기 때문입니다.

세상 사람들은 친구나 누구에게 사기를 당한다면, 그 사람과 인연을 끊어버립니다. 그런데 정작 평생을 속고 사는 자신에 대해서는 너무나 관대합니다. 이처럼 세상은 그릇된 일들에 매달려서 일생을 낭비하며 불행하게 살아갑니다. 진정 거기에 대해서 돌이키지 못하는 그것이 참으로 억울함이 아니겠습니까?

이제 우리는 물질을 초월한 정신적인 무한한 힘을 가질 줄 알아야 합니다. 그래서 이러한 정법을 만났을 때, 마음 수행의 길을 갈 수 있는 용기를 내어 열심히 살아야 됩니다. 내가 내 자신의 마음을 돌이켜서 참된 길을 가는데, 진정한 가치가 있고, 영원한 길이 있습니다. 그러므로 우리는 잘 살아야 합니다. 세상의 무지로부터 더 이상 흔들리지 않는 참다운 인생의 길을 우리는 고고하게 걸어갈 줄 알아야 합니다.

우리는 먼 훗날을 기약하기 보다는 지금 이 순간에 최선을 다해서 살아가려는 자세가 필요합니다. 여기에서 말하는 최선이란 우리가 하는 어떤 일에 최선을 다하라는 것이 아니라, 이 한마음 가지는 수행에 최선을 다하라는 뜻입니다. 이 마음속에 무한한 보배가 있고, 영원한 해탈과 행복이 있다면 우리는 이 순간 이 자리에서 가장 이상적인 삶을 살아가야 한다는 것입니다. 그러면 우리의 삶은 원만해진다고 볼 수 있습니다. 그것이 일상 속에서 일념으로 염불하면서 마음을 고요히 하고 흔들리지 않는 마음으로 살아가는 것입니다.

또한 불자님들은 시간을 아낄 줄 알아야 합니다. 백년이라는 세월이 그렇게 긴 것도 아닌데 천년의 꿈을 키워 본들 아무런 소용이 없다는 것입니다. 우리에게 주어진 시간 속에서 후회 없는 삶을 살기 위해서는 항상 자신의 마음을 돌아볼 줄 알아야 됩니다. 자신을 돌아볼 줄 아는 사람만이 영원한 해탈을 기약할 수 있습니다.

오늘 여러 스님네들이 정진을 위해서 선방에 모였고, 산승 또한 봉황루 불사를 끝내고, 내용적으로 더욱 깊은 공부를 하기 위해서 오늘 무문관 결사에 들어갑니다. 그동안 산승과 좋은 인연으로 맺어진 이 자리에 계시는 여러 불자님들! 산승과 함께 열심히 정진하고 염불하지 않으렵니까. 비록 정진처소는 달라도 마음이 같으면 언제나 함께하는 결사가 될 것입니다.

오늘 이 선근인연으로 부지런히 정진하여 마침내 훌륭한 불법의 열매를 거두길 간절하게 바랍니다. 만일 그렇게 된다면 산승이 무문관 결사를 마치고 나올 때 오늘의 이 만남과 법회는 더욱 의미 있을 것입니다. 여러불자님들에게 좋은 성취가 있기를 바라면서 무문관 결사 입제법문을 마치겠습니다. 성불하십시오!　　　　　(2013년 음력 10월 15일)

정각암 3년 무문관 결사 때 법전 은사스님(조계종 제11·12대 종정 역임)께서 격려 방문하셨다.

2. 어떻게 신행 할 것인가?

벌써 신록이 우거진 따뜻한 봄날이 이어지고 있습니다. 얼마 전만 해도 추운 겨울이었는데 이제 산에는 파란 나뭇잎이 돋아나고 만 가지 꽃들은 피어나고 있습니다. 이 속에서 여름 석 달 결제기도가 시작 되었으니, 이제 스님들은 결제(結制)정진에 들어갈 것이고 불자님들도 같이 마음을 닦는 결제정신으로 여름 결제기도를 하게 됩니다.

사람이 살아가는 데 있어서 여러 가지 살아가는 방법이 있겠지만 어떻게 사는 것이 좋은 삶인가 이런 것을 우리가 생각해 볼 필요가 있습니다. 삶이라는 것은 어떻게 하든 살아가겠지만 그 내용에 있어서 바른 삶, 참된 삶을 살게 되면 미래에는 아주 좋은 결과를 가져올 수 있습니다.

그러나 우리가 육근 육식으로 경계에 따라 막연히 따라가면 거기에는 고뇌와 번뇌가 따르게 되겠죠. 그러므로 우리는 이 삶을 어떻게 살아야 하며 어떻게 좋은 삶을 영위할 수 있는가를 생각해야 합니다. 우리가 만일 이와 같이 생각하고 살아간다면 결코 나쁜 길로 떨어지지는 않아요. 최소한 삼악도는 면할 수 있습니다. 이러한 마음자세가 우리 삶을 알차고 내실 있게 나아갈 수 있기 때문입니다.

나옹대사께서 이런 게송을 읊으셨습니다.

百年只時暫時間이니,

백년이란 세월은 잠깐 가는 세월인데

莫把光陰等閑喪하라.

세월을 헛되게 보내지 말라.

努力修行成佛易나,

바르게 수행한다면 공을 이룰 수 있겠지만

今生差過出頭難이라.

금생에 어긋나면 다시 회생 어려우리.

無常忽到教誰替인데,

세월은 홀연히 지나가니 누구도 대신할 수 없고

有債元來用自還이라.

업의 빚은 본래 스스로 갚아야 한다네.

若費不經閻老案이면,

만약 염라대왕의 심판을 받지 않으려면

直須參透祖師關하라.

바로 일념으로 마음을 닦아야 하느니라.

사실 백년이란 세월이 긴 것 같아도 긴 것이 아닙니다. 수억천만 겁의 세월 속에 백년이 어찌 길다 할 수 있겠습니까. 지구가 생겨난 것만 해도 오십억 년이 넘었다고 하잖아요. 오십억 년이 넘는 지구 나이 중에 백년이란 세월은 긴 것이 아니라면 우리는 이 짧은 세월 속에 수행하지 아니하고 무슨 가치 있는 일이 있겠습니까. 그러나 이 허망한 속에서 내 마음을 닦는다는 것은 가장 가치 있는 일입니다. 왜냐하면 마음은 영원성으로 이어지지만 세상일에는 어떤 노력의 결과라도 허망하기 때문에 절대적인 가치라고 하지 않습니다.

때문에 이 마음을 닦는 일은 진정으로 이생뿐만 아니라 다음 생까지 가져가는 중요한 공덕이 되므로 옛날의 스님들은 부귀와 명예보다는 마음수행에 뜻을 둔 거죠. 왜냐하면 부귀와 명예가 아무리 좋다 해도 이생에서 누리면 복진타락(福盡墮落)이라, 복이 다하면 업의 과보를 받게 되는데 마음 닦은 선근은 다음 생에도 좋은 공덕이 되기 때문입니다. 그러므로 일 년 가운데 여름 백일 겨울 백일 이 기간만이라도 기도를 하고 염불을 해서 마음을 맑혀보자는 뜻이 결제백일기도입니다.

우리 불자님들이 현실적인 삶이 아무리 어려운 것이 많다 해도 마음을 맑게 가지고 닦는다면 세상의 모든 어려움을 극복할 수 있습니다. 마음에서부터 모든 현상은 일어나기 때문에 일체유심조라고 합니다. 만일 모든 것을 마음에서 지어낸다면 마땅히 이 마음 맑히는 수행은 무엇 보다 소중한 일입니다.

우리가 일상에서 일어나는 모든 장애들은 미혹한 마음과 거기에 따르는 업력의 장애상태에서 일어나는 것입니다. 이 때문에 우리는 불전에 지극한 마음으로 참회를 해야 되고 과거 현재 미래의 업으로부터 벗어날 수 있는 수행을 해야 합니다. 아무리 부처님 법이 뛰어나고 해탈할 수 있는 가르침이라 해도 우리가 수행을 하지 않고 무슨 이익이 있겠습니까.

설식기부(說食飢夫)라 밥을 말만하고 한 숟가락도 떠먹지 않는다면 배고픈 사람이 허기를 면할 수 없듯이, 우리는 밥을 한 숟가락이라도 떠먹을 줄 아는 용기가 필요합니다. 배고프니 밥 먹고 싶다는 말을 종일해도 배가 불러지지 않듯 한 숟가락이라도 밥을 먹기 위해서 우리는 기도를 열심히 해야 합니다. 기도를 통해서 마음을 맑히면 이것이 우리 마음에 좋은 양식이 되고 밥 한 숫갈이라도 먹는 것이 됩니다.

법구경에 이런 말이 있죠. "종일 남의 보배를 세어보아도 자신에게 작은 이익도 오지 않듯이, 법답게 수행하지 않는다면 많이 듣고 기억한 것이 무슨 소용 있겠는가." 하였습니다. 우리 불자들은 이번 여름, 기도를 열심히 해야 되요. 세상이 갈수록 물질주의로 흘러가고 있고 성격은 더욱 급해지고 있습니다. 마음수행을 하지 않으면 여기에 대한 해결책은 나오지 않아요. 온통 물질과 명예에만 정신이 있습니다.

우리가 여기에서 진정으로 불법을 만났다면 세상의 잡스러움에 빠지지 말고 본래심으로 돌아가야 합니다. 왜냐하면 그것만이 우리의 행복을 보장할 수 있기 때문이에요. 내 마음이 맑아짐으로 해서 참다운 이익이 되기 때문입니다. 그래서 경에 이르기를 한 마음이 청정하면 여러 사람 마음이 청정해지고 여러 사람 마음이 청정해지면 불국토가 청정해진다고 하였습니다.

오늘 청정도량에서 스님들은 여름 결제를 시작하여 열심히 정진할 것인데, 우리 신도님들도 이번 여름기도에 열심히 해야 하지 않겠습니까? 왜냐하면 수행이라는 것이 스님들만의 전유물이 아니기 때문입니다. 마음 닦는 좋은 일은 스님들만 하고 속인들은 번뇌 망상 속에서 살아야 한다는 고정된 생각은 있을 수 없습니다. 스님에게 좋은 것이라면 불자들도 따라 할 필요가 있는 것입니다. 이제 불자들은 마음을 고요히 하여 세상 경계에 빠지지 말고, 현실을 고요히 살펴보되 경계에 흔들리지 말고 좋은 경계, 나쁜 경계를 꿈과 같이 보아야 합니다. 세상은 어차피 선과 악이 생길 수밖에 없으니, 그 모든 경계를 초연하게 대해야 합니다.

본래 세속적 생활에서 진정한 평화와 행복은 실현하기 어렵습니다. 왜냐하면 중생의 마음이 이분법으로 흘러가기 때문입니다. 만일 어떤 상황에도 흔들리지 않는 그런 편안한 마음을 갖는다면 그 사람은 무심의 경지에 들어갔을 때 가능해요. 그러나 세속에는 그렇지 않잖아요 그렇다면 누구든지 좋은 경계도 경험할 수밖에 없고 나쁜 경계도 겪을 수밖에 없습니다. 때문에 좋고 나쁜 일에 지나치게 민감한 마음을 가질 필요가 없습니다. 좋은 경계는 즐거움이 되겠지만 즐거움에 빠지면 바로 이어서 괴로움이라는 경계가 나오게 됩니다. 그래서 좋은 것도 영원할 수는 없으므로, 세상에 나타나는 좋고 나쁜 경계를 담담하게 볼 필요가 있습니다.

현상의 경계를 사실로 인정할 적에 모두다 고통을 받게 되어있어요. 좋아도 고통, 나빠도 고통입니다. 그러므로 선악을 초월하는 길로 우리는 가야 하는 것입니다. 좋다는 것도 우리들의 주관적인 분별심에서 좋다는 것이지 사실은 무심의 입장에서 보면 좋은 것도 좋은 것이 아니고 나쁜 것도 나쁜 것이 아닙니다. 선악은 결국 우리의 분별심 속에서 존재하는 겁니다. 만일 허망한 분별심을 떠나면 있는 그대로 진리가 됩니다.

우리는 이러한 무심의 절대적인 도의 경지에 쉽게 갈 수는 없지만 거기에 이르기 위한 노력은 해야 합니다. 그러나 만일 그런 방향조차 잡지 않는다면 세상에 일어나는 여러 가지 험난한 일을 어떻게 이겨낼 수 있겠습니까. 우리가 맑고 고요한 부처님 도량을 찾았을 때 내 마음을 찾아야 합니다. 그리고 내 마음을 의지해서 살아가는 그런 진실한 불자가 되어야 합니다.

우리가 언제부터인가 내 마음을 잃어버리고 수없는 생을 고뇌 속에서 살아왔는데 이제 불법을 만났을 적에 내 마음을 찾지 않으면 다시 훗날을 어떻게 기약할 수 있겠습니까. 그래서 옛사람은 "이 몸을 이생에 제도하지 못하면 어느 생을 기다려 제도할 수 있으랴." 했습니다. 이 마음을 이생에 잘 다스리기 위해 일심으로 염불해야 합니다. 일념으로 염불하면 저절로 나의 본래 마음고향으로 돌아가게 됩니다.

왜 염불하면 우리 마음의 고향으로 갈 수 있을까요. '나무아미타불', 이 여섯 자 명호 속에 백 천 가지 묘한 작용과 힘이 있어요. 단순한 부처님의 명호가 아니라 명호 속에는 부처님의 본래 뜻이 있기 때문입니다. 즉 부처님 명호 속에 자성미타라는 의미가 있으므로 부처와 하나 되어 바로 해탈의 문을 열 수 있기 때문입니다. 이 마음이 곧 아미타불이므로 나의 참된 이름이 '아미타'이니 내가 나의 본래 이름을 부르고 거기에 계합하는 수행이 염불이라는 것입니다.

우리가 만일 이와 같은 뜻을 가지고 나의 불성에 모든 것을 맡기고 거기에 의지해서 수행하다 보면 저절로 본래 마음과 하나가 되는 것입니다. 이 때문에 절대적 긍정의 수행인 염불을 가장 부작용 없는 완전한 수행이라고 하는 것입니다. 그래서 내 마음의 부처를 믿고 그 마음의 청정한 바탕에 의지하는 수행. 이것이 염불의 진정한 뜻이라면 우리는 이와 같이 성품에 의지하는 참된 염불선을 닦아야 합니다.

그러면 어느새 마음은 고요한 경계로 들어가고 어떤 외적인 혼란과 장애에서도 흔들리지 않게 됩니다. 왜냐하면 흔들린다는 것은 번뇌 망상에 의해서만 움직이는 것이지 번뇌 망상을 불심으로 바꾼다면 거기에 어찌 흔들림이 있겠습니까? 우리 불자님들은 이번 여름 결제기도를 지극하게 하되, 염불수행을 통해서 마음속의 모든 업력의 장애로부터 벗어나 자유롭고 행복한 좋은 삶이되기를 바라면서 오늘 법문을 마칩니다.
성불하십시오!

(2011년 5월)

3. 진정한 행복을 위하여

지난 여름은 굉장히 더웠는데, 벌써 가을 같은 선선함을 느끼게 합니다. 아무리 더워도 때가 되면 가을이 오고, 계절은 우물가의 두레박처럼 끝없이 반복되고 있습니다.

유난히 더웠던 지난여름 석 달 동안 불자님들이 열심히 백일기도를 했겠지만, 오늘 백일 회향에 임해서 지난 백일기도를 다시 한 번 돌아보는 것이 좋으리라 생각합니다. 백일동안 하루도 빠지지 않고 기도를 한다는 것은 중요한 의미가 있습니다. 그것은 부처님과의 약속 이전에 자신과의 약속이 있기 때문입니다.

사람은 자신과의 약속을 충실하게 이행할 때 큰 능력과 자신감이 생겨 모든 소원을 성취할 수 있는 근원적인 힘이 됩니다. 때문에 백일동안 기도를 잘하게 되면, 부처님과 만물과 내가 하나가 되어 온전한 삶을 살아갈 수 있으므로 백일기도는 자신을 성인으로 바꾸게 하는 큰 힘이 됩니다. 옛날 서산대사의 제자 가운데 선화자라는 스님은 보궁에서 백일기도 마치는 회향 날 확철대오를 했습니다. 기도는 자력과 타력의 힘이 합쳐지므로 공덕이 무량한 것입니다. 누구나 기도를 바르게 하면 불, 보살의 가피를 입고 공덕을 이루게 됩니다. 오늘 산승은 이러한 뜻으로 한 편의 시를 읊겠습니다.

❀ 나의 가족

방편은 어머니요 지혜는 아버지니
시방세계 부처님이 여기에서 나시었네.

자비심은 딸이 되고 정직함은 아들이며
용맹심은 친구 되고 온화함은 이웃이며

정진력은 수레 되고 원력심은 목적되어
날마다 보살행을 끊임없이 실천하네.

남을 위해 나를 쓰니 모든 일이 불사되고
나를 위해 나 잊으니 일체법이 참되도다.

깨끗하고 지혜로운 둥근 마음이여!
사심 없는 고요한 맘 부처마음 현전일세.

유마경에서 부처님 제자인 사리불존자가 유마거사에게 질문을 했어요.
"거사님의 가족은 어디에 있습니까?" 이렇게 질문하니 유마거사는 "지혜는 아버지요, 방편은 어머니며, 자비심은 딸이고, 정직함은 아들이다." 이렇게 말씀했습니다.

어린 시절 유마거사의 이러한 법문을 보면서 '어쩌면 비유가 이렇게 절묘할 수가 있을까!' 생각했어요. 우리들은 가족이라는 개념을 가정에 국한해서 생각하겠지만 사람들은 세속적 가족 개념에서 온갖 인간적 고뇌가 생겨나는 것은 잘 알지 못하고 있습니다. 그러므로 가족이라는 한계를 좀 더 넓혀서 만물로 확대하면 만물과 내가 하나가 되므로 어떤 곳에서도 안락하게 됩니다. 그래서 우리는 넓은 마음으로 일체 만물이 다 나의 가족으로 생각할 줄 알아야 합니다.

만물의 뿌리가 하나인 줄 알 때 길이 보입니다.

일체만물이 가족이 된다는 이면에는 모든 만법은 뿌리가 하나라는 철학이 있기 때문 입니다. 일체만물이 나의 뿌리요, 나의 부모이며 나의 형제 아님이 없다는 이것이 불교의 근본이며, 불교에서 보는 가족관이라 할 수 있습니다. 그리고 좀 더 깊이 들어가면 모든 만물이 나와 조금도 다르지 않은 존재라고 보게 됩니다.

다시 철저하게 말한다면 부모 형제 뿐 만 아니라 이 몸과 나도 내가 아니므로, 이 세상에 나라고 할 만한 것이 없는 줄 알 때 모든 것은 한 뿌리가 되는 것입니다. 엄밀히 말하면 나와 남이라는 두 가지 차별된 생각으로 보는 것은 모두 전도된 시각이며 여기에 따라 일으키는 모든 분별망상 또한 근원적으로 잘못된 견해라고 할 수 있습니다. 부처님께서는 이렇게 만 가지 사물들의 본체가 하나이므로 절대평등이라고 설하셨습니다. 그래서 세계일화(世界一花)라고 합니다. 온 우주 법계가 한 송이의 꽃이라는 말입니다. 이와 같이 만물 동근(同根)이라는 철학은 불교의 근본으로서 모든 것을 초월할 수 있는 정신이고 근간이 됩니다. 여기에는 국가도 초월하고, 가족도 초월하고, 민족도 초월하고, 자신도 초월하고, 인간과 짐승과 미물, 곤충, 유정 무정 다 초월하는 것입니다. 이렇게 초월할 적에 나고 죽음이라는 한계점도 벗어나게 됩니다.

나고 죽음이라는 것은 스스로 영원성에서 이탈되어 나온 관념이기 때문에 생과 사라는 환(幻; 헛개비)을 만들게 되었습니다. 이 환(幻)이란 본래 있는 물건이 아니라 착각과 무명에 의해 일어났으므로 실제성이 없고 실제성이 없는데 집착하므로 끝없는 환(幻)에 사로잡히게 되었습니다.

본래 우리는 자아라는 한계에서 벗어난 존재인데, 무지로 인해 인간들은 많은 고뇌와 불행에 시달리는 것입니다. 만일 진정한 자기로부터 벗어나 참된 자유를 이루고자 한다면 빨리 자신의 속박에서 자유로워야 합니다. 영원 생명, 영원한 존재 이것이 우리들의 본래 참 모습인데, 잘못된 견해에 집착하고 망념에 이끌리다 보니 생사에 속박 될 수밖에 없는 존재가 되었습니다. 자기의 영원성을 바로 보지 못하므로 한없이 윤회계에 돌아다니면서 무한한 고통을 받게 되었습니다. 이 때문에 세상에서는 여러 가지 고뇌와 부질없는 갈등이 생겨나게 된 것입니다.

세상에는 남자들과 여자들의 갈등에서 차이점을 볼 수 있어요. 여자들의 갈등은 사소한 어떤 말, 감정, 자존심 등으로 인해서 많이 일어납니다. 그래서 사람 사람마다 엄청난 세계가 벌어지고, 엄청난 망상의 경계 속에 살아가고 있습니다. 남자들의 갈등은 여자들보다 선이 굵고 거칠어요. 그리고 아주 잔인하기도 합니다. 그런데 여자들의 갈등은 섬세한 면이 많다 보니 미세한 현상에서도 충격을 많이 받고 고뇌와 망상도 많습니다. 그런데 갈등을 어떻게 소멸할 것인가? 하는 곳에서는 길이 같습니다.

우리는 현실에서 일어나는 가지가지 현상을 보면서 참으로 고뇌로부터 해탈의 길을 이뤄내기는 이토록 어려운 것인가? 하는 생각을 해 보게 됩니다. 갈등이라는 것은 결국은 부족한 생각에서 일어나므로 우리는 완전한 삶을 통해서 진정한 행복을 이룰 수 있는 것입니다.

이 세상의 만물은 다 나름대로 존재하는 방식과 원리에 따라서 자연스럽게 움직이는데 그것을 굳이 끌어내어 시끄럽게 하는 게 인간들입니다. 어찌해서 그런가요. 그것은 인간만이 가지고 있는 잘못된 분별망상 때문에 세상의 온갖 시비가 일어나게 됩니다.
시비는 말로써 일어나는 것이 대부분이므로 우리는 절제된 언어를 쓸 줄 알아야 합니다. 특히 여러 사람과의 관계에서 언어를 절제한다면 그만큼 품격이 높아지고 삶이 안락하게 됩니다.

때문에 항상 자신을 잘 살펴 부질없는 시비에 휘말리지 않아야 하고 모든 현상을 잘 생각하고 반성하는 속에서 우리는 참된 삶을 살아갈 수 있고, 모든 갈등을 초월할 수 있습니다. 불교에서 가장 소중하게 생각하는 것은 생사라는 거대한 업력을 얼마만큼 잘 다스려 거기에 휘말리지 아니하고 자기를 잘 극복하느냐에 있는 것입니다. 아무리 세상의 영웅호걸이라도 생사를 면하지 못하므로 뛰어난 대장부라 할 수 없습니다. 진정한 대장부는 생사를 초월할 때 출격장부가 되는 것입니다.

권력은 무상하므로 바른 마음으로 대해야 합니다.

인류 역사에서 수많은 영웅호걸들이 한때 세상을 흔들었지만, 그들은 지금은 지옥에 가 있거나, 축생에 떨어져 있거나, 혹은 인간으로 태어나도 빈천한 과보를 받고 있습니다. 그 무엇도 대단할 것이 없습니다. 옛날에는 권불십년(權不十年)이라 했는데 요즈음은 권불오년이 되었습니다. 대통령 하다가 오년 후에는 감옥소에 들어가기도 하고, 바위에서 떨어지기도 하고, 아니면 어떤 후환이 있을지 고민하고 있습니다. 그래서 지혜로운 사람은 오히려 권력의 무상함을 알기 때문에 권력이 주어져도 돌아보지 않습니다.

오늘날 역대 대통령들은 모두 하야 후에 후환을 두려워하고 있습니다. 과연 5년 권력을 위해 죽을 때까지 부담 가지고 살아가는 모습은 불쌍하게 보일 지경입니다. 우리나라 역대 대통령들이 하야 후 불행하지 않은 사람은 어디 있습니까? 이것은 그만큼 허명과 욕심 때문에 가지가지 어리석은 짓을 많이 했기 때문입니다.

대통령이 되었으면 국민들의 삶의 질을 생각해야 하는데 거기서 사욕을 부리기 때문에 인심을 잃게 되고, 누구에게도 공감을 얻지 못하는 것입니다. 과욕이 인간을 불행하게 만든 것입니다. 권력에 앉으면 좀 더 초연할 수 있어야 하는데, 그 자리에 앉으면 갑자기 기고만장이 되어 갑니다. 때문에 성인이 아니고는 권좌에 앉아 정신을 차리기 어려운 것 같습니다.

우리가 살아가는데 오해와 갈등을 어떻게 풀 것인가?

우리가 살아가는 가운데 오해로 인해 일어나는 갈등이나 문제가 참으로 많이 있습니다. 그러나 그것이 나에게 어떠한 불이익이 발생 된다 해도 좀 더 시간을 가지고 여유 있게 대할 줄 알아야 합니다. 거기에 대해서 성급하게 대하거나 해명하려고 한다면 전생의 업장도 소멸되지 않을 뿐만 아니라 더 나쁜 결과가 될 수 있습니다.

왜냐하면 업력이 소멸될 때까지는 오해를 받더라도 가만히 기다려 줄 때 업이 빨리 녹아요. 그런데 억울하다고 하소연하고 성급해지면 점점 업이 소멸되는 시간이 길어져 한 번 모함을 당하고 끝날 일을 세 번, 네 번씩 끌고 가는 결과가 될 수 있습니다.

일본의 유명한 도인이 있었습니다. 그 도인에게 가까운 신도의 딸이 임신을 했는데, 딸의 부모님이 계속 추궁을 하니까, 야단맞는 것이 두려워서, 부모님이 평상시 존경하는 큰스님과 관계 했다고 거짓말을 했습니다. 그러니까 부모님이 더욱 화가 나서, 큰스님에게 가서 온갖 행패를 부렸지만 큰스님은 아무런 변명도 안하고 "그런가?" 한마디로 끝냈어요. 더 이상 거기에 대해서 내가 했느니, 안 했느니

변명하지 않았습니다. 부모님이 딸에게 절에도 못 가게 하면서 난리를 치니까, 딸이 생각하기를 죄 없는 큰스님을 너무 욕보이는 것 같아서, 할 수 없이 옆집에 사는 총각과 관계 했다고 사실을 밝혔습니다.

이에 딸의 부모는 너무 죄송스러워 큰스님께 찾아가 무례를 어떻게 해야 될지 모르겠다고 사죄를 하니까, "그런 가?" 하고 한마디로 끝내고 아무 표정하나 달라지는 게 없었습니다. 이에 거기 있던 신도뿐만 아니라 더 많은 사람들이 큰스님을 공경하고 불법을 받들게 되었습니다.

우리가 만일 온갖 모욕을 당하더라도 변명을 하지 말고, 온갖 칭찬을 들을 적에도 우쭐대지 않는 것이 오늘 우리가 배워야 할 마음 자세라고 할 수 있습니다. 욕심이 있으면 누구나 정치적이 되므로 끝까지 순수성을 지녀야 합니다.

세상에서는 누구나 어떤 요인에 의해서 비난을 받습니다. 그러나 그것을 변명하거나 해명할 필요는 없습니다. 가만히 있으면 됩니다. 세월이 흐르면 자연히 해결이 됩니다. 그런데 우리들은 어떻습니까? 억울하다고 더 큰 죄를 짓습니다. 그리고 힘을 합쳐 가지가지 정치적인 행동으로 보복을 합니다.

사람은 누구나 정치적인 동물이라는 말이 있지만 정말 여자들의 정치성도 가히 천재적입니다. 남자들은 사회를 경영하기 위해서 정치를 한다면 여자들은 친구들과의 관계에서 시기질투가 생기면 죄도 없는데, 그 사람을 나쁜 사람이라고 모함을 합니다. 뒤에 탄로가 날 것 같으면 감추기 위한 정치적인 행동을 합니다. 이렇게 악순환이 끝도 없이 일어납니다. 이것이 중생들의 현실입니다.

불자들은 인과를 알고 바르게 사는 길을 배웠습니다. 이 모든 현실에서 좋고 나쁜 문제에 좀 더 초연하게 대할 줄 알아야 합니다. 그러면 초월하는 길은 어렵지 않습니다. 자기 자신을 냉정하게 돌이켜보면 시비 될 것이 없습니다. 만일 허물이 있으면, 반성하고 개선해야 하며, 허물이 없는데 남이 나를 비난했다면 가만히 있으면 됩니다. 그것은 세월이 지나면 해결이 됩니다. 억울한 것 같아도 억울할 것 없습니다. 전생에 지은 업을 그렇게 받는 것입니다.

우리는 세상을 여유 있게 살아야 됩니다. 좋은 말을 들었다 해서 너무 기뻐하다가, "그 사람 불량하다"는 말 한마디에 인생을 자포자기할 정도로 비극에 빠진다면, 어찌 불법을 배우고 수행하는 보람이 있겠습니까?

우리 불자님들은 진정한 삶의 지혜를 가져야 됩니다. 불교는 일체를 초월하는 길입니다. 때문에 나와 남이라는 것도 인정되지 않는데, 남이 나를 비난하고 칭찬하는 것이 무엇 그리 생각할 것이 있겠습니까? 이에 입각해서 본다면 누가 나를 향해 비난해도 이렇게 생각할 수 있습니다. 그게 곧 내가 나를 비난하는 것이라고. 때문에 만일 내가 남을 칭찬한다면, 곧 내가 나를 칭찬하는 것이 되는 것입니다. 따라서 내가 남을 비방한다면, 곧 내가 나 자신을 비방하는 것이 됩니다.

이러한 이치를 육근(육신)에 비유해서 현실을 말하겠습니다.

나의 눈이 나의 발을 보고 천하다고 무시 한다면 이것은 크게 잘못 보는 견해겠지요. 발바닥은 신체 구조상 땅바닥을 딛고, 밑바닥에서 살아가야 될 운명이기는 하지만 그것이 한 몸인데 어찌 천하다 할 수 있겠습니까? 눈은 제일 위쪽에서 화려한 경치는 다 구경하고 사는데 발은 제일 밑에서 무거운 몸을 받치고 힘들게 산다고 억울하다고 불평한다면 눈 코 귀 입 몸이 어떻게 세상을 조화롭게 살아갈 수 있겠어요.

그런데 발바닥 입장에서 보면, 나도 눈이 되었으면 참으로 행복할 텐데, 발바닥 인생이라 참 괴롭다는 불만을 가지고 눈을 모함하고 분열한다면 우리 몸은 정상적으로 살 수 없게 됩니다. 그리하여 발이 손바닥에게 눈을 모함하여 손바닥으로 눈을 때렸습니다. 결국 눈병이 나서 사물이 잘 보이지 않아 구렁에 떨어져 온 몸이 고통을 받게 되었습니다. 여기서 혜택을 누리는 곳은 어디에도 없습니다.

우리 인생들이 시비하고 갈등을 일으키는 것도 이와 같습니다. 모든 존재는 연기적으로 상의상관(相依相關)하고 있어 화합되지 못하면 정상적인 삶을 살 수 없게 됩니다. 그래서 만물을 한 몸으로 보아야 정도를 걸어갈 수 있습니다.

그런데 우리가 생각을 해 보아야 됩니다. 눈과 손과 발, 각각 위치가 다르다고 차별이 있습니까? 차별이 없습니다. 발바닥은 눈과 같은 화려한 경치를 구경하지 못하지만, 몸 전체를 보살펴주고 있어요. 얼마나 큰 역할을 합니까? 우리는 발이 불편하면 아무데도 못 갑니다. 걸을 수도, 절을 할 수도 없습니다. 아무 일도 못합니다. 중요성으로 따지면, 발바닥이 눈 못지않게 중요합니다.

그래서 안, 이, 비, 설, 신, 의 육근이 다 각각 특징이 있고, 좋은 점과 나쁜 점을 가지고 있습니다. 그런데 우리는 이 세상을 전부 한 몸의 경계 안으로 보지를 못하고, 전부 나는 발바닥이다, 나는 손이다, 나는 눈이다 하면서 차별심을 가지고 분별하고 대립하며, 시비와 갈등 속에서 백년 세월을 보내고 있습니다. 왜 이 세상 모든 것을 한 몸으로 보지 못하고 끝없는 대립과 분열로 스스로를 망치고 괴로움을 초래하고 있는가요. 참으로 안타까운 일입니다.

산승이 조금 전에 읊은 서시에 "방편은 어머니다"라고 했습니다. 방편이 어째서 어머니인가요? 이 육체가 나올 적에는 어떻게 나옵니까? 어머니를 빌려서 나오지 않습니까? 그래서 어머니는 방편이 되는 것입니다.

어찌해서 지혜는 아버지가 되는가요? 아버지에게서 사람의 씨앗을 어머니라는 방편을 빌려 내가 이 세상에 나오게 하듯이 부처님의 지혜는 깨달음의 씨앗이 되어 모든 수행을 통해서 부처가 되기 때문입니다.

세상에서는 모든 작용이 업력의 씨앗이 되어 다음 생에 받을 몸의 종자가 되니 아버지가 되는 것입니다. 그러므로 다음 생에 좋은 결과를 위해 우리는 바르게 살아야 하고 선행을 많이 닦아야 합니다. 지금 백일기도 하는 것도 이 생과 다음 생의 좋은 과보를 바라고 하는 수행이라 할 수 있습니다.

이제 우리는 만법이 둘이 아니므로, 만물이 한 몸이므로 분열하지 말고 참된 삶을 살아야 합니다. 만일 나와 남이 둘이 아니라면 남을 위해 나를 쓰니 모든 일이 불사가 되고 일체 중생과 만법이 내 한 몸이라면 남을 위해서 내 몸을 쓰는 것입니다.

그러면 어떤 특정한 일만 불사가 되는 게 아니라, 일체 모든 것이 다 불사가 된다는 뜻이 됩니다. 나를 위해서 나를 잊으니 일체법이 진실하다, 그랬습니다. 이것은 진정으로 나 자신의 참 공덕을 위해서는 자신의 집착된 자아의식에서 벗어나야 된다는 뜻입니다. 즉 나를 잊음으로 일체를 이루게 된다. 이런 뜻이 되는 것입니다.

이것이 대승불교의 정신입니다.
우리는 일체 모든 법을 이와 같이 내 한 몸으로 볼 줄 알아야 한다는 것입니다. 여기서 나다, 남이다 하는 것은 성립되지 않습니다.
우리는 바른 목표를 가져야 합니다.
만물이 한 몸이라는 도리는 현실 그대로 완전성이라는 도리입니다. 그러나 이것은 모든 세속적 가치와 기준을 벗어난 이치이기 때문에 이해하기 어렵지만 이러한 법문을 듣기만 해도 선근이 되어 훗날 깨우침이 생깁니다.

그러나 이러한 이치를 들으면 방향이라도 정확하게 세울 수 있기 때문에 결코 허망하지 않습니다. 목적이 바르면 언젠가는 그 길로 갈 수 있기 때문입니다. 오늘 불자들이 백일기도 공덕이 있었기 때문에 산승의 이러한 법문을 듣는 것이니, 이제 불자님들은 여기에서 바른 삶의 자세를 갖추어야 합니다.

백일기도란 무엇을 뜻하는가요? 백일이란 꽉 찬 숫자이므로 원만구족의 의미가 있습니다. 즉 백일동안 지극한 기도를 통해서 진정한 행복(선정과 지혜)을 원만하게 구족하라는 뜻이 있습니다.

불교를 닦아야 할 내용으로 계, 정, 혜 삼학을 말합니다. 계율을 통해서 우리가 직접 몸으로 체험해야 하고 선정으로 마음을 맑혀야 하며 지혜로써 만법을 바르게 보아야 합니다. 이와 같이 몸과 마음으로 백일동안 계율과 선정과 지혜를 닦아 원만 구족하라는 뜻으로 백일기도를 하는 것입니다.

오늘이 백일 회향이지만 겨울 백일기도 들어가기 전까지, 가을 석 달 동안 쉬는 것이 아닙니다. 이때는 생활 속에서 기도의 정신을 실현하라는 의미가 있습니다. 이것을 스님들은 해제 때 만행(보살행)이라고 말합니다. 불자들은 이때 가정에서 불교를 실천하는 시기라고 할 수 있습니다.

만행(보살행)의 두 가지 원칙이 있습니다.

우리는 이제 삼학을 가지고, 현실세계에서 실천하는 단계에 들어가야 합니다. 여기에 대해서 산승이 간단하게 핵심을 크게 두 가지로 말하겠습니다.

첫째는 우리가 이기심을 버려야 됩니다. 나에 집착된 이기심이 우리 자신의 지혜를 잃게 만들고, 우리 삶을 허물게 합니다. 사람들은 말합니다. 내 이익을 위해서 나는 최선을 다하고 내 중심적인 사고를 할 수 밖에 없다고 합니다. 그러나 그것은 좋은 삶의 방식이 아닙니다. 조금 전에 말한 대로 눈과 발바닥이 서로 각기 자기 것이 최고라고 주장을 하면, 온전한 삶을 살지 못하는 것과 같습니다.

이 세상에 갈등이 일어나는 원리는 전부 그런 이유 때문입니다. 자기중심적인 사고와 이기적인 사고, 이것이 갈등의 주요인입니다. 남을 먼저 배려하고 생각한다면, 갈등이 생겨나지 않습니다. 혹 남이 나를 비난한다 해도 전혀 화낼 일이 없습니다. 그냥 저 사람이 나를 저렇게 보는 것 같다고 생각하면 됩니다.

나는 너를 나쁘게 생각하지 않는데 너는 나를 왜 비난하느냐 하고 시비하면 평생 해도 끝이 나지 않습니다. 그래서 결국 이차 삼차로 발전하여 양쪽이 파멸의 길로 가게 됩니다. 대개 어리석은 사람은 남의 비난을 받으면 생각도

하지 않고 바로 시비하고 싸우게 됩니다. 그래서 우리는 자기중심적인 사고의 이기(利己)에 빠지지 말아야 됩니다. 이기심을 버리면 자연히 사심을 버릴 수가 있습니다. 사적인 욕심과 사심을 버리면 저절로 자아의 한계에서 벗어나게 됩니다. 우리는 자아라는 이 한계 속에 갇혀서 가지가지 허물과 갈등을 일으키는 것입니다.

자아의 한계에서 벗어나면 남이 나를 비난할 때 시원함을 느끼게 됩니다. 왜냐하면 거기에 업장소멸이 되기 때문입니다. 남한테 비난을 한번 받으면 그것으로 인하여 업장이 소멸됩니다. 그러나 보통사람은 한편으로는 업장을 녹이면서 다른 한쪽으로는 짓기 때문에 문제가 되는 것입니다. 만일 비난을 듣고 같이 대응하지 않으면 업장은 모두 소멸하게 됩니다.

그래서 우리는 기도를 통해서 내 자신을 돌이켜보고 남이 나를 비난하는데 흔들리지 않는 그런 견고한 마음을 가져야 합니다. 때문에 이기심을 버리면 사심을 버리게 되고, 사심을 버리게 되면, 나라는 한계에서 벗어나게 됩니다. 이것이 우리가 세상을 살아가는 행복의 첫 번째 가장 강력한 조건이 됩니다. 왜 강력한 조건인가요? 이기심과 사심을 통해서 온갖 불행이 생겨나기 때문입니다. 이것을 절제할 줄 안다면 세상의 갈등은 일어나지 않습니다. 우리는 이 세상을 살아가면서 그러한 모순과 갈등으로부터 자유로울 수 있는 길을 가야 됩니다. 이것을 오늘 불자님들이 석 달 동안 반드시 자기 자신을 실천하고 다스려야할 그런 중요한 내용입니다. 만일 석 달 동안 이런 마음을 가지고 우리가 원력과 공덕과 신심으로 염불을 하고 틈틈이 기도를 한다면 최상의 기도 공덕을 받게 됩니다.

우리가 업력의 장애로부터 벗어나는 길은 온갖 비난에 초연한 마음을 가지는 것입니다. 그래서 우리는 자기중심적인 사고에 빠지지 말고, 사심을 버리면 자아라는 한계점을 떠나게 되고 지혜가 열려서 온 세상을 바르게 보게 된다는 것입니다.

두 번째 우리가 현실적으로 겪게 되는 모든 문제와 갈등에서 완전하게 벗어나기 위해서는 평상시 불심을 가지고 염불을 해야 합니다. 사람은 참는데도 한계가 있습니다. 무조건 인욕은 불가능한 일입니다. 그래서 근본적으로 우리는 본래 둘이 아니라는 차원에서 마음을 가지면 어떤 경우에도 마음에 진노심이 생기지 않습니다. 이 가운데에서는 저절로 불심이 생겨나고 염불이 되는 것입니다.

여기 불자님들은 백일기도를 통해서 어느 정도 마음이 맑아졌으므로 스님의 법문을 바로 이해하고 그것을 실천할 수 있는 용기를 가져야 됩니다. 이런 용기를 가지면 기도를 잘한 것이고, 용기를 가지지 못하고, 무슨 말인지 이해하지 못하겠다고 하면, 그것은 아직 업력의 장애를 받고 있다는 증거입니다. 비록 그렇다고 하더라도 더욱 분발해서 참회와 염불을 꾸준히 하면 저절로 마음이 맑아지고 신심과 용기가 생겨나게 됩니다.

염불은 만병통치약입니다.

우리 마음 가운데 온갖 질병을 다 치료할 수 있는 특별한 약이므로 염불을 여의주라고 합니다. 즉 마음대로 다 이루어진다는 뜻입니다. 부처님의 팔만대장경의 핵심을 잘 꿰뚫어 보면, 결국은 염불로 돌아옵니다. 염불 하나만 열심히 하면 세상의 갈등도 없어지고, 가정의 일들도 다 순조로워집니다. 장애물이 없어지는데, 원하는 대로 이루어질 수밖에 없지 않겠습니까? 문제는 우리가 열심히 수행하지 않고, 기원과 기복만 한다고 되는 것이 아니라는 것을 알아야 합니다.

오늘 여기 와서 불자님들을 보니 모두 백일 회향의 충만감 속에 마음이 편안해 보이네요. 이 가운데에서 스님의 격려 속에 항상 염불선을 닦으니 여기 불자님들은 진정으로 복을 많이 받은 것입니다.

백일 만에 와본 이 도량은 도심 근처에 이렇게 숲이 무성해서 참으로 시원하고 도량은 맑고 깨끗하다는 느낌을 받았습니다. 이제 백일 동안 닦은 기도의 공덕으로 가정의 모든 소원이 잘 되기를 축원합니다.
성불하십시오!

(2012년 9월)

김천 수도암 대적광전에서 법문하는 원인스님.

4. 이 시대가 요구하는 필요한 정신

연일 무더위가 기승을 부립니다. 요즈음 매일 27도에서 30도를 오르내리는 날씨가 지속되므로 세상은 아마 열탕 수준이라고 할 수 있겠지요. 얼마 전까지 절 아래 계곡에 물도 마르고 가물었는데, 얼마 전 소낙비가 몇 차례 온 뒤부터 도량에 물이 시원하게 흘러가고 있습니다.

산승은 이러한 자연의 현상을 보면서 우리도 이렇게 필요한 사람이 되면 좋겠다. 가물 때 단비처럼 우리가 부처님의 법을 배우는 사람으로서 이 시대가 요구하는 사람, 이 시대에 필요로 하는 사람이 되는 것이 불자의 길이 아니겠는가! 하는 생각을 했습니다. 그래서 여기에 관해서 시를 하나 읊겠습니다.

♣ 한줄기 단비처럼

오랜 가뭄에 대지는 마르고
산천초목은 시들어 가는데
한줄기 단비가 내리네.

그 얼마나 기다렸던가
한순간에 대지의 갈증을 풀어주고

잃었던 만물에 생기를 준다.

골짝의 물은 소리 내어 흐리고
산새는 즐거이 지저귀는데
도량에는 백화가 피었구나.

벌, 나비 춤을 추니
귀뚜라미 풀밭에서 뛰고
숲속에 매미소리 들려오네.

자연은 역과 순에 따르고
만물은 자연에 따라
알맞게 움직인다.

움직임과 머무름에 때가 있으니
여기에 맡겨 자재하다면
가뭄에 단비처럼 되어가리.

어떻습니까?
우리는 이러한 시기적절한 삶, 세상이 필요로 하는 그 자리에 있을 때 모든 사람을 이롭게 할 수 있을 것입니다. 수행이란 나의 이익 보다는 모든 중생의 이익을 위하는 마음바탕에서 바르게 닦을 수 있습니다. 이타심 즉 자비심이 없는 수행은 완전한 길로 나아갈 수 없기 때문입니다.

우리가 이 시대가 요구하는 어떤 정신을 갖기 위해서는 먼저 지난 일제 강점기 때 한용운과 최남선 두 분을 우리가 한번 생각해 볼 필요가 있습니다. 일제 강점기 시절, 일본의 압박이 점점 거세지므로 사람들은 길을 잃고 방황을 하고, 나라의 주인은 어찌 할 줄 모르고 당황하므로 인해서 상상할 수 없는 결과를 초래하고 말았습니다. 즉 이씨 조선 왕조가 흐트러진 국가관으로 인해서 나라를 일본에게 빼앗겼다는 것입니다. 국가의 지도자들이 그 시대와 시기에 맞게 살지 못했기 때문에 사악한 일본에게 나라를 빼앗길 수밖에 없었습니다.

이러한 정치적인 소용돌이 속에서 그 시대를 빛낸 사람은 독립운동가이면서 스님인 한용운이 단연 그 시대에 빛나는 별이었습니다. 한용운스님이 민족을 이끌어갈 정신적인 지도자 33명을 선정할 때, 그 당시 최고가는 지식인으로 유교, 불교, 도교, 기독교까지 능통한 대 학자였던 최남선씨를 대표자로 뽑았습니다. 그와 함께 한용운은 사무총장을 하면서 실무적인 일을 했습니다.

그런데 최남선씨가 일본 총독부의 회유로 인해서 민족에 반역을 하고 친일파로 돌아서버린 것입니다. 그때 한용운스님은 가장 믿었던 사람의 변절을 얼마나 충격적으로 받아들였겠어요. 개인적인 인간관계에서도 신뢰를 져버리면 참 불행한데, 국가의 대사가 걸려있는 문제에서 국가를 배신하고, 민족을 배신하고, 일본의 앞잡이로 돌아서버린다면 참으로 충격적이겠지요.

그렇게 변절했다는 소문을 듣고 있는 상태에서, 한용운 스님이 서울 종로 거리에서 우연히 최남선씨를 만났습니다.

최남선씨가 먼저 "이보게 오랜만이네 잘 있었는가?" 라고 하자, 한용운 스님은 "당신은 누구요?" "이 사람아 최남선을 몰라? 왜 그렇게 모른 척 하는가?" "아니 최남선은 죽었는데? 진짜 최남선은 죽고 가짜 최남선은 일본 앞잡이로 갔다는 말을 들었는데, 지금 나타난 것은 아마 가짜이겠지." 라고 하자, 최남선씨는 고개를 숙이고 지나가버렸답니다. 그래서 결국 최남선씨는 독실한 불심을 져버리고 개종을 해버렸습니다. 조상 대대로 내려온 불심마저 버렸던 것입니다. 역시 33인의 대표자인 최남선은 민족과 불교에도 변절의 달인이 되었습니다.

한용운 스님의 민족을 살리기 위한 살신성인(殺身成仁)의 정신은 독립운동가 중에 최고였습니다. 김구 선생이나 이승만은 독립을 위해서 노력했지만, 이분들은 다분히 처음부터 정치적으로 살았고, 한용운 스님은 정치와는 관계없이 오로지 민족의 정신과 순수한 독립운동 정신을 일깨우기 위해 감옥을 내 집 드나들 듯이 하면서도 국내를 떠나지 않고 끝까지 살아갔던 분이라는 것입니다.

한용운 스님은 불교에도 탁월한 안목을 가지고 있었기 때문에 30대 후반에 조선불교유신론(朝鮮佛敎維新論)이라는 책을 지었습니다. 젊은 나이에도 불구하고 한국 불교의 개혁을 주장하면서 책을 발표한 뒤에 많은 비난을 받았지만 불교유신론은 불교 미래를 본 명작입니다. 왜냐하면 한국 불교에 대한 몇 가지 개혁을 주장했었는데, 그 중에서 한 가지가 스님들이 결혼을 해야 한다고 했기 때문입니다. 이 한 가지로 인해서 비난을 많이 받았는데, 한용운 스님이 보는 입장에서는 충분히 일리가 있다고 할 수 있습니다.

오늘날 한국 불교의 흐름을 보면 일본 불교처럼 법사화해야 된다고 생각합니다. 정말 한국 불교가 바르게 살아가기 위해서는 한용운 스님의 주장을 전적으로 다 받아들일 수는 없지만, 보완해서 받아들여야 됩니다. 예를 들어 스님들을 법사스님과 비구스님으로 철저히 구분해서 비구스님은 사판은 하지 않고, 부처님의 법을 전하기 위해 오로지 수행에 전념하면서 청정한 수행자로 살아가게 하고 법사스님은 포교와 행정(살림)을 하면서 살아가는 사판승으로 구분하자는 것입니다.

일찍이 일본은 이렇게 철저하게 구분되어 불교의 생활화에 잘 정착했습니다. 때문에 우리나라도 법사를 스님과 신도 그 중간 단계의 성직자로 해서 결혼해서 월급 받으며 종무 일을 하게 해야 합니다. 즉 법사스님으로 인정하여 불교를 활성화해야 한다는 것입니다. 즉 법사들이 사찰운영을 위한 행정업무를 하면서 살림을 꾸려나가고, 스님들은 도만 닦으면 된다는 것입니다. 얼마나 깨끗해요? 불교의 전통을 살릴 수 있는 좋은 방법입니다.

산승은 한용운 스님의 조선불교유신론(朝鮮佛教維新論)을 보면서 여기에서 이 시대에 맞추어 조금만 고치면 훌륭한 한국 불교 개혁이 되겠구나. 라고 생각했습니다. 당시 그 혼란스런 시대에 참으로 한용운 스님의 안목이 탁월하다는 생각을 했습니다. 한용운 스님은 해방 1년 전에 돌아가셨으니까, 돌아가신 지가 60년이 넘었습니다. 이미 60년 전에 오늘날의 불교흐름을 정확하게 예견했다는 것은 얼마나 대단하지 않습니까? 60년 후를 내다본 선각자다운 안목을 우리가 존중하지 않을 수 없습니다.

이처럼 한용운 스님은 당시 사회적인 현상과 불교개혁문제를 해결하기 위해 홀로 사상적으로 정리하고 실천적으로 노력을 했던 사람입니다. 그러면 우리는 이 시대에 한용운 같은 사람이 산다면 과연 어떤 개혁을 할 것이며 이 시대에 어떠한 정신으로 살아가야 하는지, 이것을 우리에게 보여주었을 것입니다.

산승은 여기에서 두 가지를 생각해 볼 수가 있습니다.
첫째는 자연을 통해서 인과의 분명한 인식을 하게 되는 것입니다. 오늘날 우리 사회는 자연의 이치를 깊이 생각하지 못하므로 대부분 양심불량한 사람이 되어버린다는 것입니다. 우리가 인과를 철저하게 본다면 결코 오늘날과 같은 이런 부조화된 사회가 생겨나지는 않겠죠. 정말 우리는 이 시대의 인과에 대한 확고한 인식을 가져야 됩니다. 이것이 모든 일에 기본이 되기 때문 입니다.

또 하나는 이 시대에 정신적, 사상적으로 필요한 정신을 말한다면 신라 때 원효대사의 화쟁사상이 절대적으로 필요합니다. 화쟁사상이 필요한 이유는 아무리 단순한 사회라도 사람마다 견해가 다를 수가 있는데, 하물며 현시대는 우리나라에 종교만 해도 100개가 넘습니다. 동서양의 철학과 사상이 혼합되어 정신세계가 매우 난립되어 혼란스럽습니다. 그러나 교통과 통신의 발달로 인해서 일어나는 이 현상은 누구라도 막을 수가 없습니다. 막을 수 없다면 우리는 여기에서 바른 길을 찾아야 됩니다.

그 길이 바로 화쟁이라는 것입니다. 다툼을 멈추게 할 수 있는 정신이라는 뜻입니다. 어떻게 해야 우리는 혼란스러운 말세의 다양한 정신세계를 통합해서 모든 사람이 공감할 수 있는 정신의 체계를 내놓을 수 있겠느냐는 것입니다. 이것은 대단한 선각자가 아니면 불가능하다고 봅니다. 설사 어떤 사람이 좋은 안을 내 놓는다 해도 강력한 리더십을 가진 지도자가 아니면 통하지 않습니다. 예컨대 산승이 지금 이 자리에서 어떤 해결책을 내놓는다고 해도 누가 알아주겠느냐는 것입니다. 그래서 이것도 역시 때와 인연이 닿아야만 되므로 간단한 문제는 아니라는 것입니다.

먼저 우리는 화쟁사상을 확립하고 세우기 위해서는 인과에 대한 투철한 안목과 자세가 있어야 됩니다. 단지 이론적인 것만 가지고는 아무런 힘이 없고, 사람들은 믿어주지도 않습니다. 우리는 이 현실을 어떻게 볼 것인가? 여기에 대해서 많은 사람들은 생각을 합니다. 가장 기본적인 것은 선인선과(善因善果), 악인악과(惡因惡果)라. 좋은 인을 심으면 좋은 과가 나오고 나쁜 인을 심으면 나쁜 과가 나온다는 것, 이것은 지극히 단순한 이야기 같지만 우주 만유가 존재하는 원리이므로 간단하지 않습니다.

착한 일을 하면은 착한 과보가 따르고 나쁜 일을 하면 나쁜 과보가 온다는 것을 우리는 어느 정도는 믿고 있습니다. 그런데 확고한 믿음이 있는 사람은 극히 드물다는 것입니다. 여기에 대한 확고한 믿음이 있는 사람은 나쁜 짓을 하지 않습니다. 왜냐하면 나쁜 짓의 결과가 너무 무섭게 나타나기 때문에, 결코 남을 속이고 엉뚱한 짓은 안 한다는 것입니다. 지금 당장 사람은 속일 수 있지만, 앞으로 다가올 열 배의 고통을 안다면 누가 그렇게 하겠습니까? 만약 우리가 물건을 팔아서 이익이 훨씬 더 많다고 생각하면 물건을 팔겠지만, 별로 이득이 없다는 것을 알면 팔지 않겠죠.

그런데 요즘 중생들은 인과의 이치를 모르므로 인해 항상 밑지는 장사나 거래를 한다는 것입니다. 뿐만 아니라 참으로 위험하고 나쁜 결과를 초래하는 이상한 거래를 계속하면서 행복을 추구하고 있습니다. 우리가 착한 일을 하면 착한 과보가 따르고 나쁜 일을 하면 나쁜 과보가 온다는 엄연한 사실을 중생들은 왜 인식을 못하는가요. 바르게 인식을 한다면 절대로 그렇게 살지 않겠지요.

우리가 살아가는데 있어서 인간관계 등 여러 가지 일들을 지혜롭고 양심적으로 해야 됩니다. 양심적으로 살아간다면 건강도 인간관계도 원만하게 됩니다. 그런데 사람들이 인과를 바르게 보지 못하기 때문에 현실에서 문제점을 잘 대처하지 못하고 있으며 현실을 보지 못하므로 미래에 더욱 잘못된 길로 가게 됩니다.

세상에서 가장 쉽게 가장 많은 업을 짓는 것이 살생 업이며 그 살생업을 도와주는 것이 육식입니다. 사람들은 입맛을 쫓아 아무 생각 없이 쇠고기, 돼지고기, 닭고기 등 육식을 합니다. 그러나 이러한 고기가 밥상에까지 오기 전에는 무한한 업이 서려 있으므로 그 고기를 먹는 자도 간접 살생이 되어 과보를 받게 됩니다.

그리고 육식은 건강에 100% 해롭습니다. 요즘 미국에서 들어오는 쇠고기는 더욱 문제가 많이 있어 각종 질병을 만들어 내고 있습니다. 미국에서 팔기 어려운 부분까지 MB 정권 때 미국에 환심을 사기 위해 한국에 무차별 수입해서 국민 건강을 위협하고 있습니다. 소가 도살장에 갈 때의 그 비참함은 이루 말할 수 없는데 그 고통을 생각하지 않고 단지 맛있다고 먹는 것은, 높은 식견과 양심을 가진 사람이라면 차마 먹을 수 없는 일입니다. 그리고 돼지, 닭, 온갖 축생들도 항생제나 영양제로 살만 찌워서 팔게 되니, 그 한이 가득한 음식들을 먹어서 얼마나 몸에 이롭겠습니까?

고기를 먹는 사람은 몸의 세포마저도 육식화 되어서 계속 먹고 싶어진다는 것입니다. 그것은 우리의 몸의 세포가 전부 육식으로 길들여져 있다는 뜻입니다. 그래서 일주일만 안 먹으면 사람이 물불을 가리지 않고 먹게 됩니다. 고기를 먹은 중생들은 살기가 등등해지니 가만히 있지를 못하고 또 어디 가서 시비하고 싸움을 해야 됩니다. 만일 싸움할 게 없으면 논쟁이라도 벌이고 이것도 저것도 안 되면 쓸데없는 망상을 일으켜 가산을 탕진하게 됩니다. 이 처럼 고기 먹음으로 인해서 각종 복을 감하는 일을 하고 빈천한 과보를 받게 됩니다.

사람들이 만일 고기를 안 먹으면 마음의 평화가 오는데 고기를 먹음으로 자꾸 정신과 몸은 쇠약해지고 병을 만들고 기운을 상실하게 됩니다. 사람이 맑은 음식을 먹게 되면 정신이 맑아져서 착한 생각이 나오게 되고, 거기에서 착한 행동을 하게 되고 좋은 과보를 받게 되겠죠. 우리가 만일 인과를 바르게 안다면 먼저 몸과 마음을 다스릴 수 있는 기본을 갖추게 됩니다. 그 옛날 조선시대에 이런 일이 있었어요. 한 정승이 아주 참 착한 부인을 두고 살았는데 어느 날 정승이 국가 일로 나라의 부름을 받아서 갔다가 오니까, 그 젊은 부인이 없어져 버렸어요. 그래서 동네 사람한테 물어 보니까 어떤 숯장수를 따라가는 걸 봤다는 거예요.

옛날에는 부잣집은 숯으로 밥을 지어먹었어요. 그래서 정승집에서도 숯을 사야 되는데 그만 숯장수가 마음에 들어 따라갔다는 것입니다. 정승이 그 숯장수 있는 위치를 수소문해서 찾아가보니 숯 굴속에 둘이 지내고 있는 것을 보았습니다. 저 유명한 서산대사의 제자 청매스님도 혼자 토굴에 살면서 숯을 구워 짊어지고 내어가서 마천장에 가서 식량으로 바꿔 올라가서 생활했다는 그런 기록이 있는데 그것은 숯을 한가마 구워가지고 가져가면 쌀하고 바꿀 수가 있기 때문입니다.

그래서 숲속에 시커멓게 생긴 아주 못생긴 숯장수에게 자기 부인이 옆에서 사랑을 받고 있단 말이에요. 일인지하 만인지상(一人之下萬人之上)이라. 즉 임금 한 사람 아래이고 만백성의 위라는 정승의 부인이 그 자리를 버리고 숯장수를 따라간 것이 화두가 되어 계속 참구하다가 홀연히 전생을 보게 되었습니다. 부인은 전생에 숯장수 몸에 붙어 살아온 이였는데 전생의 특별한 인연으로 정승의 부인은 되었으나 결국 숯장수의 피를 많이 먹은 업보로 인해 그 사람을 빚을 갚으려는 마음이 자기도 모르게 생기는 것입니다.

이 세상에 많은 중생들이 있지만 실질적으로 많은 중생들이 다 인연의 업보를 가지고 있어요. 그저께는 내가 조사전 마당에서 포행을 하는데 조그마한 날개 달린 벌레가 날개는 퇴화되어 계속 풀 숲속으로 바쁘게 기어 다니는 것을 보며 저 중생들도 한때는 천하를 호령하는 일도 있었겠지만 업보를 받아 저렇게 어두운 곳만 찾는구나 하고 생각했습니다.

그런데 풀 숲속을 가만히 들여다보니 그런 중생이 무척 많아 가만히 그 미세한 벌레, 곤충들을 다 나름대로 계산해 보니까, 조사전 담장 안에 있는 중생들이 전 세계 70억 인간 숫자보다 더 많다는 생각이 들었습니다. 이렇게 한량없는 중생들이 윤회를 거듭하면서 살아간다는 것입니다. 이렇게 본다면 우리가 불자로써 살아가는 것이 얼마나 중요한 기회라는 것을 알 수 있습니다.

조선시대 서산대사의 손자에 해당되는 환성지안대사라는 도인이 있었습니다. 그분이 큰 강당에서 천 명의 대중을 상대로 법문을 하고 있는데, 어떤 노스님이 바깥에 어간문을 살짝 열고 보면서 "자벌레가 어지간히 많이 컸다." 그러고는 문을 쓱~ 닫고 가버렸습니다. 이에 대중들이 놀래면서 큰스님에게 묻기를 "방금 저 노인이 저렇게 말한 게 무슨 뜻입니까?" 하니 환성지안대사가 말하기를 "그것은 다른 게 아니고 내가 3,000년 전에 석가모니부처님이 한창 설법할 적에 자벌레가 되어 부처님 몸을 발에서부터 손바닥까지 기어 올라오니까, 부처님이 자벌레를 나무에 붙여주시면서 '앞으로 그대가 미래의 부처님이 될 것이다.'라고 수기를 했느니라. 그 뒤 나는 인간 몸을 받고 스님이 되어 수행을 잘한 결과 지금 법상에서 설법하게 되었느니라. 이것을 신장이 보고 그렇게 말한 것이다. 아까 문을 열고 본 사람은 그 때 부처님을 옹호하던 신장인데 3,000년이 지나도 그대로 모습을 가지고 있구나." 하였습니다.

이처럼 부처님 당시, 부처님 몸에 기어오르던 자벌레가 부처님의 축복을 받아 죽어서 사람이 되고 사람이 되어서 계속 도를 닦아 오늘날 환성지안대사라는 큰 도인이 되어서 그렇게 법문을 하시고 훌륭한 도인이 되었다는 이야기가 전해오고 있습니다. 우리는 이런 이야기를 통해서 성인과 한번 인연 맺으면 필경 해탈하게 되므로 오늘 여기 오신 불자님들 또한 부처님과 큰 인연이 있기 때문에 여기에 오셨으니, 우리는 이러한 법의 인연을 소중하게 생각해야 합니다.

그러므로 우리는 인과에 대한 확고한 자세와 철저한 인식이 좋은 삶을 살아가는 기본이 되는 줄 알아야 합니다. 인과에 대한 확고한 인식과 믿음의 바탕에서 바른 정신과 걸림 없는 지혜가 나오며 이 바탕에서 화쟁의 이치를 세울 수 있습니다. 오늘날 온갖 사상이 난립된 이 속에서 화쟁을 이루기 위해서는 먼저 자신부터 기본을 갖춰야 합니다. 기본이 없으면 지혜가 열리질 않아요. 때문에 우리는 인과라는 이치를 가지고 자신을 절제할 수 있는 능력을 갖추어야 합니다. 그것이 안 되면 어떤 말에도 힘이 실리지 않아요.

그래서 법과 법력이 있어야 하고 도와 도력이 있어야 합니다. 그럼 도와 도력, 법과 법력이 무슨 차이가 있는가요? 도는 누구나 다 가지고 있을 수 있어요. 그런데 도력이 없으면 도가 펴지질 않아요. 그럼 도력이나 법력은 어디서 나오는가요? 바로 근본에 사무친 철저한 바탕에서 나온다는 거죠. 단지 불교를 이해만 한다고 해서 불교의 힘이 나오는 건 아닙니다. 투철한 인과관을 가지고 고도의 절제력으로 삶을 이끌어야 하고 화쟁의 정신으로 불교의 정신을 하나로 꿰뚫을 수 있어야 합니다.

감정이 앞서면 좋은 말을 할 수 없고 지식이 앞서면 지식을 악용할 수 있으므로 식자우환이 될 수 있습니다. 즉 아는 것이 오히려 우환꺼리가 된다는 것입니다. 모르면 다소 단순하기도 한데 영악하면 업을 많이 지어 좋은 결실을 맺을 수 없습니다. 진실하고 순수하면 저절로 아상이 엷어져 자신을 비우고 맑힐 수 있어요. 그러나 우리는 너무나 꽉 찬 시대를 살고 있습니다. 텅빈 충만이라는 말이 있죠. 비어있어야 되는데 너무 차 있어요. 유형무형으로 우리의 정신세계가 꽉 차 있어요. 이 비움을 통해서 우리는 전체와 하나가 될 수 있다는 그 이치를 알아야 합니다. 그것이 비움의 철학입니다. 그래서 비우면 통하게 됩니다. 그러나 비우지 못함으로 쓸데없는 것을 너무 많이 가지고 있습니다. 우리는 자연을 통해서 비움의 철학에 충실해야 합니다. 비움의 철학은 바로 인과에 대한 확고한 이해와 양심이 있을 때 가능하게 됩니다.

우리는 이 시대를 꿰뚫어 볼 수 있는 지혜와 안목과 사상이 필요해요. 어떻게 이 시대에 살아가야 할 것인가? 어떻게 사는 것이 이 시대에 필요로 하는 삶인가? 이것을 우리가 생각할 줄 알아야 합니다. 우리는 어느 시대를 살던 그 시대에 필요한 사람이 되어야 합니다. 그러기 위해서는 시대를 볼 줄 아는 선지적 안목과 실천력이 있어야 합니다. 여기에는 세 가지를 갖추어야 합니다. 첫째, 자연(인과)을 바로 볼 줄 알아야 하고 둘째, 인간성(자비심)이 있어야 하며 셋째, 시대를 볼 줄 아는 지혜가 있을 때 세상의 필요에 부응할 수 있습니다.

이 세 가지는 화쟁(和諍)의 정신을 통해서 나타낼 수 있습니다. 그래서 산승은 다시 화쟁의 정신을 실현하기 위해서는 다음 열 가지 실천력을 갖출 때 가능하기 때문에 지금 말하고자 하니 잘 들으시기 바랍니다.

* 열 가지 화쟁의 정신

1, 자기의 감정을 통제할 줄 아는 것
2, 근본 바탕이 순수해야 한다는 것

3, 비움의 철학에 확고해야 하는 것
4, 인간관계에서 객관성과 상호주의적인 관계철학이 필요
5, 만물의 이치를 보고 인연과 인과에 밝은 것
6, 자연을 보고 무위와 무생의 정신에 들어갈 것
7, 자연을 통해서 만물의 자비를 실천할 것
8, 시대를 꿰뚫어 볼 줄 아는 지혜와 먼 미래를 볼 줄 아는 지혜
9, 대의를 실천하는 곳에 자만과 아상을 버리고 겸손하되 고난과 비난을 두려워 않는 것
10, 사심을 버리고 큰마음을 실천하려는 원력의 보살정신입니다.

우리는 이러한 마음으로 이 시대에 필요한 사람이 되어야 합니다. 우리가 이 시대에 필요한 사람이 되기 위해서는 상기 열 가지 화쟁의 정신을 가질 때 어느 시대를 막론하고 그 시대에 필요한 사람이 될 수 있습니다.

우주와 자연은 오직 연기적으로 흐르고 있습니다. 사람이 만일 사심을 버리면 자연의 이치를 보게 되고 자연을 보는 사람은 연기와 인과를 봅니다. 그러므로 우리는 먼저 인과에 대한 투철한 정신을 가져야 하고 그 바탕에서 지혜를 가지고 현실을 살펴보면 우리는 바로 모든 중생이 함께 즐거움을 얻을 수 있고 이익이 되는 공익의 마음으로 나아갈 수 있습니다.

이 시대에는 상기 열 가지 큰마음의 정신이 절실하게 필요합니다. 이와 같은 큰마음의 정신을 가질 때, 아욕

과 아집에 빠지지 않고 그 순수성으로 나아갈 수 있으며, 인과의 정신에 충실한 마음을 가질 때, 이기심을 떠난 순수한 보살심과 큰마음을 갖게 되는 요인이 됩니다.

보살행이란 자리이타(自利利他)인데 나도 이롭고 남도 이롭게 한다는 뜻입니다. 내가 이롭기 위해서는 내 이익을 따로 생각하지 않은 순수한 마음과 모든 사심을 버린 철저한 공익에 입각한 마음을 가질 적에 필경 자신에게 유익하고 남도 유익하게 됩니다.

큰마음이란 화쟁의 정신을 말하는 것입니다. 이기심을 떠나면 화쟁이 가능하고 여기에서 하는 일은 무엇이던 큰마음이 됩니다. 그런데 사심을 가지고는 아무리 외적으로 큰일을 해도 그것은 작은 마음이 되지만 사심을 떠난 순수한 공덕의 마음으로 일상생활을 한다면 그 사람은 무슨 일을 하던 큰일이 됩니다. 이러한 큰마음으로 살아가는 사람은 때가 되면 국가를 위해서 혹은, 불교를 위해서 혹은, 모든 사람을 위해서 큰일을 할 수 있는 인연이 있고 기회가 생기게 됩니다. 그때 보살심을 가졌던 마음이 빛을 발하게 되므로 우리는 이러한 큰마음을 가지고 일상생활을 해야 합니다.

이것을 산승이 항상 강조하는 큰마음이며, 이 시대의 필요한 정신입니다. 우리는 이 시대가 나아가야 할 길을 여기에서 찾아야 하며, 마침내 이러한 큰마음의 정신으로 모든 세상의 허물을 초월하고 모든 사람과 화쟁의 정신으로 진정한 해탈(행복) 이루기를 바랍니다.
성불하십시오.

(2013년 8월)

영주 대승사 대중의 부처님오신날 동네 정근 모습.

5. 삶의 의미 존재의 의미

오늘은 가을비가 조용하게 내리고 있습니다. 단풍잎이 조금씩 물들어가는 것을 보니, 어느덧 가을도 이렇게 깊어가는구나! 하는 생각이 듭니다. 그래서 산승은 오늘 오색단풍이 물결치는 '가을 그 속에서'라는 시를 한 번 읊겠으니 잘 들어 주시기 바랍니다.

♣ 가을 그 속에서

가을 안개 낀 적막한 산사에
고요하게 보슬비는 내리고

선선한 바람이 불어오니
푸른 나뭇잎은 어느새 물들었네.

정적을 깨트리는 풀벌레 소리에
가을은 점점 깊어만 가고

삶을 찾아 나왔던 뭇 생명들
다시 존재 속으로 들어가네.

가을! 그 깊은 고요 속에서

만물은 길을 따라 흘러가는데

나는 오늘 여기에서
삶과 존재를 생각해 보네.

이제 아침저녁으로 제법 쌀쌀한 바람이 불고, 온 산의 나뭇잎은 붉게 물드는 것을 보며 어느덧 이 가을도 점점 깊어 가는 것 같습니다. 우리는 가을을 통해서 삶과 존재의 의미를 한번 생각해 볼 필요가 있습니다. 그래야 가을을 맞이하는 우리 모두에게 유익하기 때문입니다. 이 고요하고 깊어가는 가을 그 서정성 속에서 존재의 의미를 한번 생각할 때 우리의 삶은 아름다워 질 것입니다.

우리가 존재의 의미를 생각하기 위해서는 삶의 의미를 볼 줄 알아야 하고, 삶의 의미를 깨우치기 위해서는 다시 존재의 의미를 돌이켜보아야 합니다. 어쩌면 삶과 존재라는 것은 빛과 그림자처럼 서로 떨어지지 않습니다. 그림자는 빛으로 인해 존재하고, 빛은 그림자를 만들어 냅니다. 이처럼 삶과 존재라는 것은 서로 떨어질 수가 없는 관계에 있습니다. 불교에서는 이것을 체(體)와 용(用)으로 표현을 합니다.

존재의 의미를 인간의 본질적 의미로써 생각해 볼 수 있다면, 삶의 의미는 작용 속에서 찾아볼 수 있습니다. 우리가 먼저 삶의 의미를 잘 보기 위해서는 생명이 무엇인가를 돌아볼 줄 알아야 됩니다. 모든 존재는 생명이 있죠. 생명이 없는 존재는 존재할 수 없습니다. 사람들은 돌멩이나 말라죽은 나무에도 생명이 있느냐? 라고 반문할 수 있 겠죠. 생명이 없는 것은 존재할 수 없습니다. 만물은 나름 대로 생명을 가지고 있습니다.

의상대사의 법성게(法性偈)에 보면 '일미진중함시방(一微塵 中含十方)'이라고 했습니다. 미세한 티끌 속에 시방을 머금 었다는 말입니다. 이 말 속에 만물의 본성은 하나도 아니 고 많음도 아니며 큰 것도 아니고 작은 것도 아닙니다. 유 정 무정 분만 아니라 생명 있고 없는 것까지 존재 그 자 체로써 만법과 차별 없기 때문입니다. 이렇게 "유정(有情) 무정(無情)이 개유불성(皆有佛性)"이라고 했으니 우리는 이 생명 속에서 존재의 의미를 볼 수 있어야 합니다. 만일 존 재의 의미를 볼 수 있다면 만법의 실상을 깨우칠 수 있습 니다. 그래서 법화경에 "제법은 그대로 실상(諸法實相)"이 라 했습니다.

우리는 이 가을에 생명의 실상, 존재의 실상을 한번 생각 해 보아야 합니다. 사람들은 움직이고, 말하고, 생각하고, 온갖 행동을 다 하면서도 "'나'란 무엇인가? 인생이란 무 엇인가?"라고 묻는다면 대답을 하지 못합니다. 그것은 내 가 나 자신을 모르기 때문입니다. 만일 그냥 사니까 살아 가고, 목숨이 있으니까 살아가는 것뿐이라고 생각한다면 자신을 바꿀 수는 없습니다. 본능적으로 살아가는 삶에서 는 인생의 진정한 뜻을 실현할 수가 없습니다. 사람은 적 어도 이 세상에 태어났으면 자기 자신을 알아야 합니다.

인생이란 어디서 와서 어디로 가는지? 그 본질은 무엇인

지? 이것도 모른 체 우리가 한 세상을 살아간다면, 과연
만물의 영장이라는 인간의 가치와 의미가 있겠습니까? 이
러한 정신세계의 진정한 가치를 보지 못하므로 중생들은
가지가지 현상경계에 속아서 살아가고 있습니다. 그러므로
중생들이 옳다고 하는 것을 가만히 들여다보면 거기 옳지
못함이 있고, 옳지 못함이 있으므로 그르다고 하는 것에서
도 그르지 않음이 있습니다. 결국 옳다 그르다, 좋고 나쁘
다 하는 중생들의 경계는 허망하고 진실하지 않다는 것을
알 수가 있습니다.

우리가 인생을 진정으로 돌이켜 본다면, 본질적인 문제를
이해할 수 있습니다. 내 자신의 참모습, 정체성, 본질을
깨우치지 못함으로 인해서 막연히 육근의 현상경계를 그냥
따라가는 것입니다. 여기에서 인간의 진정한 삶의 가치를
어떻게 발견할 수 있겠습니까? 우리는 어떤 것이 진리이
고, 어떤 것이 진리가 아닌 허망한 경계인지 알지를 못하
는데, 어찌 삶의 정도(正道)를 볼 수 있겠습니까?

오늘 여기 법회에 왔으니, 적어도 산승의 법문을 통해서
삶의 원리를 알아야 되고, 존재의 이치도 알아야 합니다.
불자님들은 존재라는 말을 들으면 철학적으로 받아들이고
생각하지 않으려 하는데, 존재라는 말이 바로 우리 삶의
본질임을 이해하면 어렵게 생각할 것 없습니다. 만일 존재
의 의미가 바로 우리 삶의 본질이라면 나의 참모습과 정
체성과 본질을 바로 깨우칠 수 있습니다. 서양 사람들이
말하는 존재론과 시간론은 불교에서 말하는 존재론과는 많
이 다릅니다. 서양의 모든 철학은 이원론의 경계 안에서

분별하기 때문에, 근대 서양철학은 모두 이원론이 되는 것입니다.

이와 같은 이원론에서는 불교에서 말하는 존재론적인 본질을 깨우칠 수 없습니다. 왜냐하면 그들은 피상적으로 이야기하기 때문입니다. 그러나 불교를 통해서는 인간의 본질을 깨우칠 수 있습니다.

우리 불자님들! 이 좋은 가을을 맞이해서 내가 나의 근원을 돌이켜볼 수 있는 기회를 오늘 법회에서 가지시기 바랍니다. 또한 불자님들은 산승의 법문 속에서 불자님들은 알맹이를 건질 줄 알아야 됩니다. 이것은 산승이 오랜 수행의 결과물이기 때문입니다.

우리는 이 좋은 명상의 계절에 고요하게 자연을 바라보아야 합니다. 지금 밖에는 나뭇잎이 하루하루 변해가고 있습니다. 오른편 단풍잎은 아주 화려하고 붉습니다. 일주일 후면 절정을 이루겠지요. 이렇게 급변하는 날씨 속에 산색도 하루하루 변하고 있습니다. 어제까지만 해도 날씨가 화창했는데, 오늘은 안개가 끼고 보슬비가 소리 없이 내리고 있습니다. 이 모든 현상을 잘 보면 거기 깨달음이 있습니다. 즉 자신을 돌아볼 수 있는 계기가 된다는 것입니다. 이것을 바로 볼 때 자신에게 유익한 일이 됩니다.

사람들은 누구나 고뇌를 벗어난 안락하고 행복한 삶을 살아가길 원하고 있지만, 자신을 돌아보지 못하는 상황에서 어떻게 인생의 참 진리를 발견할 것이며, 인생의 도(道)를 모르면서 행복을 찾을 수가 있겠습니까? 그러나 우리가 이렇게 부처님 도량에 와서 내가 걸어가야 할 참다운 길을 알 수 있고 걸어갈 수 있다는 것을 안다면 불교를 믿는 진정한 공덕이 될 것입니다.

이 세상에는 많은 종교가 있지만, 자신을 똑바로 가르치는 종교는 불교 외에는 없습니다. 다른 종교는 마음 밖으로 대상을 찾아가고 있습니다. 만일 마음 밖에 어느 누가 있고, 어느 절대자가 있어서 그에게 복을 받아야 된다면, 이것은 진리가 될 수 없으므로 완전히 잘못된 말입니다. 모든 법은 대상에서 시작되는 것이 아니라, '나'로부터 시작되는 것이기 때문에 '나'를 통하지 않고 세상은 존재하지 않습니다.

그래서 '나'를 아는 것이야말로 이 세상을 아는 열쇠입니다. 그러나 사람들은 부질없는 일에 너무나 시간을 허비합니다. 언제 어떻게 될지 예측할 수 없는 인생을 살면서 자신을 찾는 것이 가장 가치 있고 중요한 일이라는 것을 잊어버리고, 바쁘다는 핑계로 스님의 법문도 듣지 않고 온갖 망상을 피우면서 고통을 받고 있습니다. 왜 행복을 추구하지 못하는가요? 그것은 바른 가르침을 받지 못했기 때문입니다.

이 마음에서 행복도 불행도 있다면 우리는 이 마음을 잘 다스려야 합니다. 경에 "일체유심조(一切唯心造)"라고 했습니다. 모든 것은 마음에서부터 비롯되었다는 여기에 불교의 핵심이 있습니다. 사람은 현실에서 마음을 통하지 않고 참된 인생을 발견할 수 없습니다. 그래서 이 가을에 진정한 가을명상을 해야 하는 것입니다. 이 가을명상을 통해 자신의 존재와 삶의 가치를 이해하고 좋은 삶을 살아가야 합니다.

마음은 우리 모두의 절대성 존재입니다. 이 세상에는 이러한 절대아(絶對我)를 능가하는 존재는 있을 수 없습니다. 그래서 천상천하 유아독존입니다. 불교는 모든 법을 마음에서 구하고 있습니다. 마음을 깨달아 얻어진 이치는 영원하나 마음 밖 경계에서 얻은 법은 허망할 수밖에 없습니다. 세속적 종교는 바깥 경계에서 복을 구하고 있기 때문에 어리석고 잘못되었다는 것입니다. 그러므로 부처님께서는 "부처님 법 이외에는 전부 외도(外道)"라 하셨습니다. 외도(外道)란 바깥 길이지, 내 마음의 길은 아니라는 것입니다.

부처님 당시에도 96종의 종교가 있었습니다. 그 중에서 여섯 종교가 큰 종교였습니다. 그러나 부처님께서는 전부 진리에 이르는 길이 아니고, 외도(外道) 라고 하셨습니다. 아마 그 당시에 기독교, 이슬람교가 있었다면 당연히 외도 취급을 받았을 것입니다. 왜냐하면 기독교과 이슬람의 유일신 사상과 비슷한 종교가 인도에는 이미 있었기 때문입니다. 바라문교에서도 말하기를 이 세상은 범천(梵天)에서 만들었으니 범천을 섬겨야 된다고 합니다. 이 말은 기독교나 이슬람 교리와 비슷합니다.

부처님께서는 이 세상은 누군가에 의해서 만들어지는 것이 아니라, 중생들의 공업력(共業力)이 모여 만들어진 집합체일 뿐이라고 하였습니다. 이 말이 바로 육조 혜능대사께서도 "깃발이 움직이는 것도 아니고, 바람이 움직인 것도 아니고, 너의 마음이 움직였을 뿐이다."라는 말과 같은 뜻입니다.

불교의 핵심은 바로 마음을 가르쳐 견성 성불하게 합니다. 이것이 일체유심조(一切唯心造)의 도리입니다. 불교는 이처럼 마음의 본질을 가르쳤습니다. 그래서 인생을 알고자 한다면, 당연히 마음을 볼 줄 알아야 하고, 마음을 보는 자는 인생을 보고, 인생을 보는 자는 마음을 본다는 것입니다. 그런데 만일 마음을 보지 못한다면 어떻게 인생을 알 것이며, 삶을 어떻게 이해할 수 있겠습니까?

그러므로 삶의 철학적인 의미는 바로 자신을 아는 것이라 할 수 있습니다. 그래서 우리는 멀리서 도를 구하는 것이 아니라 현실에서 삶을 바로 돌아보아야 합니다. 그러면 자신을 볼 수 있습니다. 이것은 일상적인 생활을 통해서 행동하는 근원적 주체성을 돌아보라는 말입니다. 만일 생활 속에서 삶의 본질적인 의미를 볼 때 진실한 삶을 살 수 있습니다. 거짓된 삶으로는 영원한 진리를 발견할 수 없습니다. 나고 죽음이 끊어진 절대성의 세계는 오직 이 마음 속에서 구현할 수 있기 때문입니다. 사람들은 절대라는 말을 들으면 형이상학적인 높은 이상세계가 따로 있고, 우리가 사는 현실은 상대적이고 이원적인 세상이라고 생각합니다. 여기에서부터 오류가 생겼습니다.

이 세상은 한마음이라는 절대성으로 존재합니다. 결코 두 마음이 없습니다. 두마음은 이원론이라 생사심이 나옵니다. 두 마음이란 네 마음이 따로 있고 내 마음이 따로 있다고 생각하면 이원론적 상대적 마음입니다. 그래서 한마음의 이치를 바로 보면 이 마음을 떠나서 세상은 따로 존재하지 않습니다. 그래서 마음을 볼 수 있으면 삶을 볼 수 있고 삶을 보는 자는 인생을 알 수 있습니다. 그때 비로소 영원하고, 진실하며 안락한 삶을 살 수가 있습니다.

중국의 운문선사(雲門禪師)는 '일일시호일(日日是好日)'이라. "날마다 좋은 날이다."라고 했습니다. 그분의 경계에서는 태풍이 불고, 홍수가 나서 온 세상에 난리가 나도 언제나 좋은 날이라고 할 것입니다. 여기서 좋은 날이란 어떤 경계에서도 마음은 본질에 입각해서 경계에 속지 않는다는 것을 말하는 것입니다.

옛날 중국의 어느 유명한 도인과 인생철학을 강의하는 유명한 유학자와 배를 타고 가는데 풍랑이 일어서 온통 배 안에서 난리가 났습니다. 그런데 유명한 도인은 그 상황에서도 코를 골면서 자고 있었다는 것입니다. 이 분은 생(生)과 사(死), 나고 죽음을 특별하게 생각하지 않고 그냥 무심하게 대처했다는 것입니다. 그러는 사이에 배가 목적지에 도달하자, 유명한 유학자는 도인에게 "스님께서는 절대 절명의 위기에서도 어떻게 여여부동할 수가 있었습니까?"라고 물으니, "나는 일찍이 배를 탄 적이 없거늘, 어찌 배가 뒤집어질까 걱정하겠는가?" 하였답니다. 그러자 유학자는 "저는 지금까지 풍랑을 만나 목숨부지 못할까봐

매우 혼란에 빠져 있었는데, 큰스님의 말씀에 의해 이제
대 안락을 얻었습니다. 큰스님 감사합니다. 참으로 고맙습
니다." 이렇게 말하니, 도인은 "마음에 안락을 얻은 것이
좋기는 하나, 무심(無心)만은 못하다."라고 했습니다. 안락
이라고 느끼는 그 순간 불안이 올 수 있습니다. 그러니 안
락과 불안을 초월할 때 날마다 좋은 날이 될 수 있다는
것입니다.

경계를 당해서도 흔들리지 않는 그 마음, 그것은 바로 본
래마음(本來心)을 보기 때문입니다. 사서삼경을 통달하고,
동서고금의 철학을 통달한 사람도 그러한 절대 절명의 위
기에서는 초연하게 대처하지 못한다는 것입니다. 그러니
마음을 깨치지 못하고, 영원한 안정을 이룰 수 없습니다.
이와 같은 마음의 이치에서 존재의 의미를 볼 줄 알아야
되고, 존재의 의미를 바로 볼 때 삶을 이해하게 됩니다.
삶을 이해하는 사람은 현상적인 일에 연연하지 않습니다.

사람들은 좋은 일에는 굉장히 기분이 좋아하고, 나쁜 일을
대하면 엄청나게 비감에 빠집니다. 어제는 독실한 불자가
"저의 딸이 시험을 치는데 큰스님의 강력한 도력으로 기도
를 부탁합니다."라는 문자가 왔습니다. 사람들은 뭔가 원
하는 것이 있으면 이내 합리성을 잃고 바로 기복으로 떨
어집니다. 그러나 삶을 바르게 본다면 세속적으로 원하는
것을 두지 않게 됩니다.

왜냐하면 모든 존재는 완전하기 때문에 그렇습니다. 있는
그대로 완전성을 깨우칠 때, 진리를 볼 수 있습니다. 존재의

실상, 존재 그대로의 삶, 있는 그대로에서 실상을 보는 사람은, 부족하면 부족한대로 없으면 없는 그대로 있으면 있는 그대로 모두 다 완전함을 보기 때문에 뭔가 부족함을 느끼지 않습니다. 거기에는 고칠 것도 나쁜 것도 없으며, 부작용이 있다면, 그 부작용 그대로 완전한 것이 됩니다, 왜냐하면 부작용이 문제가 있음을 알려주기 때문입니다.

만일 모든 일이 마음먹은 그대로 다 이루어진다면, 마음먹은 그것이 부작용이 되어 이뤄진 것이 부작용이 될 것입니다. 그래서 절대성이라는 것은 이원론적인 사고(思考)의 경계를 넘어서야만 절대를 이해할 수 있습니다. 이와 같은 절대를 이해할 때 현실을 바르게 볼 수 있습니다. 현실을 지혜의 눈으로 바로 보면 그것이 곧 절대입니다.

우리는 이와 같은 절대 속에 살면서 절대를 수용하지 못하고 상대적 환상에 떨어져 허우적거리며 살아가고 있습니다. 이것이 중생이 되는 근본적인 요인입니다. 왜 절대를 상대로 보고, 거기에서 다시 두 가지 견해를 내는가요. 있는 그대로 절대로 본다면 그대로 완전한 것인데 그래서 우리는 완전성을 깨우쳐 됩니다. 완전성을 깨우치기 위해서 우리는 존재의 의미를 돌아볼 줄 알아야 됩니다. 우리가 존재의 의미를 돌이킨다면 삶의 절대성을 깨우칠 수 있습니다. 그 절대성을 깨우쳐야만 우리의 삶이 날마다 행복하게 된다는 것입니다.

고뇌를 안락으로 바꿀 수 있는 것은 오로지 존재의 의미에 투철하고 분명한 견해를 가지고 있어야 합니다. 여기에 대한 확고한 견해를 가지고 있을 때 우리의 삶은 풍요로 워집니다. 가을의 풍요, 가을의 넉넉함, 가을의 서정성 등 이와 같은 가을명상의 계절에 존재의 의미를 생각한다면 우리는 진실로 안락하여 누구도 뺏을 수 없는 마음의 넉 넉함을 가질 수 있습니다. 거듭 말하지만 우리는 현실에 주어지는 것을 있는 그대로 절대적으로 보고 있는 그대로 받아드릴 때 진정한 행복이라는 열매를 이 가을에 거둘 수 있습니다.

이제 우리는 좋고 나쁜 것을 그대로 행복으로 바꿀 수 있 는 지혜, 그 깨달음을 얻어 임운자재할 수 있으니 이 어찌 기쁘지 않겠습니까. 이와 같은 경지에서는 세속적인 바라 는 것이 없어집니다. 있는 그대로 다 행복하기 때문에 어 떤 것은 해야 되고, 어떤 것은 하지 않아야 된다는 이원적 사고에 떨어지지 않게 됩니다.

우리 불자님들! 이 가을에 우리는 이러한 내면의 풍요를 느껴야 합니다. 오곡이 무르익었다고 우리 마음이 풍요로 워지는 것은 아닙니다. 왜냐하면 거기에는 탐욕이 있기 때 문입니다. 저것을 팔아서 뭔가를 해야지 하는 물질적이고, 현상적인 풍요로움으로는 정신적인 풍요로움이 되지 않습 니다. 더욱이 오감의 욕구로 쫓아가는 삶에서 진정한 풍요 는 이룰 수 없습니다.

우리 불자님들! 산승의 법문을 통해서 진정한 가을의 풍요 로움 느끼시길 바라면서 오늘 법문을 마치겠습니다.
성불하십시오!   (2013년 10월)

6. 어떻게 살 것인가?

며칠 전만해도 온 산의 단풍은 절정을 이루었는데, 어느새 붉은 단풍잎은 어디로 갔는지 겨울을 느끼게 하는 쌀쌀한 날씨 속에 가을은 어디로 갔는지, 여기에 대한 시를 읊고 자 합니다.

♣ 가을은 어디로 갔는가……

늦은 가을 적막한 속에
한 줄기 미풍이 불어오는데

실바람 따라가는 마른 나뭇잎
허공에서 나왔다가 대지로 돌아가는가.

나뭇잎 같은 인생
마음에서 홀연히 나왔다가

업의 바람을 따라서
자연 속으로 돌아가는가.

끝없는 윤회여 삶이여!
인생이 나뭇잎 같다면

청산은 내가 되고
백운은 벗이 되어 가는가.

어디론가 흘러가는 것이 중생이라면
마음은 허공과 다름이 없고

청산과 백운 속에 사람이 산다면
이 가을은 어디로 가는가.

이렇게 변화무상한 산색을 보면서, 우리는 어떻게 살아가야 하는지를 생각하게 됩니다. 모든 것은 마음에서 비롯되었다고 부처님께서 말씀하셨습니다. 만일 모든 현상이 마음에서 나왔다면, 이 마음을 바로 보는 여기에 우주와 인생의 열쇠가 있다고 볼 수 있습니다.

그러므로 우리가 살아가는 곳에서는 나쁜 일도 좋은 마음으로 대하면 좋은 일이 되고, 좋은 일도 나쁜 마음을 가지고 대하면 나쁜 일이 된다는 것입니다. 결국 좋다, 나쁘다 하는 것은 이 한마음에 달려있지 대상에 있는 것은 아니라는 것입니다. 예를 들어, 일상생활 속에서 독약과 양약이 있습니다. 사람들은 독약은 나쁜 것으로 보고, 양약은 사람을 살리는 좋은 것으로 볼 것입니다. 그러나 그것은 사람들이 주관적으로 분별하고 있는 것일 뿐, 독약과 양약이라는 그 자체는 선(善)도 아니고, 악(惡)도 아니라는 것입니다.

선(善)과 악(惡)을 분별하는 것은 사람이지, 사물이 아니라는 것입니다. 그러므로 우리는 이 좋은 결실의 계절인 가을에 자신에 대한 좋은 결실을 생각한다면, 먼저 자기 마음을 잘 돌아 보아야 합니다. 만일 이 한마음을 밝게 가지고 긍정적으로 살아간다면 이 가을에 좋은 결실을 거둘 수 있습니다. 마음에서 모든 일체의 현상이 일어나기 때문에 이 한마음 속에서 좋은 결실을 거두게 됩니다. 이제 우리는 이 한마음의 미묘한 작용에서 가을의 위대한 결실을 생각해야 됩니다. 농사짓는 사람들은 봄에 씨를 뿌리고, 여름에는 가꾸고, 가을에는 결실을 거두고, 겨울에는 휴식을 취하게 되는데 이것을 사계절의 뚜렷한 이치에 따라 살아가는 것이라 할 수 있습니다.

인생에 있어 생로병사(生老病死)를 사계절에 비교할 수 있으니 생(生)은 만물을 잉태하는 봄에 해당하고, 노(老)는 만물을 성장시켜가는 여름이 되며 병(病)은 자연에 있어 가을이 되고 사(死)는 만물이 쉬어가는 겨울에 해당합니다. 봄과 여름은 생로(生老)의 현상이라고 할 수 있고 가을 겨울은 만물의 결론이라고 할 수 있다면 인생 사계절 가운데 어느 하나 바르게 잘 살지 않으면 아니 됩니다. 중생들은 병이 들면 고통스럽고, 좋지 않은 모습이라고 생각하지만 자연에서 병(病)이라는 것은 단풍잎처럼 아름답게 보여지기도 합니다. 들판에 벼들이 노랗게 물들어 가면서 오곡이 여물어 가듯 인생의 생로병사(生老病死)도 이와 같이 흘러가고 있습니다.

이처럼 가을이라는 결실의 과정을 지나가면, 겨울이라는 휴식기에 접어듭니다. 이것을 인생에 비유한다면, 죽음에 해당됩니다. 우리는 죽음을 부정적으로 보지만, 죽음이 있기에, 영혼의 휴식이 있는 것입니다. 그리고 죽음을 통해서 모든 생(生)의 업장과 찌꺼기를 걸러주는 것이 되고, 자연으로 보면 봄의 생명을 잉태시키는 근원적 힘이 됩니다. 이처럼 대자연의 변화 속에서 우리는 결실에 해당되는 가을을 맞이했습니다.

그렇다면 우리는 이 시기에 무엇을 할 것인가요? 만일 우리가 이 가을에 결실을 생각한다면 먼저 마음을 돌이켜 볼 줄 알아야 됩니다. 이 마음은 시작도 없고 마침도 없는 영원불변한 진리라고 할 수 있습니다. 그래서 이 한마음 속에 생로병사(生老病死)와 봄, 여름, 가을, 겨울이 다 들어 있습니다. 만일 마음속에 인생의 도가 있다면 이 마음을 통해서 사계절을 초월한 영원하고 절대적인 행복을 얻을 수 있으므로, 이 마음 다스리는 공부를 소홀히 할 수 없습니다.

내일이면 계절적으로는 입동입니다. 즉 겨울이라는 뜻인데 입동부터 겨울에 해당됩니다. 이제 우리는 겨울의 휴식기를 통해서 내면의 모든 업장을 지워버릴 줄 알아야 합니다. 스님들은 겨울 석 달 동안 외부 출입을 끊고, 정진하는데 불자님들도 겨울 결제기도를 통해서 마음을 닦는 기회를 가져야 합니다. 경에 이르기를 단심정좌(端心正坐)하고 일심염불(一心念佛)이라, 결제동안 단정히 앉아서 일심으로 염불하라는 말입니다. "단정히 앉는다."하는 여기에 불교의 핵심이 들어있습니다. 단순히 좌복 위에 가만히 앉아 있는 것이 아니라, 몸과 마음의 모든 찌꺼기를 흘려버리고, 맑은 마음으로 염불하는 상태를 말하는 것입니다.

옛 스님 게송에 "단좌무심(端坐無心)하니 춘래초자청(春來草自靑)이라." 단정히 앉아 무심하니 봄은 저절로 오고 풀은 푸르다는 말입니다. 이것은 수행의 기본입니다. 서 있거나, 잠자거나, 앉아있거나, 행동하거나, 모든 상황에서도 단좌무심의 도리에 입각해야 됩니다. 만일 이렇게 된다면 모든 일상이 수행으로 이어지게 됩니다. 특히 결제 기간에는 단좌무심(端坐無心)의 도리에 입각해서 수행을 해야 됩니다. 이것이 이 가을의 결실을 제대로 거두는 것이라 할 수 있습니다.

문수게에 보면 이런 말이 있습니다.

> 일념정심시도량(一念淨心是道場)이니,
> 승조항사칠보탑(勝造恒沙七寶塔)이라.
> 보탑필경쇄미진(寶塔畢竟碎微塵)이나,
> 일념정심성정각(一念淨心成正覺)이라.

한 생각 맑은 이것이 도량인데, 칠보의 보배로운 탑을 세운 것 보다 낫다는 뜻입니다. 왜냐하면 보배로운 탑이 아름답고, 부처님의 공덕을 표현하고 있지만, 물질로 이루어진 탑은 언젠가는 없어지기 때문입니다. 그래서 불자님들은 마음속의 청정한 보탑으로 영원한 해탈을 이루어야 합니다. 이 한마음을 맑히는 것은 마음속의 보탑을 세우는 것이고, 그것은 마음의 보배가 된다는 것을 알고 일심으로 염불을 해야 합니다. 일심염불 속에 불교의 핵심이 있고,

불자가 나아가야 할 길이 있기 때문입니다.

내 마음을 맑혀서 부처님과 하나가 되는 이치, 이것이 바로 염불입니다. 이 염불 속에 팔만사천 공덕이 있습니다. 왜냐하면 모든 중생은 마침내 부처로 돌아가기 때문 입니다. 부처란 바로 우리 마음의 고향입니다. 진리의 고향인 근본을 부처라고 본다면 우리는 부처가 되기 위한 끊임없는 노력을 해야 됩니다. 우리가 현상세계에서 아무리 잘 살아간다고 해도 선과 악이 존재하는 허망한 세상에서 마음의 고향을 찾기가 쉽지 않습니다.

진정한 마음의 고향, 이것은 일념으로 부처님 명호를 염송한다면 우리 마음은 저절로 맑아지고, 고요해지면서 세속적인 나쁜 업장, 마음속의 업장들이 소멸된다는 것입니다. 이 마음속의 업장을 소멸하는 길은 오직 염불 속에 갖추어져 있습니다. 탁한 마음을 비워서 텅 빈 허공처럼 맑아진 마음, 여기 내가 돌이켜 보아야 할 중요한 이치가 있습니다. 왜냐하면 여기에서 인간이 추구하는 절대적인 행복이 있고, 부처를 보고, 내 마음을 볼 수 있는 길이 있기 때문입니다.

이러한 경지에 가기 위해서는 먼저 잘못되고, 혼탁한 마음을 놓아버려야 됩니다. 혼탁한 마음이 우리의 바른 생각을 가로막고 있습니다. 잘못된 시비 분별심과 탁한 마음을 다스리지 않는다면 불법은 요원합니다. 왜냐하면 부처님께서는 외도들에게 진리를 설하지 아니하고 다만 "착하게 살아가되, 남을 비난하지 말고 바르게 살아라." 라고 말씀하셨습니다. 왜 부처님이 외도에게 기본적으로 인간성을 강조했을까요. 선의 기본이 없으면 부처님 법에 들어올 수 없기 때문입니다.

인도의 힌두교는 전부 불교의 부처님 가르침을 훔쳐다가 자신의 교리로 둔갑시켜놓고 자신들의 종교는 참으로 위대한 종교라고 했습니다. 원래 힌두교는 바라문교로써 하늘 신에게 제사 지내는 의식일 뿐이지, 어떤 인생을 이야기하고, 마음을 이야기하는 가르침은 없었습니다. 바라문교의 고대서적인 베다 경전에 들어있는 내용은 전부 제사 의식일 뿐입니다. 하늘에는 높은 절대자가 있다고 생각하면서 그에게 복을 비는 행동만이 최고의 가치로 여겼던 것입니다. 그러므로 옛날 원시종교 형태가 대부분 기복적이라 할 수 있습니다.

그것은 인간들의 무지와 미개한 심성 때문이라고 할 수 있습니다. 그 속에 불교가 나타남으로 인해서 외도들은 당황하고 마침내 불교의 교리를 배워서 마치 자기네들의 종교처럼 가르칩니다. 부처님께서는 그것을 다 아시고, 외도들에게는 법은 도둑질로써 얻을 수 없고 오직 제자가 되어서 배워야한다고 했습니다. 왜냐하면 지금 가지고 있는 잘못된 마음을 비워야만 정법을 배울 수 있기 때문입니다. 예를 들어 섞은 물이 담겨 있는 그릇 속에 부처님의 감로수를 넣어본들 독약의 기운이 강해서 감로의 효과는 나타나지 않는 것과 같은 것입니다.

부처님의 법을 배우려면 일단 마음속의 시비와 분별심을

버려야 됩니다. 잘못된 마음으로 스님의 법문을 아무리 들어본들 자신에게 변화는 오지 않습니다. 우리는 등불을 들고 있는 사람을 보지 말고, 그 등불을 보아야 합니다. 어두운 밤길을 가는데, 빛을 보아야지, 왜 사람을 보는가요? 어두운 밤길에서 빛이 나에게 유익하지, 사람이 필요한 것은 아닙니다. 그래서 악인이라도 불을 들고 있다면 그 불빛만은 소중합니다. 어리석은 사람이 등불을 들고 있다고 해서 그 불빛마저 버리면 구렁텅이에 떨어질 뿐입니다. 우리가 부처님 법을 배우려면 남의 장단점을 보지 말고, 오직 자신의 허물만 살펴보아야 됩니다.

육조대사가 제자에게 묻기를 "너는 앉아 있을 때 무엇을 생각하느냐?"
제자가 답하기를 "저는 무엇이 바른 것이고, 무엇이 그른 것인지 잘 살피고 있습니다. 그런데 스승께서는 무엇을 생각하고 계십니까?"
그러자 육조대사가 이르기를 "나는 내 허물이 있는지 없는지, 그리고 허물이 있다면 내 허물을 살피고, 내 허물이 없다면 남의 허물은 보지 않는다. 모름지기 수행자는 다른 이의 허물을 보지 말고, 자신의 허물만 살펴야 한다. 그것이 모두를 이롭게 하는 길이다."라고 했습니다.

그러나 세상 사람들은 모여 앉으면 남을 비난하는 습관이 있습니다. 이것은 자신의 발전에 크나큰 장애가 됩니다. 이 세상 나타난 현상에는 선과 악이 늘 공존하게 되어 있습니다. 완벽한 것은 존재하지 않습니다. 만일 완벽한 것이 있다면 완벽한 거기에 불완전함이 또 생겨나기 때문입니다. 완전과 불완전 그것은 세속에 있지 않습니다. 세속을 바로 보면 불완전한 거기에 완전함이 있는데, 지혜롭지 못하면 완전함 속에서도 도리어 불완전을 보게 됩니다. 그것은 물질에 완전과 불완전이 있는 것이 아니라, 그 마음속에 불완전한 마음이 있기 때문에 대상을 향해서 불완전한 모습을 생각하는 것입니다.

우리 불자님들! 이 가을에 훌륭한 결실을 거두기 위해서는 마음의 행복을 생각할 줄 알아야 됩니다. 마음의 행복은 어떤 현상 속에서도 잃어버리지 않습니다. 이 행복은 영원한 행복이며, 진정한 행복은 마음속에 갖추어져 있습니다. 우리는 이 마음속에서 영원한 해탈의 결실을 거둘 줄 알아야 됩니다. 그렇게 본다면, 현재 이 순간을 바로 보는 지혜를 갖추어야 합니다. 말하고, 행동하고, 움직이는 이 순간, 이 자체를 바로 본다면 모든 문제점은 소멸 됩니다. 나쁜 것은 나쁜 대로 존재의 의미가 있습니다. 나쁜 것이 있으므로 세상은 균형을 유지합니다. 좋고 나쁜 것은 스스로 완전성을 가지고 있습니다. 그러나 사람들은 무엇이 나쁜 것인지 좋은 것인지 근원적으로 볼 줄 모르고 현상만 보는 습관이 있습니다.

산승은 중생들이 너무 표면적 마음에 급급한 모습을 볼 적마다 많은 생각을 합니다. 부처님께서도 "이 세상에서는 잘해도 비방, 못해도 비방, 어느 누구도 비방 받지 않는 사람은 없다 그러나 그것은 오직 무지한 중생들의 어리석음 때문에 부질없이 일어나는 소음일 뿐이다."라고 했습니다. 자신을 돌아보지 못하는 사람은 남의 허물을 찾는 일에는 천재성을 발휘하는데 자기 허물 앞에서는 중생이니 당연하다고 말합니다. 그렇다면 남의 허물을 말할 자격은 없습니다. 말은 누구나 할 수 있으나 그 댓가는 스스로 치뤄야 합니다. 왜 스스로 부질없는 함정을 만드는가요? 그것은 무지와 아상 때문입니다.

그러므로 우리는 남의 단점을 지나치게 찾지 말고 자신의 허물을 깊이 살펴야 합니다. 거기 모든 허물에서 벗어나는 길이 있습니다. 세상에는 좋은 것도 없고, 나쁜 것도 없습니다. 오직 중생이 잘못 보는 어리석음만이 문제일 뿐입니다. 이제 우리는 좋고 나쁨을 초월한 절대성의 완전한 길로 나아가야 합니다.

하늘에는 구름이 있는데, 구름을 번뇌로 보고 그것을 없애려고 한다면 그것이 가능한 일이 되겠습니까? 그리고 만일 구름이 없는 맑은 하늘만 계속 유지된다면, 세상이 어떻게 존재하겠습니까? 그래서 좋고 나쁨은 이처럼 조화롭게 존재하는 것입니다. 그것을 바로 볼 때 영원한 진리를 볼 수 있습니다.

우리는 현재 주어진 순간에 지혜로운 눈으로 현실을 본다면, 현재 있는 이 모습 이대로가 절대성으로 존재한다는 사실을 알아야 됩니다. 이 이치를 알면 그 사람은 행복한 삶을 살아갈 수 있습니다. 즉 날마다 좋은 날이 된다는 것입니다. 이것은 현재를 바로 볼 때에 가질 수 있는 마음의 공덕입니다. 내가 내 자신을 바로 본다는 것, 이것이 바로 현재를 바로 보는 것입니다. 현재를 바로 보는 거기에 내 마음을 볼 수 있습니다. 그러므로 내 마음을 보는 사람은 현재를 바로 보게 되어 있습니다. 본래 마음과 부처와 중생은 차별이 없기 때문입니다.

이 마음이 바로 부처라고 합니다. 때문에 이 마음을 바로 보면 부처이고, 잘못 보면 중생이 됩니다. 중생과 부처는 내 마음을 바로보고 잘못 보는 차이일 뿐이지, 그 자체에는 변동이 없습니다. 왜 우리는 부정적인 마음으로 현실을 대하여 지혜로운 길을 놓치고, 업력의 장애를 받는 가시밭 길을 스스로 가려고 하는가요. 이것이 중생들이 생사에 윤회하는 요인입니다. 잘난 척하고 자신의 본분을 모르고 무조건 들어내려고 하는 사람은 아상이 많은 사람이라 남을 잘 비난합니다. 세상을 편안하고 안락하게 살아가고자 한다면 비난을 즐기는 사람을 경계해야 합니다.

이제 우리 불자들은 결실에 계절인 이 가을에 영원한 행복과 안락이라는 결실을 얻어가기를 바랍니다.
성불하십시오!

(2013년 11월)

7. 남은 인생 어떻게 살 것인가

그토록 맹렬하던 더위가 물러가고 선선한 가을바람이 불어오고 있습니다. 이렇게 계절은 끊임없이 지나가는데 인생도 계절을 따라 어디론가 흘러가고 있습니다. 나는 오늘 아침 가까운 친척이 화장터에서 한줌의 재로 변해 가는 모습을 보면서 다시 한 번 인생무상을 생각했습니다. 봄날에 나왔던 어린 새싹이 선선한 가을바람에 시들어 가듯 인생도 홀연히 나왔다가 아무것도 갖지 못한 채 허무하게 사라져 가는 것을 보면서 그토록 주장하고 집착하던 것들도 죽음에 임해서는 아무 소용없이 무상 속으로 사라지는 걸 보았던 것입니다.

이제 푸르던 나뭇잎도 어느새 붉게 물들어가고 가을바람 쓸쓸하게 느껴지는 이 속에서 덧없이 흘러가는 세월을 통해 다시 한 번 인생이란 무엇인가? 삶이란 무엇인가? 이런 철학적 질문을 자신에게 던져보게 되었습니다. 한문에서 법(法)자를 풀어보면 '물수'에 '갈 거'자가 합쳐 법'(法)자가 되는데 이것은 물이 흘러가는 모습에서 우주 만유의 법과 이치를 생각한다는 뜻입니다.

인생이 살아가는 곳에 이와 같은 자연의 이치에 따라 법을 생각하고 따른다면 가장 이상적인 삶을 살아갈 수 있겠지요. 자연의 흐름에 따라 인간의 도리를 생각하고 거기에 맞추어 마땅히 걸어가야 할 길을 마치 냇물이 흘러가 듯 맑은 하늘에 구름 한 점 흘러가듯이 살아간다면, 이것 이 가장 훌륭한 아름다운 삶이요 행복의 경지가 아닌가 생각하게 됩니다.

자연스럽다는 것, 이것은 도의 삶을 살아가는 모습입니다. 그들은 현실에서는 인연을 따르고 도에 임해서는 가장 순 수한 정신을 추구합니다. 마치 봄 여름 가을 겨울이 한 점 구름처럼 흘러가되 그 자리는 언제나 고요하듯이, 우리들 이 현실 속에서 흔들리거나 집착하지 않는다면 온갖 변화 속에서 걸림 없이 나아갈 수 있습니다. 이렇게 변화를 자 연스럽게 받아줄 수 있다면 그 인생의 삶은 가장 아름다 운 삶이 될 수 있습니다.

물은 흐르다가 웅덩이를 만나면 잠시 쉬어갑니다. 그러나 물이 흐르다가 막혀있는 웅덩이를 만나면 어떻게 되겠습니 까? 잠시 쉬었다가 넘치거나 증발해버립니다. 물이 내려가 는 성질이 있지만 경우에 따라서는 올라가기도 한다는 것 입니다. 이 모든 자연의 이치는 그렇게 그 순리대로 나아 가고 있습니다. 이처럼 우리가 살아가는 이치를 물과 구름 처럼 살아갈 수 있다면 세상을 살아가는데 근심할 것이 없겠지요. 그래서 부처님께서 이런 말을 했습니다. "일찍 이 초대한 적도 없는데 왔다가 때가 되면 가야만 한다. 인 생이란 이와 같이 왔다 가야 하는데 여기에 무슨 한탄할 것이 있으랴." 이렇게 부처님은 근본불교(본생경)에서 말씀 하셨습니다.

무량수경에서도 부처님은 "인생이란 홀로 왔다 홀로 가는 것이다." 이렇게 말했습니다. 어찌 보면 부처님은 일생동안을 오직 인생이란 이 문제를 가지고 깊이 사유하고 사유한 내용을 중생들에게 가르쳐준 것이라고 볼 수 있습니다. 때문에 팔만대장경이란 부처님에게 있어서 하나의 인생론이라고 볼 수 있습니다. 그렇다면 우리도 이제 어떻게 살아야 하며, 어떻게 이 세상을 봐야 되고, 현실적으로 일어나는 여러 가지 문제점들을 어떤 시각에서 바라보고 대처해야 하는지? 이것을 생각할 줄 알아야 좋은 삶을 살아갈 수 있습니다.

만일 삶에 대해 사유한다면 진리적인 측면에서 볼 때 철학적이 될 수밖에 없으나 생활적인 면에서는 삶의 향기가 될 것입니다. 때문에 우리는 과연 현실적으로 일어나는 오욕칠정(五慾七情)을 어떻게 다스리고 좋은 삶을 살아갈 수 있는지 생각해야겠지요. 부처님은 여기에 8만4천 근기에 맞는 법문을 하셨다는 것입니다. 그러므로 이것은 부처님께서 일생동안 설하신 인생론이 됩니다.

그러면 우리와 부처님은 무엇이 다른가요? 부처님은 말씀 그대로 행동이요, 행동 그대로 말씀입니다. 행동과 말씀에 털끝만큼도 차이가 없어요. 그런데 부처님의 이후 모든 사람들은 어느 누구도 완전하지 못합니다. 그것은 부처님처럼 중생을 제도하겠다는 원력소생(願力所生)이 아니기 때문입니다. 그것은 왜 그럴까요? 부처님은 삼대 아승지겁이라는 무량한 세월동안 난행고행을 통해서 인간이 가진 번뇌망상이라는 모든 찌꺼기를 다 소멸했기 때문에 어떤 경계에서도 한생각도 일어나지 않지만 만법을 시행하는 근원자리인 열반을 실현할 수 있습니다.

열반의 경지에서 세상을 바라볼 적에는 말과 이치가 서로 어긋나지 않습니다. 이것을 이사에 걸림 없음이라 합니다. 이렇게 말과 행동에 오차가 없으면 이미 중생의 마음을 다 벗어나 열반묘심에 들어가게 됩니다. 이 때문에 부처님이 가신 그 자리는 우리들 모두의 고향이 될 수 있습니다. 왜냐하면 우리들도 마침내 거기에 가야만 하고 미래의 사람들도 모두 그 자리로 가야할 곳이니까요. 역대 과거 부처님들도 그 길을 갔고 오늘날 모든 마음을 낸 수행자들도 그 길을 갈 것이며 미래의 수행자들도 또한 그렇게 갈 수 밖에 없기 때문입니다.

이 마음의 고향은 모든 중생심이 사라진 고요하고 편안한 그 경지이기에 거기에는 인간의 희로애락과 좋고 나쁨 그리고 가고 온다는 모든 이원적 차별경계를 벗어난 곳입니다. 사람들은 말하기를 중생 입장에서는 그렇게 무미 담박한 부처님의 자리가 뭐 그리 좋겠느냐? 오히려 인간세계에서 좋고 나쁘고 지지고 볶고 하면서 살아가는 것이 그래도 재미가 있지만, 경계가 담담하고 고요하다면 아무 맛이 없을 것 같다는 것입니다. 즉 바람과 같고 허공과 같다면 무슨 뜻이 있을까요? 거기엔 고통도 없겠지만 즐거움도 있을 수 없다는 것입니다. 그러나 중생이 생각하는 열반의 고요함이 고요함과 시끄러움이라는 경계에서는 알 수 없습니다.

만일 양변을 떠나면 즐거움과 괴로움, 좋고 나쁨이라는 이 모든 현상적인 것에서 벗어나게 되므로 모든 상대성을 떠나게 됩니다. 본래 현실이란 상대성을 떠나 있으나 잘못된 견해로 인하여 현실을 왜곡된 눈으로 보는 것뿐입니다. 그러나 만일 중생이 오래도록 수행을 해서 열반에 들어가면 즐거움도 없고 괴로움도 사라져 좋다 나쁘다 하는 개념의 주체가 사라집니다. 이때 있는 그대로 절대성에 들어가 이 사무애를 이루게 됩니다.

만일 완성의 경지에 들어가면 유위가 그대로 무위가 되어 어떤 일을 하던 절대성으로 바뀌게 됩니다. 이 경지에서 즐거움은 완전한 즐거움이기 때문에 부족함이 없는 즐거움이 됩니다. 그러나 이 세상의 즐거움은 어떻습니까? 즐거울 때 그 즐거움이 오래가지 못할 것을 걱정하고 있습니다. 좋아하는 사람을 만나면 동시에 언젠가는 이 좋아하는 사람이 떠나갈 것을 걱정하게 됩니다. 그래서 어쩌면 사랑 속에는 이별이 내재되어 있다는 것을 걱정하지 않을 수 없는 것입니다.

이처럼 중생의 망상 속에 얻어진 모든 경계는 실재성이 없으므로 허망할 수밖에 없습니다. 때문에 잘못된 분별망상의 바탕에서 이루어진 즐거움이라는 것도 착각이라는 것입니다. 마치 꿈속에서 산해진미 음식을 먹고 수많은 황금 덩어리를 얻었다 하더라도 그 꿈속에서는 정말 좋았지만 꿈을 깨었을 때는 그 즐거움이 없듯이, 지금까지 즐거웠던 것이 한낱 일장춘몽에 불과했다는 것을 깨닫게 됩니다. 그때 꿈 아닌 것은 사실이듯 환 아닌 것은 본래 소멸하지도 않습니다. 도를 닦는 것도 꿈과 같은 허망한 경계를 놓아 버리고 실제성에 계합하는 것입니다.

그래서 열반이라고 하는 것은 망상을 떠난 곳에 있으므로 진실된 경계라는 것입니다. 열반을 왜 진실하다고 하는가요. 그것은 망상으로 이루어진 경계가 아니라 마음을 깨달아서 고요하고 미묘한 이치에 입각해서 살아가기 때문에 일상에 모든 일을 하더라도 칠정오욕에 떨어지지 않고 모든 행위에서 상(相)을 떠났으므로 모든 허물에서 벗어나게 됩니다. 모든 부처님에게는 이와 같은 열반의 네 가지 위대한 덕이 있으므로 모든 중생들의 귀의처가 됩니다.

그래서 우리는 부처의 세계를 동경해야 되고 거기를 가기 위해서 조금씩 선근인연을 지어야 합니다. 비록 세상 속에서 부처의 진리에 다가서기 어렵지만 아침저녁으로 틈틈이 염불을 하고 마음을 맑힌다면 어느새 인연이 되어서 점차 부처의 세계로 다가가게 됩니다. 만일 염불을 하지 않고 마음을 닦지 않는다면 어떻게 될까요? 그러면 중생의 윤회는 끝도 없이 생사를 반복하게 되겠지요. 이것은 참으로 고통스러운 일이 라는 것입니다.

그러므로 알아야 합니다. 이 윤회계 안에서는 좋아도 그만이고 나빠도 다 환(幻)과 같은 현실이니 어떤 현상에도 집착할 것이 없다는 것입니다. 참으로 문제가 되는 것은 언제까지나 중생으로 무한세월을 반복해야 한다는 것이 괴로운 일이라는 것입니다. 왜 우리는 자신의 본래모습으로 돌아가서 진정한 열반, 그 영원한 경지에 가지 못하고 끊임없이 세속적 허무맹랑한 일에 집착해서 한세상을 낭비하다가 갈 적에는 정신없이 가버리고, 다시 윤회계의 그 소용돌이에 감겨 끊임없는 고뇌에 빠져서야 되겠느냐 이겁니다.

오늘 화장한 산승의 친척도 3년 정도 치매로 거의 식물인간 수준으로 살아가다가 정신없이 가버렸으니, 살아도 산 것이 아니고 죽어도 죽은 줄 모르는 혼으로 저승으로 갔다는 것입니다. 죽었는지 살았는지 분별자체가 없는 영가는 사후세계가 이생과 다름없으니 진정 이것이 인생에 있어 가장 애석한 일이 되고 마는 것입니다. 때문에 여러분들은 이렇게 산승의 말을 알아들을 때 세상일에 너무 끄달리지 말고 마음 닦는 염불수행을 열심히 해야 합니다. 이것만이 진정으로 가치 있는 일이며 죽어 다음세상에서도 가장 가치 있는 일이기 때문입니다.

염불수행은 치매 예방에 제일가는 수행법입니다.
평시에 염불수행을 열심히 한 사람은 치매가 걸리지 않습니다. 왜냐하면 마음을 닦으면 마음이 맑아지고 혈이 잘 통하게 되므로 치매가 근원적으로 올 수 없다는 것입니다. 때문에 만일 스님이 늙어서 치매가 왔다면 그것은 100% 속심으로 살았다는 증거가 됩니다. 요즈음 들어 치매가 많아졌다는 것은 그만큼 현실에 집착과 욕망이 많았기 때문이니, 여기 불자님들은 부지런히 염불해야 합니다. 우리가 숨 떨어지기 직전까지 아미타불을 부르다가 숨 끊어지면 그것은 최상의 공덕이 됩니다. 그런 사람은 바로 극락정토에 태어날 수 있고 인간으로 태어난다면 매우 지혜롭고 복덕 있는 사람이 될 것입니다.

옛 스님들도 대개 육십 넘으면 염불을 주로 합니다. 왜냐 하면 인간계에서 바른 인연을 만나기가 참으로 어렵다는 것을 알기 때문입니다. 저 이승만 대통령도 전생에는 금강 산에서 수도했던 고승이었는데 당시 관료들의 불교탄압을 보고 자신은 죽으면 세상의 임금이 되어 불교를 바로 세 우겠다고 원을 세워 대들보 위에 발원문을 올려놓고 죽었 습니다. 그 인연으로 이생에 불자 집안에 태어나 임금(대 통령)이 되었지만 미국 유학 가서 철저한 이교도가 되어 본래 원과 다르게 불교에 조금도 도움을 주지 못하고 범 어사 가서 불상을 향해 손가락질을 하다가 동산스님께 야 단맞은 일이 있었습니다. 이처럼 전생에 많이 닦았다 해도 생이 바뀌면 환경에 따라 외도가 될 수도 있다는 것입니 다.

그러나 염불수행을 한 사람은 그 공덕으로 외도에 떨어지 지 않고 불연을 이어가게 되므로 우리 불자들은 다음 생 을 위해 열심히 염불해야 합니다. 지금부터 염불을 열심히 하되 숨 떨어지기 직전까지 정신을 놓지 말고 아미타불을 지극히 염송한다면 본인에게 있어 이것보다 더 좋은 일은 없을 것입니다. 그러므로 좋은 일 나쁜 일 모두 내려놓고 일심염불 하는 것 잊지 말아야 합니다.

우리 불자님들, 이렇게 변화무상한 계절에 우리들도 변화 하는 이 마음을 염불하는 마음으로 바꾸어서 미래 세상을 위해 투자 하는 것입니다. 이것이 가장 가치 있는 일을 우리 마음속에 투자하는 것입니다. 어떻습니까. (신도: 그렇게 하겠습니다.) 좋습니다. 자 그러면 오늘 법문은 이것으로 마치겠습니다.

성불하십시오!

(2016년 9월 1일 [음8.1.])

8. 변함없는 그 자리

♣ 변함없는 그 자리

마음을 고요히 하고 만상을 보라
거기 일만 부처가 나타나리.

여기 주고받음이 없는 경계여!
태초부터 변함없는 모습이네.

만일 누가 여기에서
한마음에 두 모양을 짓지 않는다면

있는 그대로 진리가 되고
말하는 그대로 자연이 된다.

나도 없고 남도 없는 자리에서
진정한 자유가 생겨나고

천진과 하나 되고 자연에 머물 때
부처의 뜻을 실현하게 된다.

계절의 변화 속에 변하지 않는 이치를 오늘 이렇게 읊어
보았습니다. 며칠 전만해도 더위가 사람을 지치게 했는데,

이제 아침저녁으로 날씨가 제법 쌀쌀합니다. 오늘도 변함없이 매미 소리는 들리지만 그 소리마저 가을이 깊어 감을 말하는 것 같습니다. 이렇게 변화하는 계절 속에서 인생도 덧없이 흘러가고, 숨 한번 쉬었다 들이쉬지 못하면 바로 저 세상이 되는데, 사람들은 현재를 보지 않고 미래의 꿈만 가진 채 살아가고 있습니다. 현재를 바로 보지 못하면 미래의 꿈은 그 의미를 갖지 못하게 됩니다. 우리의 삶은 어쩌면 일회용 물건처럼 한 번 쓰고 버리듯, 그렇게 흘러가고 있기에 하루하루 삶에 최선을 다해야 하겠습니다.

현재를 바로 보는 사람은 이 순간을 진실하게 살아갈 수 있습니다. 그러나 물질과 세상을 향해 있는 마음은 언제나 자기의 본심을 잃고 선과 악, 시와 비를 분별하느라 고뇌하고 있습니다. 부처님께서는 사바세계를 화택(火宅)이라고 했습니다. 욕계, 색계, 무색계가 결국 불타는 집과 같아서 그 속에는 뭇 괴로움이 있습니다.

이처럼 불타는 집 속에서 살아가는 우리는 어쩌면 시한부 인생과 같은 삶을 살아가고 있습니다. 이렇게 시한부 인생 같은 경계 안에서 살아가는 우리들에게 설사 즐거움이 있다 한들 즐거움이 얼마나 오래 갈 것이며 괴롭다 한들 그것 또한 한 순간일 뿐인데 무엇을 기뻐하고 슬플 것이 있겠습니까. 그러나 중생들은 즐거움 속에 고뇌가 있는 줄 모르고 거기에 빠져 삼계의 고뇌에서 벗어날 생각을 하지 못하고 있습니다.

옛 스님들은 항상 인생무상을 간절하게 말씀하셨는데 우리들은 아직도 마음을 닦지 않고 세월을 보내고 있습니다. 인생이 살아간다고 해도 백년일 뿐인데 짧은 세월 동안에 선업을 많이 지으면 좋은 과보를 받게 되지만 그것만으로는 인생문제를 해결하기 어렵다는 것입니다.

더구나 선행을 해도 시원찮은데, 악행을 해서 노후에나 다음 생에 받을 괴로움은 어떻게 할 것인가요? 그러나 사람들은 미래를 생각하지 않고, 아직도 고통이 될 일만을 즐겁게 하고 있습니다. 심지어 돈을 써 가면서 괴로운 일을 하고 있으니 훗날 후회한들 무슨 소용 있겠습니까.

오늘 이 한가롭고 조용한 가을 속에서 인생문제에 대해서 깊이 생각하지 못한다면, 자신을 되돌아 볼 수 있는 기회는 별로 없으니 우리는 이 가을에 자신을 깊이 돌아보아야 할 것 같습니다. 적어도 선근이 있고, 불심이 있다면 내 인생을 어떻게 살아가야 할 것인지 고민하게 될 것입니다. 누구도 내 인생을 대신해 줄 수 없다면, 내가 내 인생을 책임져야 한다는 것입니다. 그래서 자신의 삶을 돌이켜보지 못한다면 그것이 진정한 비극이 아니겠습니까?

이 좋은 가을! 덥지도 춥지도 않는 조용하고 따뜻한 계절에 자연의 환경을 통해서 자신을 되돌아볼 수 있는 계기를 만들어야 된다는 것이죠. 만일 이러한 현실 속에서 돌이켜보지 못하고 밖으로 허무한 감정에 치우치게 되면 허무주의가 됩니다. 불교에서는 인생무상을 말하는 것은 발심수행을 위한 말입니다. 무상을 말하면서 대안이 없으면 허무주의에 빠질 수 있습니다. 즉 불교는 무상을 통해서 진정한 자아를 깨우치게 하는데 뜻이 있습니다.

우리의 삶이란 행주좌와 어묵동정(行住坐臥 語默動靜)에서 일어나는 모든 생각과 행동들이 도(道)에 근거를 둔 행동이 아니라, 망상심에 근거를 둔 행동이기 때문에 부처님께서는 무상(無常)하다고 가르칩니다. 그러면 무엇이 무상하지 않은가요? 부처님께서는 '무아'라고 가르칩니다. 즉 우리들이 생각하고 있는 아상, 인상, 중생상, 수자상에 진실한 자아가 없다는 것입니다.

부처님께서는 세상이 본래 환과 같으니 일어나는 모든 현상에 너무 끄달리지 말라고 했습니다. 그래서 무상(無常)을 철저하게 깨우친 사람만이 무아를 깨우칠 수 있습니다. 그렇다면 무아를 깨우치기 위해 먼저 우리가 생각하고 행동하는 곳에 참됨이 없다는 것을 알아야 됩니다. 참됨이 없기 때문에 허망한 것입니다. 이 허망을 바르게 볼 때에 우리는 진실을 볼 수 있습니다.

무상(無常)을 보면서 진실을 보지 못하면 허무주의인데, 무상(無常)을 통해서 진실을 깨달으면 무상(無常)은 실상으로 나아가는 전제 조건이 되는 것입니다. 그렇다면 우리는 진리를 보기 위해서 현상을 바로 볼 줄 알아야 합니다. 우리가 만일 무아의 이치에 입각해서 현실을 살아간다면 날마다 좋은 날이고, 날마다 행복한 날이고, 날마다 평화로운 날이 될 것입니다.

대승보살행이란 이러한 무아를 바탕으로 큰마음의 정신이 나오게 됩니다. 중생이냐, 도인이냐의 차이는 무아에 입각해서 살아가느냐, 아니면 중생심에 입각해서 살아가느냐에 달려 있습니다. 중생들은 현상경계를 자아로 착각하고 있으므로 진정한 행복을 구현하기 어렵습니다. 거기에서는 평화가 오지 않습니다. 세상 사람들은 행복과 평화를 추구하지만, 이원적인 현실 속에서는 이루어질 수 없다는 것을 알아야 합니다.

세속적인 욕망의 경계 안에서 행복을 얻었다고 해도 그것은 일시적인 것입니다. 일시적인 것은 이내 사라지게 됩니다. 그러나 무아를 깨우치면 그 다음의 행동은 큰마음의 행동으로 전환이 됩니다. 산승이 큰마음을 강조하는 것은 사심을 버리고 대의에 입각해서 살아가라는 뜻이 있습니다. 큰마음이란 중생의 고뇌를 벗어나서 진실한 행복을 이루고자 하는데 근본적인 뜻이 있습니다. 우리가 행복을 구하기 위해서는 먼저 큰마음이라는 정신 즉, 무아의 정신에 입각하지 않으면 안 된다는 것을 알아야 합니다.

무아에 입각하면 그 사람의 모든 행동은 이타행이 되어 대승보살행으로 승화됩니다. 대승보살행으로 나아갈 때에 온전한 삶이 됩니다. 그러나 세상 사람들은 온전한 삶을 살아가기 위해 노력을 해야 합니다. 우리가 현실 속에서 100% 온전한 삶을 살아갈 수 있을까요? 그것은 불가능합니다. 왜냐하면 부처님 같은 분만이 온전한 삶이라 할 수 있으므로 중생들의 일상적인 삶은 100% 온전성의 1% 수준입니다. 그래서 1% 인생이 100% 부처가 되기 위한 노력을 수행이라 합니다.

산승이 이렇게 말할 때는 충분한 근거를 가지고 있습니다. 그런데 세상에서 비교적 지혜와 도덕으로 살아간다는 사람의 수준은 10%를 넘기 어렵습니다. 사람이 도를 모르면 진실한 삶을 살아가기 어려운 것입니다. 그래서 세상은 90%의 미혹으로 인해 혼란과 정쟁이 일어나고 있습니다. 만일 중생으로서 30%가 넘어가면 그 다음부터는 현자라 할 수 있고 50%가 넘어서면 성자의 반열에 들어가게 되고 100%가 될 때 부처님이 되는 것입니다.

성인이란 항상 무아에 입각해서 살아가므로 좋고 나쁨에 영향 받지 않습니다. 그러나 무아라고 하는 것은 이론적으로 되는 것이 아니라, 우리 일상 속의 마음을 그대로 돌이켜서 나의 주관과 객관에 대한 집착심이 떨어져 나갈 때에 나타나는 경계가 무아의 경계입니다. 이 무아에 입각해서 일상의 삶을 살아간다고 해도 처음부터 완벽할 수는 없는 것입니다. 조금씩, 조금씩 인격 완성의 길로 나아가게 되는 것입니다.

역사적으로 볼 때, 산승은 서산대사를 그런 인격의 완성자로 볼 수 있습니다. 왜냐하면 서산대사는 나라가 어려울 때는 희생적인 마음으로 세상에 나아갔고 산에 들어오면 항상 삼매를 여의지 않았기 때문입니다. 신라 때 원효대사, 혜공화상, 원광법사, 자장율사 등 이런 분들도 삼매에 자유롭게 들어갈 수 있었기 때문에 100% 온전한 삶을 살았던 도인입니다.

삼매에 들지 못하고서 화두만 타파했다고 생사에 자재할 수 없습니다. 삼매에 들어가도 유여열반(有餘涅槃)과 무여열반(無餘涅槃)이 있는데 유여열반은 아직 100%가 되지 못했기 때문에 미진한 업을 더 닦아야 하고, 무여열반이 되어야 100% 완성의 경지로써 진정한 열반이 되는 것입니다. 우리들은 1%에서 100% 인격완성의 경지로 나아가야 하기 때문에 항상 수행을 열심히 해야 됩니다. 즉 마음 닦는 일을 소홀히 해서는 안 된다는 것입니다.

그런데 세상 사람들은 1%도 안 되는 삶에서 20% 내지 50% 행복을 꿈꾸니, 그것을 가당하지 않은 것입니다. 그러면 여기에서 어떻게 인생의 참된 행복을 얻을 수 있을까요? 이것을 궁금해 할 수 있을 것입니다. 그러나 염려할 것 없습니다. 역대 모든 성인들도 모두 전생에는 우리보다 못한 상태에서 하루하루 닦아 그 경지에 이르렀기 때문에 진정한 발심을 했다면 몇 단계를 뛰어넘어 성인의 경지에 들어갈 수 있습니다.

그러나 세상일에 집착하거나 외도(外道; 삿된 종교)의 신앙에 빠지면 향상되는 것이 아니라 더욱 추락할 수 있으므로 항상 정법에 의지해야 합니다. 대개 외도의 가르침에는 마음 밖에 현상에 집착하여 기복으로 몰아가고 이익을 추구하게 합니다. 세속 종교(외도)에서는 참된 행복은 이루지 못하고 허망한 마음만 키우게 되어 마침내 윤회에 떨어지게 됩니다.

부처님과 동시대에 살았던 공자와 그리스의 소크라테스는

그 부인과 관계가 좋지 않기로 소문났습니다. 두 분 다 가정이란 좁은 울타리 안에 갇혀 살기에는 그릇이 너무 크다 보니 가정보다는 이 세상의 정의와 도덕을 어떻게 확립할 것인가에 마음을 두고 살았습니다. 소크라테스는 평생 정의란 무엇인가에 몰두하다 보니 가정을 잊고 살았으며 공자는 세상의 도덕에 전념하다 보니 부인을 멀리했습니다. 그러다 보니 두 성인의 부인은 애정을 받지 못해 한없이 독해져 갈 수 밖에 없었습니다.

공자는 항상 부인의 투정에 시달리므로 인해 탄식하기를 "여자와 소인배는 다루기 어렵구나. 가까이 하면 공손하지 못하고 멀리하면 원수를 짓는다." 라고 했습니다. 그리고 여자는 애정이나 탐하는 요물이라 보고 신성한 조상의 제사에는 절도 못하게 했습니다. 얼마나 부인에게 시달렸으면 이러한 남녀 차별법을 만들었겠습니까?

소크라테스 그는 항상 강연을 즐겨 했는데, 인생이란 무엇인가? 정의가 무엇이냐를 설했는데, 세상을 살면서 옳은 것을 추구하면 바로 옳지 못한 것이 나타나거든요. 우리의 삶이란 동전의 양면이 아니고 한 면입니다. 그러니 어디까지가 옳은 것이고, 어디까지가 옳지 않은 것인지 구별할 수가 없었겠죠. 그분은 오로지 인생의 정의를 구현하고자 인생을 다 바쳤습니다. 부처님처럼 확철대오(廓徹大悟)는 못했지만, 진실로 양심적으로 살아갔던 참으로 훌륭한 사람입니다.

그러나 오직 후진교육과 인생철학에만 신경쓰다 보니, 부인과는 관계가 원만하지 못했던 것입니다. 그래서 부인은 가정 일에 등한히 하는데 분노가 일어나 강연 중에 갑자기 뜨거운 물을 소크라테스 얼굴에 부어버렸습니다. 이에 그 모습을 본 제자들이 "이건 너무 한 것 아닙니까?" 하고 묻자 소크라테스는 "그것은 부인의 행동일 뿐이지, 나와는 상관없는 일이다."라고 객관적인 대답을 했다고 합니다.

그러한 역경계에서도 화를 내지 않고, 모든 현실을 객관적으로 대할 수 있다는 것은 참으로 완전하게 자기 절제력을 가지고 있는 성자라고 할 수 있습니다. 아마 예수에게 그렇게 했다면 "하늘이여 왜 나를 버리십니까?" 라고 원망하지 않았을까요. 여기에서 분명하게 말할 수 있는 것은 높은 정신세계에 있는 진정한 성자라면 어떤 상황에서도 분노하지 않는다는 것입니다. 이런 차원에서 본다면 예수보다 소크라테스가 더욱 훌륭한 성자라고 할 수 있을 것입니다.

감정의 절제력, 이것이 성인의 품격입니다. 어떠한 역경계와 순경계에도 흔들리지 않는 마음가짐 여기 도(道)가 있기 때문입니다. 적어도 수행자라면 감정을 다스릴 줄 알아야 합니다. 욕망이 일어나면 욕망이 일어나는 현상으로 막연히 따라갈 것이 아니라 그 근원을 돌이켜 본다면 이내 평정심을 유지할 수가 있습니다.

만일 인간관계에서 오해가 생겼거나 이해관계에서 갈등이 생겼다면 일반인들은 무조건 자기 입장에서 따지기만 합니다. 그러면 어떤 결론이 나든 관계에 금이 가고 오래 유지하기 어렵습니다. 그러나 수행자라면 일시적으로 오해가 생기더라도 묵연히 대 합니다. 왜냐하면 오해를 풀기 위한 설득은 또 다른 오해와 시비를 불러일으키기 때문입니다. 그래서 묵연히 대하되 할 말을 하고 나머지는 내버려 둡니다. 이것이 분노에 찬 사람에게 감정에 휘말리지 아니하고 지혜롭게 대처하는 것입니다.

어느 날 제자가 소크라테스에게 질문을 했습니다.
"선생님! 결혼을 하는 것이 좋을까요? 하지 않는 것이 좋을까요?"
이에 소크라테스는 대단한 악처를 만나서 여자가 있어도 문제고 없어도 문제라는 것을 알고 있기 때문에 자신의 경험에 비추어 "결혼을 해도 후회가 되고, 안 해도 후회가 된다."라고 대답을 했습니다. 그것은 결혼에 대해 부정적인 면만을 보았기 때문입니다.

만일 산승에게 똑같은 질문을 한다면, 나는 "결혼을 해도 좋고, 안 해도 좋다고 대답 했을 것입니다." 왜냐하면 산승은 출가 수행자로서 살아가는 길이 인생의 참 도를 구하는데 진실로 큰 도움이 된다는 것을 알기 때문에 이로움이 있다고 할 수 있고, 반대로 결혼해도 좋다는 것은 가정을 꾸려서, 부부가 친구처럼 도반처럼 행복하게 살아가는 모습도 간혹 보았기 때문입니다.

신라 때 부설거사, 중국의 방거사와 같은 분은 결혼을 해서 참으로 이상적인 부부로 살았던 분입니다. 특히 방거사는 집에 금과 은이 한량없이 쌓여있을 정도로 큰 부자였는데, 도(道)를 깨치고 난 뒤부터는 생활이 완전히 바뀌었습니다. 그래서 그 많은 금과 은이라는 것은 탐욕을 일으키는 쓸데없는 물건으로 인식하고, 집 옆에 있는 동정호 속에 던져버렸습니다. 그런 다음 네 가족이 산골로 들어가서 안빈낙도(安貧樂道)하면서 살았다는 기록이 있습니다.

우리나라에 부설거사 역시 스님이었는데 태백산으로 공부하러 가다가 어느 신도집에 유숙을 했는데, 그 집 처녀가 스님과 결혼을 하지 않으면 목숨을 끊겠다고 매달리자, 할 수 없이 결혼을 해서 아들과 딸을 놓고 살다가, 월명암에서 각각 토굴을 짓고 살면서 수행을 하여 결국 도를 깨치고 절대적인 자유를 얻었습니다. 이 정도 되면 이상적인 결혼이라고 부를 수 있겠지요. 우리 불자님들은 서로 배려할 줄 아는 인격만 된다면, 부부간의 화목을 이룰 수 있습니다. 남편은 부인 입장에서, 부인은 남편의 입장에서 서로를 본다면 저절로 가정의 행복과 평화가 이루어집니다.

우리가 삶을 부정적으로 볼 때는 결혼이란 해도 후회를 하고, 안 해도 후회를 합니다. 긍정적으로 볼 때는 결혼이란 해도 좋고, 안 해도 좋다는 것이 됩니다. 그러므로 불자들은 현실의 삶을 가능한 긍정적으로 살아갈 수 있도록 포용력과 아량을 갖추어야 합니다. 부처님 이하 모든 성인들은 대체로 출가의 길을 권했습니다. 왜냐하면 세속의 삶은 경제적인 활동을 해야 되기 때문에 도를 닦기가 어렵기 때문입니다. 그러나 세속에 인연이 있는 사람은 결혼을 하지 않을 수 없습니다. 업력이 자석처럼 서로 합치기 때문입니다.

만일 우리 불자님들이 세속에 살던 수행을 하던 인격의 10~30%만 달성한다면, 가정의 평화와 행복을 이룰 수 있습니다. 이러한 가정의 행복을 이루기 위해서는 먼저 마음을 맑혀야 되고, 염불을 해서 마음을 고요하게 가다듬고, 모든 현상을 객관적인 자세에서 바라볼 때 우리의 삶은 평화롭고 풍요로워집니다.

가을은 흔히 풍요로운 계절이라고 하지만 그러한 외적인 풍요를 마음의 풍요로 이어져야 합니다. 마음의 풍요와 마음의 행복은 오로지 마음 가운데 사심을 버리고 객관적인 자세로 현실을 살아갈 때 생기며, 남을 이해하고 도와줄 수 있는 이타적인 마음을 가질 때 행복한 마음이 생겨납니다.

이 가운데서 큰마음은 시작됩니다. 우리는 이 좋은 가을에 다 같이 큰마음의 정신으로 마음의 풍요와 행복한 가정, 이루기를 바랍니다.
성불하십시오!

(2013년 9월)

9. 생활 속의 선

늦가을 숲길에서

햇빛이 따사로운 어느 날 오후
홀연히 지팡이 하나 잡고
고요한 숲길로 걸어간다.

나뭇잎 떨어져 대지로 가도
산은 본래 움직임 없고
참 모습 그대로 드러났구나.

나는 오늘 여기에서
비움으로 충만해 지는 걸
늦가을 산에서 바라보았다.

아낌없이 비우는 곳에서
자연과 하나 되는 것
그것이 삶의 주인이다.

주인으로 살아가는 삶
우리 모두 나아가야 할
아름다운 삶이 아니겠는가.

대부분의 사람들은 물질 속에 행복이 있다고 생각하며 끝없이 추구합니다. 과도한 물질적 욕망은 스스로를 옥죄어 삶을 황폐화 하게 만듭니다. 인생이 살아감에 있어 물질을 절반만 추구하고 절반은 정신세계에서 그 가치를 추구해야 하는데 100% 이상을 추구하므로 인해 이것이 충족되지 않을 때 비극적인 종말을 맞이하는 사람도 있습니다. 과연 물질에 목숨까지 버려가며 추구해야할 가치가 있나요. 그러나 옛 성자들은 인생에 있어 물질은 10% 이내로 하고 나머지는 영원한 진리에 마음을 두고 살아갑니다.

물질을 과도하게 추구하면 정신은 황폐화 됩니다. 과학문명의 발달로 물질이 풍부해진 지금 오히려 물질을 더욱 추구하므로 인해 과거 40년 전보다 삶의 여유가 사라졌습니다. 예전에는 비록 못살았지만 인정이 있는 세상이었는데 요즈음은 갈수록 물질만능주의가 판을 치고 있습니다.

물질을 추구하고 나면 그 다음은 명예를 추구하다가 나중에는 돈으로 그 명예를 사기도 하고 그렇게 끝없는 추구는 결국 과대망상에 빠지고 고뇌에 찬 삶을 살아가고 있습니다. 과연 이것이 인생인가요. 그렇게 생각한다면 그는 괴로움으로부터 벗어날 길은 영영 없어지게 될 것입니다. 끊임없이 추구하는 욕망의 끝은 오직 파멸일 뿐입니다. 그러므로 욕망에 사로잡힌 사람은 결국 자신의 미래를 예측할 수 없는 혼돈에 빠져 살다가 한 생을 마감하게 될 것입니다.

현재 우리나라는 경제 소득이 3만 달러가 넘어 세계 10등

안에 들어가는 경제대국이 되었으니 이제부터는 정신세계를 추구해야 합니다. 정신세계를 추구하면 물질이 있고 없고에 관계없이 편안과 행복이 있으며 물질을 통하여 정신세계에 힘을 쏟게 되면 우리의 삶은 더욱 좋아지게 될 것입니다.

불교는 처음부터 마음을 밝히고 닦는 것을 중요시 했으므로 경전에 대부분 어떻게 마음을 닦고 깨달아서 생사를 초월하는 절대의 경지의 행복을 이룰 것인가 하는 것이 불교의 주된 내용입니다. 불교는 이를 위해 존재하는 것입니다.

세속적인 학문이란 대개 물질에 기초를 두고 명예와 이익을 추구하는 이론으로 되어 있는데 그것은 결국 이원론 즉, 선과 악, 가는 것과 오는 것, 남자와 여자, 하늘과 땅 등 두 가지를 가지고 보는 것이며 이런 이원론적 사고로는 물질적인 한계를 벗어날 수 없습니다. 그래서 이원론은 정신적인 것이 아니라 물질적인 것이라. 안이비설신의 등 육근으로 감지되고 있는 현상을 다루기 때문에 영원성은 없습니다.

마음을 돌이켜보면 마음의 근본자리는 일체를 초월하는 것으로 시간과 공간을 초월한 자리이므로 그것은 불생불멸(不生不滅)이고 무시무종(無始無終)이므로 일찍이 석가모니 부처님께서 궁중 생활의 풍요로움을 버리고 6년 고행을 하였으며 이 속에서 깨달은 내용이란 마음이 본래 청정하고 영원하다는 것을 확인한 것입니다. 모든 인류는 이를 통해 그때까지 알고 있던 이원론적인 가치관 즉, 선과 악, 생과 사 등이 허깨비로 실제 존재하지 않음을 알게 되었습니다.

원각경에 '모든 환(幻)을 환(幻)으로 바로 볼 때 그 환이 실재(實在) 하지 않음을 본다.'라고 했습니다. 이 말은 어둠을 어둠으로 바로 보지 못할 때 어둠에서 벗어날 수 없습니다. 환이란 무지요 어둠이며 이 어둠에 갇혀 사는 사람을 환(幻)에 속아서 살고 있다고 합니다. 만일 어둠을 어둠이라고 바로 볼 때 그 어둠은 본래 없음을 알게 되어 더 이상 미혹에 속지 않게 됩니다. 우리가 청정한 본래면목을 깨우치지 못하고 있기 때문에 미혹이 있고 환이 있습니다.

현실세계의 현상을 미혹된 마음으로 볼 때는 환이지만 마음이 본래 청정하다는 이치에 계합한 바탕에서 보면 그 생멸하는 현상 그대로 실재성(實在性)을 보게 됩니다. 여기서 실재성이란 영원과 영원하지 않다는 대립된 분별이 아니라 '있는 그대로 보는 영원함'입니다. 이것을 법화경에서는 제법실상(諸法實相) 즉, '모든 법은 그대로 실제다.'라고 했습니다. 일체의 법을 실상으로 볼 때 즉 있는 그대로 볼 때 부처를 볼 수 있습니다.

불교의 가르침인 삼법인(三法印)에서 제법무아(諸法無我), 제행무상(諸行無常)과 제법실상(諸法實相)과는 언뜻 보기에 상충이 되는 것처럼 보이는데 이것은 중생의 견해에서는 제법무아이고 성인의 경계에서는 제법실상이 됩니다. 제법

실상이란 그대로 무아이기 때문에 무아의 바탕에서 현상을 보면 있는 그대로가 실상이 됩니다. 옛 선사가 말하기를 "번뇌를 돌이키면 곧 보리다." 했으니 이 말 속에 부처, 중생, 마음이 차별 없다는 즉심즉불(即心即佛)의 도리가 있습니다.

성인의 경계에서 보면 보고 듣는 그대로 실상이요 일체가 진리가 아님이 없으므로 거짓을 떠나서 진리가 따로 있는 것이 아니라 거짓을 바로 보면 그것이 진리입니다. 그러나 지혜가 없으면 진리를 말해줘도 진리가 아니라 망상이 될 뿐입니다. 그래서 진리냐 망상이냐 하는 것은 그것을 보는 사람의 견해에 따라 다르지 진리란 본래 구래부동(舊來不動)이라 예부터 움직이는 바가 없습니다.

이제 불자들은 부처님의 법(반야)에 따라 현실을 살아간다면 어떤 현실에서도 혼란이 생기지 않고 또 언제나 지혜롭게 살아갈 수 있는데 이것을 반야의 삶이라 하고 선(禪)에 의한 삶이라고 합니다. 반야와 선은 다르지 않기에 서산대사는 '선(禪)은 곧 부처님의 마음이다'라고 했습니다. 만일 부처님의 마음이 선(禪)이라면 일체가 다 선(禪)이고 일체가 다 부처의 마음이므로 우리는 이런 진짜 선(禪)을 이해해야 합니다. 이렇게 이해할 때 물질세계에 살면서 정신세계의 삶으로 승화될 수 있습니다.

중생들은 생사윤회라고 하는 착각, 그 환에서 벗어나지 못하고 있어서 늘 윤회할 수밖에 없지만 이를 벗어나기 위해서는 부처님의 가르침에 의지하여 일심으로 마음을 닦을 수밖에 없으니 여기에 다른 왕도는 없습니다. 우리 마음은 본래청정하여 마음을 닦아서 이루는 것이 아니지만 미혹에 빠져 있으므로 미혹을 제거하는 데는 수행이 필요할 뿐입니다. 미혹이란 본래 있는 것은 아니지만 사람은 미혹에 빠져 고집하고 있으므로 미혹을 제거하는 수행에는 교학보다는 생활선(禪)을 통해 해결해야 합니다. 선(禪)은 현실을 그대로 진리로 바꾸는 이사무애(理事無礙)라고 할 수 있습니다.

선(禪)을 바탕으로 사는 사람은 안락하게 살아갈 수 있으며 더 이상 혼란하지 않게 되는데 그러면 어떻게 수행해야 선적(禪的)으로 살아가는 것일까요? 일심으로 염불하는 것이 생활선이 될 수 있습니다. 만일 화두를 들 수 있는 근기라면 화두에 의단을 일으켜 정진을 해야 합니다. 수행하기 위해서는 현실에 집착하지 않은 다소 초연한 마음으로 살아가야 하고 집착심을 줄이기 위해서 있는 현상을 초월적인 눈으로 볼 줄 알아야 합니다. 만일 이런 눈을 가지고자 한다면 '세상의 모든 것은 실재하지 않고 허망하다.'라는 인식이 기본 되어야 합니다.

이와 같은 인식이 자리 잡혔을 때 지혜가 나올 수 있는데 이것이 선 수행의 기본이 됩니다. 이런 인식을 갖게 하고자 부처님께서 계율을 제정했으며 이러한 계율을 통하여 선정이 나오고 선정에서 지혜가 나오며 지혜에서 해탈과 정각이 있습니다. 이런 지혜를 갖추려면 일상적인 삶에서 선적(禪的)인 생활이 필요하며 이 선적인 생활을 통하여 우리는 거짓된 삶에서 진실하고 영원한 해탈의 삶으로 바꿀 수 있습니다.

세상 사람들은 미혹 속에서 삶을 즐기려 하지만 설사 미혹 가운데 어떤 행복이 있다 해도 그것은 진실하지 않으므로 행복과 불행은 동전의 양면이 아니고 한 면일 뿐입니다. 왜냐하면 사람들은 행복을 떠나서 불행이 오고 불행을 떠나서 행복이 온다고 생각하는데 행복과 불행은 동시적인 것을 알지 못하고 있습니다. 그래서 행복을 느끼는 자체가 번뇌라 행복과 불행을 초월하지 않고는 진실하고 영원한 행복을 이룰 수 없습니다. 번뇌 망상에서 느끼는 행복은 도착되고 전도된 행복이라 행복을 느끼는 순간 불행도 같이 따라오게 되어 전도된 행복이 될 뿐입니다. 예컨대 중생들은 불행인데 행복으로 느끼기도 하고 행복인데 불행으로 느끼기도 합니다. 그래서 행과 불행은 단지 생각의 차이일 뿐입니다.

우리 불자들은 현실적인 행복에서 벗어난 진정한 행복을 느껴야 합니다. 진정한 행복이 선이며 부처님은 이 선으로써 깨달음을 얻었고 열반할 때까지 한결같은 선심(禪心)으로 행복한 삶과 모습을 보여주었습니다. 그러므로 부처님이 태어나서 출가하고 깨달음을 얻은 후 법을 설하고 열반에 드는 모습까지를 변화하였다고 생각하면 안 됩니다.

그것은 있는 그대로 여여하므로 이와 같다.(如是)라고 했습니다. 중생은 태어남을 좋아하고 죽음을 싫어하지만 생사는 현상이요 본질에서는 청정법신이라 변화는 없는 일입니다. 변화란 미혹한 중생의 견지일 뿐 부처님의 경지에서는 변화는 없고 오직 영원성만 있을 뿐입니다.

우리가 이치를 깨달으면 이 자리에서 바로 무심(無心)에 들어 영원성에 들어갈 수 있습니다. 그래서 무심이 곧 무아(無我)이고 불심입니다. 불심을 바로 깨우치면 그 자리에 생사 없음을 알아차리고 있으면 있는 대로 없으면 없는 대로 좋고 나쁨에 차이가 없어지게 됩니다. 전생부터 선근이 많은 근기 있는 사람과 지금 마음을 낸 초심자와는 차이가 있으나 우리는 차근차근 한발 한발 선(禪)의 정신으로 나아가는 것이 중요합니다.

여기에 3종류의 사람이 있으니 이기적인 사람(하근기), 선과 악이 혼재한 사람(중근기) 이타적인 사람(상근기),등이 있습니다. 이기적인 사람은 하근기에 해당하며 세상 사람은 거의 이기적이라 하근기에 해당합니다. 그러나 여기에도 상중하가 있으니 아주 심한 사람 경우도 없는 사람, 눈치껏 경우를 보는 사람, 양심에 바탕 두고 선하게 살아보려는 사람 등이 있습니다. 여기에서 냉정하게 본인은 어느 부류에 속하는지 보고 자신을 다스려야 합니다.

이기심이 심하면 수행하기 어려운데 그것은 이 몸에 끄달려 있기 때문입니다. 수행에서는 이기심을 어떻게 다스릴 것인가 하는 것이 매우 중요 합니다. 왜냐하면 이것이 첫걸음이기 때문입니다. 만일 이기심을 버리지 못하면 수행의 결과가 엉뚱한 방향으로 들어가 나쁜 업을 지을 수 있고 이기적인 마음은 모든 장애를 일으키므로 수행이 불가능 하게 됩니다. 특히, 세속적인 생활과 욕망에 갇혀 정신세계로 나아갈 수 없습니다.

만일 발심한 사람이라면 첫 번째로 행동하여야 것을 이타적인 마음을 가져야 합니다. 이타적인 마음을 가지게 되면 이런 사람은 하근기에서 중근기에 들어가게 되어 수행이 가능하기 때문입니다. 이타적인 행위는 모든 사람을 이롭게 하는 보살행이며 바로 6가지 바라밀을 행하는 사람이 이타적인 사람이라고 할 수 있습니다. 이타적인 사람은 정신적인 세계의 바탕에서 더욱더 수행할 수 있으며 선악을 초월하는 무주, 무념, 무상의 행을 통해 성인의 경지에 들어가게 됩니다.

이타적인 마음이 되기 위해서는 먼저 남을 이롭게 하는 것이 곧 진정으로 나를 이롭게 하는 것이라는 것을 깨우쳐야 합니다. 만물동근(萬物同根) 즉, '만물의 근본은 같다.'는 정신이 이타의 기본입니다. 법구경에서 '마음은 만법의 근본이다.' 했습니다. 만 가지 현상의 근본은 마음이므로 부처 마음과 나의 마음, 만물의 마음이 따로 있지 않습니다.

간 혹 사람들이 내 마음과 다른 사람의 마음에 다른데 어떻게 같으냐고 의심하는 것은 바로 이원론적인 사고방식에서 보기 때문이며 본래의 마음은 결코 서로 떨어져 있는 것이 아닌 줄 알아야 합니다. 이 마음은 사람의 마음뿐만 아니라 탁자, 식물 등 모든 것 즉, 일체법이 같은 이치이니 하나도 아니요 많은 것도 아니기에 이원론적 세계관을 완전히 벗어났습니다.

마음은 시간과 공간을 초월했기에 화엄경에서 그것은 '일즉다(一卽多)요 다즉일(多卽一)이다' 했으며, 또 '한 터럭 속에 삼천대천세계가 다 들어가고 한 터럭 속에서 삼천대천세계가 나온다.'라고 했습니다. 법성게에는 '일미진중함시방(一微塵中含十方) - 한 개 티끌 속에 시방의 세계를 품고 있으며' '일념즉시무량겁(一念卽是無量劫)이라.' - 즉 한 생각이 바로 무량한 세월이라 했습니다.

그러므로 마음은 오묘하여 모든 것을 초월했으니 이원적 세계관으로는 결코 이해할 수 없는 일입니다. 만물의 뿌리는 하나요. 만법의 근원인 마음도 하나라 하면 중생들은 상대적 분별심으로 인해 무조건 같다고만 이해하려 합니다. 거듭 말하지만 하나다 많다 하는 이원론적 분별심을 넘어서지 않고는 둘이 아니다 해도 잘못 되었고 한마음이니 하나라고 해도 크게 잘못 아는 것이 됩니다. 마음이 같다고 하는 것은 시간과 공간을 초월했기 때문이며 나고 죽음이 같다고 하는 것은 생사를 넘어섰기 때문입니다.

이타적인 마음이란 온 우주법계를 나의 한 몸으로 생각하기 때문이며 만물일체라는 경지에서는 남이 잘 되는 것은 곧 내가 잘 되는 것이고 내가 잘못되는 것은 곧 남도 잘못되었다는 것이 됩니다. 법에는 본래 나와 남이 둘이 아니고 둘이 아니기에 중생을 향한 시기와 질투, 온갖 번뇌 망상은 만물이 일체라는 불교적 정신세계를 바르게 이해하지 못한 착각일 뿐이라는 것입니다. 불자는 항상 만물일체 사상위에 행동을 하면 저절로 큰마음이 이뤄지고 이 마음에 의지하여 선(禪)적인 생활을 한다면 진정한 선(禪)이 될 수 있습니다. 여기에는 어떤 잘못된 마음이 생길 수 없으며 이런 바탕에서 실행하는 것을 생활선이라 합니다.

사회가 점점 힘들어지고 있습니다. 어려워질수록 선(禪)의 생활화를 통해서 삶의 여유를 가져야 하며 지혜의 길을 가야 합니다. 선(禪)으로 생활하라는 말은 생활 속에서 선(禪)을 실천하는 것이며 생활자체가 선(禪)이 될 때 어디에서든 선(禪)의 생활이라 할 수 있습니다. 법성게에 '초발심시변정각(初發心時便正覺)'이라 했습니다. 이 말은 초발심 그대로 정각이라는 뜻이니 근본에서 보면 초발심을 떠나 정각이 따로 있는 것이 아니라는 것입니다. 여기에서 미혹이 있다 없다는 것은 중생의 경계이고 본질에서 보면 처음의 마음과 깨친 마음이 다르지 않으니 초발심이 곧 정각이라 하는 것입니다. 여기 생활선이 있고 생활선 그대로가 깨침의 경지를 수용하는 것이라 할 수 있습니다. 다시 말하면 일체 그대로 선이 될 때 초발심이 되고 변정각이 된다는 것입니다.

생활 속에서 선(禪)을 실현하는데 낮은 단계와 구경의 단계가 있는데 낮은 단계에 있는 우리들은 이 기본을 충실하게 지켜야 합니다. 그럼 기본이 무엇인가요. 그 기본은 첫째 '만법은 뿌리가 같다.'라는 것을 인식하고 실천하는 것입니다. 그 다음 단계에서는 이해하고 있는 것을 놓아버려야 하는데 그것을 그대로 붙들고 있으면 소지장(所知障)이 되어 깨달음에 방해가 됩니다. 수행을 하려면 '좋다 나쁘다 이렇게 해야 된다 저렇게 해야 한다.'라는 생각까지 다 놓지 않고는 거룩한 저 언덕에 갈 수 없는 일입니다.

마음은 시간과 공간을 초월했으니 일심(一心)이 다심(多心)이고 다심(多心)이 일심(一心)일 뿐이라 시간과 공간은 중생의 분별심 속에서만 존재하고 이 마음에는 시간과 공간이 존재하지 않는다는 것을 알아야 합니다. 그러기에 여러 사람의 마음과 내 마음이 근본에서 차별이 없으니 너와 나라는 구별은 사실상 아무 의미가 없습니다. 만일 자타일심(自他一心)으로 마음이 둘로 나누어지지 않은 상태에서 일심으로 생활을 한다면 여기에서부터 생활선은 이루어집니다.

부처님이 처음 다섯 비구를 제도하고 조용한 숲속에서 좌선하고 있을 때 젊은 사람들이 동산에 와서 노는 도중 물건을 훔쳐 달아난 여인을 찾아 부처님께 여인의 행방을 묻자 부처님이 대답하기를 "도망간 여인을 찾는 것과 잃어버린 자신을 찾는 것 가운데 어느 것이 더 유익한가." 물으니 사람들은 "자신을 찾는 것이 중요하다." 라고 하자 부처님께서는 인간의 괴로움이 생기는 이유와 그 괴로움에서 벗어나는 4성제법문을 젊은이들에게 잘 알아들 수 있도록 설하였다면서 이처럼 부처님은 그때그때 사람의 마음을 잘 다스리는 사람이라고 볼 수 있습니다.

어느 날 '바라문이 "부처님은 무슨 능력이 있는가요." 라

고 질문하자 "나는 자기 자신을 다루는 능력이 있다. 그대
는 잘 들으라. 농부는 물길을 잘 낼 줄 알고 목수는 나무
를 잘 다루며 도공은 토기를 잘 만들지만 성자는 자기를
잘 다룬다."라고 말씀하셨습니다. 생활선의 본질은 자기를
잘 다루는 현자가 되기 위함이며 우리 불자들은 부처님의
가르침을 통하여 마음을 잘 다스려서 성자가 되고 현자가
되어야 합니다.

현재 우리나라의 불교가 침체기에 있어 생활불교가 잘 이
뤄지지 않고 있습니다. 불교는 생활 속에서 실천이 될 때
인재가 나오게 됩니다. 아무리 불교적 이론이 밝다 해도
마음을 다스리지 못하면 남의 허물이 보이므로 나와 남이
라는 아상의 함정에 떨어지게 됩니다. 때문에 남의 허물을
보는 사람은 자신의 잘못을 보지 못하게 되고 남을 칭찬
할 때 내 허물은 줄어들게 됩니다.

생활선을 실천하게 되면 세 가지 공덕이 있으니
첫째는 선과 악 어떤 것에도 흔들리지 않은 부동심을 갖
게 되므로 좋고 나쁨에 차별이 없어집니다. 예를 들어 만
일 자녀가 대학교 시험에 떨어졌다 하드라도 그것도 공덕
입니다. 왜냐하면 다른 사람에게 기회를 준 것이 되기 때
문에 다른 곳에서 받아야 할 업장을 대신 소멸하게 되니
이 어찌 즐겁지 않으리요.

둘째는 '이해득실에 차별이 없으므로 마음의 평화가 있습
니다.' 불안이란 마음에 욕심이 있을 때 생기므로 마음에
사심이 있으면 어디에 있더라도 평화를 누릴 수 없습니다.

그러나 선의 실천에는 항상 내면을 보기 때문에 언제나 평화를 유지할 수 있습니다.

셋째 '삶에 끌려가지 않고 주인으로 살아갈 수 있는 공덕이 있습니다.' 주인으로 살아가는 삶이 우리 모두가 나아가야 하는 진정한 삶이니 우리 모두는 선의 실천으로 삶의 주인이 되어야 합니다. 만일 마음에 의지하지 않고 경계에 끌려가는 사람이라면 주인으로 사는 삶이 될 수 없습니다. 이 때문에 임제선사는 '수처작주(隨處作主) 입처개진(立處皆眞) - 어느 곳에 있든 주인으로 살아간다면 있는 곳이 다 진실하다. 라고 했습니다. 그래서 '생활선에 의해 살아가면 진정한 삶을 살아갈 수 있고 열반과 평화 진정한 행복을 체험할 수 있습니다.'

불자의 질문 : "생활선을 닦는데 선지식은 어디에서 찾아야 하나요?"
스님의 답변 : 수행에는 통상적으로 스승의 인연, 도반의 인연, 처소의 인연 이 세 가지 인연을 갖추어야 한다고 합니다. 이것은 기초수행자에게 적용되는 법이고 선(禪)적인 차원에서 보면 이 세 가지를 마음속에서 구할 수 있습니다. 마음이 평화로운 곳이 도량이고 청정한 마음에서 벗어나지 않는 것이 나의 스승이며 마음에 혼란 없는 것이 나의 도반이므로 이 마음속에서 스승, 도반, 처소를 구할 줄 알아야 어디가나 안락 합니다. 세 가지를 밖에서 구하면 경계에 따라 흔들리게 됩니다.

질문 : 그럼 염불수행자에게 도량 도반 스승은 어떻게

구할 수 있을까요?

답변 : 염불수행자는 아미타부처님이 스승이요 염불 수행하는 자가 모두 도반이며 염불수행하는 곳이 어디든 도량이 됩니다. 이와 같이 수행한다면 결코 흔들리지 않는 수행을 할 수 있습니다.

요즈음에는 바르지 못한 사람과 선지식이 많아 자칫 감로가 독이 될 수 있으니 상기와 같은 차원에서 가려낸다면 좋은 수행을 할 수 있습니다. 불교 가르침은 8만4천이지만 실제로는 마음을 다스리는 법 하나로 귀결되는 것이니 우리 불자들은 염불과 참선을 통해 마음을 잘 닦아가야 합니다. 생활선이란 이러한 마음바탕에서 일상생활 속에 물들지 말고 여여하게 수행하는 법이니 불자님들은 이 좋은 수행인연을 잘 이어가기를 바랍니다.

성불하십시오.

(2019년 10월 15일)

10. 기도의 필요성

지금 여기는 아주 화창한 날씨에 봄의 기운을 완연하게 느낄 수 있네요. 이 좋은 날씨에 여러 불자를 만나게 되어 더욱 반갑습니다. 대승사 개원이 13주년이니까, 벌써 세월이 좀 흘렀습니다.

옛말에 십년이면 강산이 변한다 했는데, 십년하고 삼년이 지났으니, 꽤 세월이 흘렀네요. 대승사도 그동안에 많은 변화가 있었고 산승도 그동안 여러 곳에서 정진하다 보니 어느덧 오늘에 이르렀습니다.

지난 매서운 추위가 지나가고 지금 여기에는 나뭇가지에 연한 초록색 잎이 돋아나고 마당가에는 풀들도 활기찬 봄을 맞이하는 것 같습니다. 산승은 뜻 깊은 개원법회를 맞이해서 어제 저녁 여기에 와서 보니 도량에는 곳곳에 꽃봉우리가 맺혔고 탑 주위에 오색등이 달려 있으니 도량의 분위기도 차분하고 안정이 되어 있어서 참으로 보기가 좋습니다.

이에 산승은 오랜만에 와본 아름다운 영주 대승사 풍경을 마음으로 그린 시 '대승의 꽃으로 피어나네!' 시를 읊어 보겠습니다.

♣ 대승의 꽃이 피어나네!

신령스런 기운이 도량을 비추니
대승사의 오색등이 화려하게 빛나네.

3,000년을 이어오는 거룩한 등불이여
자비로운 꽃으로 아름답게 피었구나!

연초록 나무 잎과 만개한 꽃들은
새봄의 향기로움 무궁하게 보여주고

이른 아침 숲속에서 지저기는 새소리
대승의 묘한 이치 온전하게 설해주네.

하늘과 땅에는 묘한 기운 서려있고
뜨락가에 여린 새싹 고요하게 돋아나네.

자연은 본래부터 그대로 청정하여
있는 모습 그대로 한결같은 법이라네.

대승의 꽃이여 미묘한 작용이여!
시공을 뛰어넘은 영원한 빛이여!

한 지역에 도량이 하나 생기면 거기에서 수행할 수 있는 공간이 생기므로 이 지역에 많은 사람들은 좋은 환경에서 기도할 수 있는 혜택이 생기게 됩니다. 그동안 많은 불자들이 여기에서 마음을 맑히고 보다 행복한 삶을 살아가는데 도움이 되었을 것입니다. 도량이란 이처럼 사람들이 살아가는데 몸과 마음의 안식처로써 행복을 이루기 위해서 존재합니다. 그러므로 절이 하나 생기면 곧 이 지역에 좋은 복밭이 생기는 것입니다. 때문에 우리는 부처님 도량에서 마음을 닦고 맑히면서 새로운 삶을 생각하고 일상에서 어려움이 생기면 그 어려움을 해결하기 위한 지극한 기도와 부단한 노력을 해야 합니다.

그런데 사람들의 마음은 현실에 빠져있기 때문에 현실의 어려움을 잘 해결할 수도 없고, 이해도 잘 못합니다. 과연 내가 동쪽에서 이익과 행복을 구할 수 있는지? 아니면 서쪽 남쪽에서 행복을 구할 수 있는지? 전혀 분간을 못합니다. 이 무지와 혼돈을 어떻게 해결하고 진정한 삶의 안락을 얻을 것인지 생각해야 합니다. 우리가 만일 안락한 삶을 위해서 바른 생각을 해야 하고, 바른 생각을 갖기 위해서 바른 관찰이 필요하며, 바른 안목을 갖기 위해서는 부처님 도량에 와서 기도를 해야 합니다.

왜 기도를 해야 하는가요?
기도를 하면 두 가지 효과가 나타납니다.
하나는 전생에 지은 악업의 장애를 끊을 수 있습니다.
다음은 마음이 맑아져 바른 안목을 얻게 됩니다.

사람이 만일 업력의 장애를 받게 되면 계산상에서는 정확하고 분명하게 답을 알고 있어도 해결책이 나오지 않습니다. 즉 업력의 장애를 받으면 아무리 노력해도 결과가 기대만큼 되지 않는다는 것입니다. 그렇다고 포기하면 더욱 문제가 크지므로 최악은 면하도록 노력은 해야겠지요. 그런데 업력의 장애를 벗어나면, 하는 일마다 통하게 됩니다.

세상 사람들은 자신은 재수가 너무 없어서 하는 일 마다 잘 안 되는데 옆에 친구는 거꾸로 해도 잘된다고 하면서 무언가 문제를 다른 곳에서 찾으려 합니다. 이럴 때는 어떻게 해야 될까요? 먼저 문제의 본질을 잘 알아야 합니다. 그러기 위해 밝혀야 하고 모든 문제가 스스로의 잘못된 업력과 행위에서 비롯되었다면, 그것을 바르게 보기 위해 마음을 바르게 가져야 하고 장애를 소멸하기 위해 마음을 맑히기 위한 노력을 해야 합니다.

그래서 열심히 염불을 하게 되면 전생에 맺혔던 업력의 장애가 풀리게 되고 업장이 풀리면 일이 정상적으로 움직이게 됩니다. 왜냐하면 염불을 통해서 우리 마음이 맑아지기 때문입니다. 마음이 맑아지면 악업의 기운이 맑은 기운을 해치지 못합니다. 그래서 맑은 마음을 가지면 모든 기운이 좋은 기운으로 바뀌게 됩니다.

이 세상에 일어나는 일들을 대개 사람들은 스스로 본인의 노력만으로도 이루어진다고 생각하겠지만, 일이 잘되는 것은 그 이면에는 맑고 바른 생각을 가지고 있으면 눈에 보이지 않는 기운이 있어 그 기운과 하나가 되기 때문에 막혔던 일이 통하게 됩니다. 그래서 기도를 열심히 하면 업장이 소멸되어 맑아지고, 그 맑은 기운이 그 사람의 나쁜 기운을 소멸시키고 좋은 결과를 이루게 됩니다.

사람은 전생에 지어놓은 선업과 악업이 있기 때문에 모든 사람은 그 한계를 넘어가지 못합니다. 가볍게라도 받아야 됩니다. 전생에 내가 만일 누구를 살인했다면 그 사람과는 악업의 기운이 맺힙니다. 이생에서 과보를 받아야 됩니다. 받는데 죽을 고비를 한번 넘기겠죠. 만일 기도를 열심히 하지 않고, 그냥 착하게 살지 않으면 그대로 다 받아요. 전생에 내가 해를 끼친 만큼 다 받게 된다는 것입니다.

우리가 기도를 열심히 하고 착하게 살면 그것을 최소화해서 받는 거예요. 때로는 기도를 열심히 해도 업력을 다 상쇄하지 못했다면 현실적으로 업을 받는 경우도 있는데, 아주 최악의 상황은 피해 갑니다.

그래서 바르게 아는 스님들은 세속의 자그마한 이익을 따라 얻음과 잃음이라는 경계에 무엇을 구하려는 마음을 갖지 않습니다. 얻는 것이 있으면 반드시 잃는 것이 있지만, 얻고 잃음을 초월한 그 자리에 진정한 행복이 있기 때문에 우리는 영원한 진리와 영원한 행복을 구할 수밖에 없습니다.

그러나 우리 불자들은 현실생활이 너무나 절박한 문제들이 많지 않습니까? 여러 가지로 생활에서 필요한 일들도 많고, 그리고 사람은 살아가는데 고뇌가 많습니다. 현실적인 문제가 해결되지 않고는 이상을 추구하지 않게 됩니다. 그래서 현실생활도 무시할 수 없습니다. 만일 그렇다면 우리는 일상에서 항상 염불을 통해서 우리 마음을 잘 가다듬어야 됩니다.

세상에는 여러 가지 살아가는 방식이 있고 일이 있지만, 무엇이 최선의 방법이 될 수 있을까요. 염불수행은 모든 마음 닦는 수행 가운데 가장 효과적이며 근원적인 방법입니다. 그래서 우리는 마음 닦는 염불수행을 잊어서는 안 됩니다. 모든 일을 가장 내실 있고 알차게 해 주는 것이 기도이고 염불입니다.

우리가 염불을 하고 생활하는 것과 염불을 하지 않고 생활하는 것에는 큰 차이가 있습니다. 염불을 하면서 생활을 하면 몸에 모든 에너지가 다시 살아납니다. 기도는 우리 몸의 세포를 활성화시키고 새로운 세포를 살려주는 원천적인 힘을 가지고 있습니다. 그래서 옛날 스님들은 공부를 잘하는지 안하는지를 얼굴을 보고 눈을 보면 다 알아봅니다. 만일 얼굴이 깨끗하고 밝고 깨끗하고 눈빛이 초롱초롱한 사람은 기도와 염불을 아주 열심히 하는 사람입니다. 그런 사람에게는 최악의 악업은 미치지 않습니다.

왜냐하면 모든 악업의 기운을 다 피하고 스스로 자기를 지키는 본능의 기운을 가지고 있기 때문입니다. 이것은 노력을 해서 해결되는 것이 아니라, 저절로 해결됩니다. 저절로 해결되어야 좋은 것이지 의도적으로 피한다고 되는 것은 아니거든요. 그러므로 우리는 기도와 염불을 통해서 내면의 편안함과 행복한 삶을 이루어야 합니다. 그러기 위해 우리는 도량에 와서 마음을 맑히고 기도도 하고 열심히 참회도 해야 합니다. 부처님을 모신 도량은 우리가 그렇게 할 수 있도록 여건을 만들어 놓았습니다. 대승사는 이미 우리 불자들에게는 마음을 수행하는 좋은 도량입니다. 모든 불자님들은 여기에서 더욱 기도와 염불을 열심히 하시기 바랍니다. 성불하십시오!

(2013년 4월 24일)

11. 대승사의 빛

한줄기 신령한 빛이 도량을 비추니
천만가지 세상일이 묘용으로 바뀌었네.

형상화된 만다라 자비의 꽃이여
일만 부처가 거기에서 광명을 발하도다.

성스런 기운이 모인 곳에
미묘한 정토세계 무궁하게 펼쳐지고

신비로운 마음속에 일체만법 구족되니
날마다 좋은날 미묘한 작용이네.

고요한 바람이 서쪽에서 불어오니
청정한 불국토가 한순간에 이뤄졌네!

오늘 대승사 개원 12주년을 맞이해서 그 의미를 이렇게
시로 읊어보았습니다. 이 시 속에 대승사 존재의 의미가
들어 있습니다. 세월은 참 빠르게 흘러가는 것 같습니다.
1999년도 가을에 태백산에서 3년 결사를 마치고, 그해 겨
울에 인도 성지순례를 다녀와서 팔공산 도림사에 잠시 머
물렀다가 태백산에서 3년 결사할 때 반찬을 해주었던 노
보살의 권유로 이곳에 오게 되었습니다.

그때는 이곳에서 한철 법문하기 위해 왔었지만 인연이 되어 이 도량 불사를 하게 되었습니다. 어쩌면 이 도량에서 나를 필요로 했다고 볼 수 있겠죠. 당시 이 땅의 주인은 노 보살과 임대 계약이 완료되어, 내가 이 토지를 매입하지 않으면 이 절을 허물고 여기에다 빌라를 짓겠다고 나에게 말을 했습니다.

40여년이나 된 절을 하루아침에 허물고 빌라를 짓겠다고 하니, 오랜 세월 부처님 은혜를 입으며 살아온 산승이 모른 척 하고 지나갈 수 없었고 또 이렇게 좋은 도량을 살려야 한다는 생각만으로 토지 매입 불사에 나서게 되었습니다.

대승사라는 절은 소백산에서 한 가닥 맥이 흘러내려 이 도량이 생겨난 명당인데, 여기에 빌라를 짓겠다니 어찌 그냥 있을 수가 있겠습니까? 이 터는 부처님 전법도량으로 매우 중요한 곳이라 판단했기 때문에 원력을 세우고, 2001년도 음력 3월 보름날 탑을 완성하고 이날부터 약수암을 대승사로 개원하게 되었습니다. 보탑 낙성 겸 대승사 개원에는 당시 조계종 종정이신 저의 은사스님을 모시고 크게 법회를 열었습니다. 관음전 한 채만 남겨두고, 다 허물고 탑을 세울 때 대승사 신도들은 일심동체가 되어 도량을 위해 모두 헌신하였습니다.

대승사 탑은 전 세계에 하나 뿐인 독창적인 탑으로 그 속에는 부처님의 가르침과 정신이 들어 있습니다. 처음 산승이 여기 와서 불교교양대학을 열고 매일 한 시간씩 법문

했습니다. 그러면서 이 터의 기운을 살펴보니 여기는 강렬한 기운이 모여 있는 음의 터이므로 이 기운을 조화롭게 누르기 위해 석탑이 들어서지 않으면 안 된다는 것을 알고 오래도록 생각해서 이 시대 불교정신을 담은 보탑을 만들게 되었습니다.

여기에는 양을 상징하는 석탑이 반드시 있어야 됩니다. 그래야 강한 음의 기운을 누를 수 있습니다. 일 년간 공사 끝에 저 탑이 완성 되었죠. 그 당시 낙성 개원법회를 마치고 오후에 보살계 수계를 했는데, 탑 위에서 오색 무지개가 떴습니다. 화창하고 맑은 날 무지개가 뜬다는 것은 참 신기하잖아요?

그것은 영주 대승사가 참 신비로운 도량이라는 것을 불보살님이 증명했다는 것입니다. 그러나 도량은 완성되었지만, 땅 문제가 해결이 되지 않아 걱정을 많이 했는데, 불사 인연에 따라 서울에 있는 어느 신도가 원력을 세우고 지역 불자들이 성심껏 협조하여, 2007년도에 모든 불자가 바라든 대승사 부지는 완전히 매입되어 대한불교조계종 해인사 말사로 등록하게 되었습니다.

그 이후 산승은 다시 김천 수도암으로 들어가서 3년 결사를 마치고 여기 오니 벌써 개원12주년이 되었습니다. 참으로 세월은 많이 흘러갔습니다. 그동안 많은 불자들이 여기에서 기도 정진을 통해 마음의 평화를 이뤘으니 오늘은 참으로 뜻 깊은 날입니다. 오늘 산승은 여러 불자님들과 함께 대승사개원 12주년을 봉축합니다.

이제 불자님들은 오늘 12주년을 기점으로 다시 한 번 우리가 이 도량을 세운 본래 뜻을 생각하고 초심으로 돌아가 대승의 원력으로 열심히 기도하고 마음공부를 해야 합니다. 절이란 단순히 이 지역에 절이 하나 생겼다는데, 뜻이 있는 것이 아니라, 이 도량에서 얼마만큼 가치 있게 기도와 염불을 하고, 업장을 소멸하여, 행복한 삶을 살아가느냐가 중요합니다.

산승이 약수암이란 이름을 왜 대승사로 바꾸었는지를 알아야 합니다. 약수는 기복적인 마음이 많습니다. 이 약수를 먹고 병을 고쳐야겠다는 그런 단순한 뜻이 있어요. 물론 부처님의 가르침을 약수나 감로수에 비유해서 육체 병 뿐만 아니라 마음의 병을 치유하자는 뜻이 있기는 하나 좀 더 적극적이고 이 시대가 요구하는 정신이 되려면 대승의 정신이 절실하게 요구되므로 대승사라고 고쳐 부르게 되었습니다.

그러면 우리가 대승(大乘)의 정신이 무엇인지 알아야 되겠지요? 부처님 가르침의 핵심은 대승이기 때문에 대승정신을 잘 이해하고 실천하기 위한 노력이 필요합니다. 우리는 알 수 없는 옛적부터 이 몸을 받아서 오랜 세월 윤회 속에 살아 왔습니다. 이제 우리는 본래 마음으로 돌아가야 합니다. 왜냐하면 거기가 우리들의 본래 고향이고 마침내 거기에서 윤회라는 괴로움을 벗어날 수 있기 때문입니다.

언젠가는 가야 할 영원한 안식처, 우리 마음의 고향으로 돌아가야 합니다. 그러기 위해서는 내가 내 자신의 참 모습을 돌아보는 수행을 해야 되고, 그러기 위해 염불과 기도를 해야 됩니다. 내가 내 자신을 안다는 것은 이 세상에서 어떤 것 보다 가치가 있습니다. 내가 내 자신의 참 모습을 깨달을 때 우리는 영원한 행복을 이룰 수 있기 때문입니다. 만일 불교가 우리들의 삶의 행복을 위해서 존재한다면 우리는 불교를 통해서 진정한 안락을 얻을 수 있습니다.

진정한 행복이라는 것은 마음속에서 나오지만 그것은 감정적으로 느끼는 것이 아닙니다. 감정 속에 일어나는 행복은 주관적이므로 감정에 따라 생겼다가 상황에 따라서 불행으로 바뀌는 경우도 있습니다. 그래서 과거에는 좋았던 것이 지금은 좋지 못한 모습으로 보일 수 있으므로 세속적인 행복이라는 것은 오래 갈 수 없고, 일시적인 현상일 뿐입니다.

우리는 부처님 법을 만났을 때 영원한 것을 배워야 됩니다. 일시적인 조그마한 것에 욕심을 낼 필요가 없습니다. 예를 들어 거지가 임금을 만났다면, 어떻게 해야 됩니까? 평생 살아갈 밑천을 구해야 하지 않겠습니까. 겨우 밥 한 그릇 해결하기 위해 임금을 만날 필요는 없겠지요. 마찬가지로 우리가 위대한 부처님 법을 만났으면 영원한 행복을 구할 줄 알아야 합니다.

우리가 조그만 행복에 집착하면 영원한 행복을 이루기 어렵습니다. 그래서 큰마음 즉 대승심을 내라는 것입니다. 때문에 전국에 많은 스님들이 세속적인 작은 욕망을 버리고 영원한 행복을 구하기 위해서 불가에 들어와 법을 닦고 있습니다. 만일 우리가 큰 원력을 일으켜 큰 행복을 구한다면, 작은 것도 저절로 따라오는 것입니다. 그래서 작은 행복 그것은 일부러 애를 쓰지 않아도 인연 따라 오게 되어 있습니다. 때문에 우리는 큰마음을 내야 합니다. 큰마음을 내면 큰 공덕이 오고, 작은 마음을 내면 작은 이익 밖에 오지 않습니다.

그러면 무엇이 큰마음인가요?
큰마음은 바로 부처님께서 대승(大乘)이라 했습니다. 큰 수레라는 겁니다. 승용차는 다섯 사람 이내로 적은 인원이 타지만, 기차는 수백 명이 타잖아요. 기차가 한번 움직일 때 수백 명이 편안하게 갈 수 있습니다. 그러면 승용차로 가는 것과 KTX로 가는것이 더 효율적이라는 것입니다.

나는 김천에서 서울 법회 보러갈 때 늘 KTX를 타고 갑니다. 아주 편안해요. 기차를 타면, 연료비 절감이 승용차의 10배나 됩니다. 승용차를 혼자 타고 가면서 기름을 엄청 소비하지만, 기차를 타면 에너지를 10배나 적게 들 뿐 만아니라 운전하지 않으니 고생하지 않고, 편안하게 서울 갈 수 있습니다. 이런 작은 하나 실천으로 개인으로나 국가에 모두 이로운 일입니다.

대승의 마음은 이 삼천대천세계를 한 수레로 보는 것입니다. 이 얼마나 수레가 큽니까? 이 큰 수레에는 70억

인간이 함께 타도 비좁지 않습니다. 그래서 큰 수레라고 합니다. 이 지구라는 땅덩어리가 한 개의 큰 수레입니다. 이러한 큰 수레가 대승불교이며 이러한 대승정신은 초국가적이라, 국가도 초월하고 초민족적이라, 민족성마저도 초월합니다. 국가와 민족을 초월하고 우주마저 초월하는 것이 대승정신 즉 큰마음입니다.

오늘날 우리는 얼마나 이기적인가요? 내 가정, 내 자식, 내 자신에 묶여서 살아가고 있습니다. 그런데 초국가적인 대승심을 발하면 내 뿐만 아니라, 내 주변, 내 이웃, 내 민족을 초월하여 전 세계, 일체중생이 다 해탈의 길을 가게 되고, 행복한 길을 가게 됩니다.

기왕이면 빠르고 즐겁고 안전한 큰 수레가 좋지 않겠습니까? 그래서 부처님께서는 "큰 원력을 세워라. 이기심에 사로잡히면 자기에게도 좋지 않고, 남에게도 좋지 못한 법이니 이기적인 삶을 살지 마라!" 이렇게 가르치는 것입니다. 여기 신도들은 이제 대승의 큰 원력심을 가져야 됩니다. 그래야 대승사라는 원력도량 창건 이념에 부합되므로 진정한 대승보살이 되고 큰마음 불자가 되는 것입니다.

대승의 원력을 가진 사람은 이기심에 사로잡히지 않습니다. 그리고 시기, 질투의 마음이 없습니다. 우리가 세상을 살아가는데, 시기, 질투의 마음은 결코 유익하지 않으므로 그것으로 인하여 인간의 행복은 오지 않습니다. 그러나 사람들은 여자들의 시기, 질투가 무기라고 하죠. 그것은 잘못된 생각입니다. 질투란 자기를 해치는 무기는 될 수 있을지언정 도움은 되지 않습니다.

예컨대 부부가 결혼생활을 하면서, 계속 남편이 인기가 많다고 관리차원에서 질투를 하면, 남자가 견디지 못하고 엉뚱한 짓을 합니다. 그러나 여자가 당당하게 남자가 나쁜 짓을 하는 것을 알지만, 모른 척 하고 여법하게 기도를 열심히 하면 다시 돌아옵니다. 마침내 이혼까지 갈 것을 막는다는 것입니다.

우리가 마음을 넓게 쓰면, 모든 것이 편안해 집니다. 그러므로 이기심과 질투심을 버려야 합니다. 그래야 마음은 넓어지고 여유가 생깁니다. 원력심이 생기니, 그 원력의 마음은 이타행입니다. 이제 우리는 남을 위하는 마음을 가져야 합니다.

이타심이 자신에게 손해라고 생각하면 안 돼요. 남을 위하는 마음에 내 이익은 몇 배로 돌아옵니다. 그래서 우리는 이타행을 끊임없이 실천해야 됩니다. 이타행이란, 남을 도와주고, 배려하고, 내 이익보다는 남의 이익을 우선적으로 생각할 줄 아는 마음입니다.

우리는 일상생활에서 늘 남에게 배려하는 마음으로 살아가야 됩니다. 내가 유리한 위치에 있다고 해서 이기적으로 행동하면 나중에 어려운 일이 생길 때 도움 받지 못합니다. 우리는 대승의 마음으로 큰 원력과 신심으로 타인을 배려할 줄 아는 이타행을 생활 속에서 실천해야 합니다.

대승의 마음은 크게 세 가지로 구분할 수 있습니다. 첫 번째는 이기심을 버리고 이타심을 행하는 것입니다. 그 것을 이타원력이라 남을 생각하는 큰 자비심이라는 것입니다. 두 번째는 순수한 마음과 굳건한 신심으로 선정 수행을 잘하는 것입니다. 세 번째는 거룩한 원력과 회향하는 마음입니다.

대승이란 작은 마음이 아니고, 큰마음이라 했습니다. 그래서 대승사에는 큰마음실천회가 있습니다. 그것은 큰마음을 지녀야 스스로 이롭고 남도 이롭게 하는 보살행을 제대로 할 수 있기 때문입니다. 대승의 마음이 큰마음이라면 우리는 이 큰마음을 가지기 위한 노력을 해야 합니다. 거기 순수한 마음이 전제되어야 합니다. 우리 마음이 순수하지 못하고 사심을 가지게 되면, 결국은 이기심으로 치닫는 잘못된 마음이 됩니다. 그래서 순수한 마음과 굳건한 신심이 필요하죠. 정진력이란, 열심히 염불하는 속에서 자연히 일어나는 큰마음입니다.

우리가 마음속에 부처님을 생각하면, 내가 부처되고, 악을 생각하면 악인이 됩니다. 선과 악은 우리 마음에 달려있습니다. 고정된 선도 없고, 고정된 악도 없습니다. 우리가 이 한마음의 미묘한 작용을 잘 알아야 됩니다. 이 마음의 작용을 잘 알면, 내가 나 자신을 바로 볼 수가 있어요. 정말 우리 불자들이 부처님 법을 만났을 때에 최소한으로 염불을 할 수 있는 확고한 신심, 이것 하나만은 가지고 있어야 됩니다.

여기에서 만 가지 선근공덕이 일어나기 때문입니다. 우리가 세상에서 바라는 여러 가지가 있지만 그것을 하나하나 구하려고 하면 끝이 없으나 전체를 일시에 해결한다면 참으로 편리하게 됩니다. 마찬가지로 우리가 염불수행을 열심히 하면서 현실을 살아가면 저절로 모든 일이 전체적으로 일시에 제자리에서 정리됩니다.

우리가 공덕심을 가지고 염불을 한다면 그런 공덕은 구체적으로 원하지 않아도, 자연스럽게 들어올 것은 들어오고, 나갈 것은 나가고, 좋아질 것은 좋게 되고, 들어와야 할 것은 들어오게 됩니다. 그래서 이 마음의 작용은 불가사의하다는 것입니다. 산승이 오늘 '대승의 빛'이라는 주제로 시를 하나 읊었죠. 그것이 바로 마음의 신묘한 도리를 보인 것입니다. 우리는 대승사에서 대승의 빛을 보아야 됩니다. 그것은 육안이 아닌 마음의 눈으로 보아야 합니다.

태양의 빛보다 더 강렬하고, 자비롭고, 우리 마음을 풍족하게 해줄 수 있는 마음의 빛을 우리는 느껴야 됩니다. 이 마음의 빛은 바로 대승심을 발하는데서 나올 수 있습니다. 우리가 마음 가운데 대승심을 발하지 않으면, 설사 이 자리에 부처님이 계신다 해도 크게 도움받기 어려워요 왜냐하면 그릇을 갖추지 못했기 때문입니다.

부처님 당시 많은 사람들이 제도를 받았지만, 악심을 가진 자는 부처님을 만나도 아무 도움이 안 되는 거죠. 그래서 오늘 우리가 이렇게 대승사에서 창건 12주년을 맞이해서 대승의 원력심을 세워야 됩니다. 이 원력심 속에 우리가 세속적으로 원하는 것은 따로따로 구하지 않아도 근기에 따라 자연스럽게 들어올 것은 들어오고, 나갈 것은 나가게 된다는 것입니다. 그런데 들어와야 할 것은 들어오지 않고, 나가야 할 것이 나가지 않는다는 것은, 마음속에 공덕이 따라주지 않을 때 업력의 장애로 부작용이 일어난 것입니다. 그러나 부작용이라는 것도 잘못된 인연을 쫓아 일어나는 자연스런 일입니다.

우리가 염불수행을 열심히 하고, 마음을 맑게 가지면 모든 공덕을 저절로 갖추게 됩니다. 그러므로 우리는 마음의 신묘한 힘을 믿어야 돼요. 왜냐하면 부처님 명호 속에는 불가사의한 기운이 있어요. 우리가 아미타불을 일념으로 부르고 생각하면 그 순간 아미타불이 됩니다. 아미타부처님을 생각하고 염하는 그 순간, 내가 곧 "즉신성불"이라, 이 몸 그대로 부처님이 되는 것입니다. 얼마나 쉬워요. 불교공부는 알고 보면 굉장히 쉽습니다. 너무나 간단해요. 그런데 닦기가 어렵고 행하기가 어려운 공부는 좋은 공부가 아니에요. 왜 그런가요. 내 마음은 밖에 있는 게 아니라, 내 스스로 갖추어진 것을 잘못된 마음 때문에 스스로 보지 못하는 것일 뿐입니다.

그러므로 염불한다면 곧 나의 본래 마음으로 돌아와 정상적인 삶을 살아가게 됩니다. 우리가 마음으로 염불을 하고 원력을 세우면 그 순간 우리는 부처님 마음으로 바뀌는 거죠. 이와 같이 아미타 염불 속에 백천 가지 공덕과 지혜가 갖추어져 있으니, 우리는 염불을 통해서 영원하고 지혜로우며 행복한 삶을 살아갈 수 있습니다.

염불의 공덕은 우리가 생각하는 것 보다 매우 수승합니다. 왜냐하면 염불 속에 일체공덕이 들어있기 때문입니다. 우리가 만일 다음 생에 똑똑하고 잘 생긴 얼굴을 원한다면 착한 마음으로 염불하면 잘생긴 얼굴이 되는데 그것은 염불해서 머리가 맑아졌기 때문에 당연히 다음 생에는 머리가 좋아지게 되는 것입니다. 꽃 공양을 올려도 마음이 착하지 못하면 꽃처럼 이쁜 얼굴로 태어나기 어려우나, 마음을 이쁘게 쓰면 잘생긴 얼굴이 되는 것입니다. 왜냐하면 마음이 물질을 만들기 때문입니다.

그래서 우리에게는 현재 세 가지 마음이 필요합니다.
첫째, 이기심을 버리는 것과 둘째, 일념으로 신심을 가지고 염불하는 것과 셋째, 큰 원력과 일체공덕을 회향하는 마음입니다. 이 세 가지가 내용적으로 한마음의 작용이지만 실천하기 위해서 짐짓 구별해야 합니다.

그러면 일체공덕을 어떻게 회향할 수 있는가요?
예를 들어 밥을 먹을 때, 식탐으로 먹으면 그것은 이기심이 됩니다. 이기심으로는 무슨 일이든 좋은 결과를 낼 수 없습니다. 모든 일을 공덕심으로 해야 돼요. 심지어 밥을 먹고, 볼 일을 보는 것까지도 중생을 위한 이타적인 마음으로 해야 됩니다. 그러면 일체행위가 전부 법계에 회향이 되어 모든 행위가 공덕으로 바뀌게 됩니다.

우리 불자님들이 세속에서 생활 할 적에 자비심과 공심을 가지고 살아가면 자연히 회향하는 마음이 되어 모든 일의 결과가 좋게 됩니다. 우리가 이렇게 부처님 법을 만났을

적에 거룩한 대승심으로 이러한 공덕을 지어야 하고 다음
생을 위해서도 더욱 열심히 해야 합니다.

우리는 대승을 통해서 진정한 나를 만나야 합니다. 그러면
일시적이 아닌 영원한 행복을 이루게 됩니다. 이것은 오로
지 대승정신을 통해서만 가능합니다. 산승이 대승의 마음
으로 살아가고자 세운 대승사의 개원 12주년을 맞이해서
우리 모두 대승의 정신으로 살아가기를 바라면서 오늘 법
문을 마치겠습니다.　성불하십시오!

(2012년 4월)

대승사 회주 원인스님의 화엄경 강설대법회 회향법회 모습.

토굴결사에 들어가며

산승이 영주 대승사에서 3년간 이어온 화엄요점강설을 마치고 이제 모든 걸 내려놓고 다시 태백산으로 들어가고자 합니다.

그동안 산승과 함께한 모든 불자들에게 감사하며 특히 큰 마음실천회 회원들께 고마운 마음 전합니다. 산승은 이 모든 분들께 보답하는 마음으로 그간 여러 곳에서 법문한 것 가운데 염불을 주제로 법문한 것을 골라 염불수행불자들에게 도움을 주고자 '염불수행의 요체'라는 법문집을 출간하게 되었습니다.

그리고 불자들은 산승이 토굴들어가기 전에 염불수행의 지침을 내려달라는 부탁이 있었는데 본 책이 대신할 수 있어 다행이라 생각합니다.

본 책에서는 염불하는 많은 불자들이 공동으로 평상시 궁금해 하는 염불선과 화두선과의 관계, 수행방법, 염불의 의미, 선(禪)의 의미 등을 궁금해왔기에 여기에 대해 확신을 주기 위한 법문내용들입니다.

산승은 오늘 본 책 최종수정을 마쳤으니 이제 홀가분한 마음으로 책이 나오기 전에 시 한편 남기고 토굴무문관으로 들어갑니다.

2019년 11월 늦가을 **영주 대승사에서 원인 합장**

다시 태백산으로 들어가며

산 높고 골 깊은 태백산은
나에겐 언제나 어머니 같은 곳
한여름에도 물가엔 성에가 끼고
구름은 한가로이 흘러간다네.
겨울엔 흰 눈이 한 길이나 쌓이고
여름엔 시원한 바람 불어온다.
나 이제 마음의 모든 짐 내려놓고
아득한 저 먼 곳을 향하여
아무것도 바라는 마음 없이
자연을 벗 삼아 살고자 하노라.
내 가는 이 길은 고향으로 가는 길
어느 때 내려올지 묻지를 마라.
들어가지만 나올 땐 기약 없나니
구름따라 인연따라 지나가겠지.
무정한 세월에 덧없는 삶이여!
이제 닦지 아니하면 기회 없나니
아무도 가지 않는 무심한 이 길을
나 홀로 고요히 걸어가고자 하노라.

염불선의 요체

1판 1쇄 펴낸 날 2019년 11월 11일(미타재일, 동안거 결제)

저자 원인스님
발행인 김재경   **편집** 허서
디자인 김성우   **제작** 경희정보인쇄
펴낸곳 도서출판 비움과소통(blog.daum.net/kudoyukjung)
     경기 파주시 하우고개길 151-17 예일아트빌 103동 102호
     전화 031-945-8739 팩스 0505-115-2068
홈페이지 blog.daum.net/kudoyukjung   **이메일** buddhapia5@daum.net
출판등록 2010년 6월 18일 제318-2010-000092호